Lothar von Seltmann

# Die Chali hat uns Gott geschickt

Lothar von Seltmann

# Die Chali hat uns Gott geschickt

## Schwester Gertrud – ein Leben für die Sinti

R. BROCKHAUS VERLAG WUPPERTAL

3. Auflage 2003


Umschlaggestaltung: Ursula Stephan, Wetzlar
Umschlagfoto (Hintergrund): Helge Lindau, Hannover
Textfotos im Innenteil: Privat
Satz: QuadroMedienService, Bensberg
Druck u. Bindung: Bercker, Graph. Betrieb, Kevelaer
ISBN: 3-417-24712-8
Bestell-Nr. 224 712

# INHALT

# Ein notwendiges Vorwort

Dieses Buch beansprucht nicht, eine genaue Biografie der Zigeunermissionarin Gertrud Wehl zu sein. Es kann auch keine lückenlose Chronik der Hamburger Zigeunergemeinde »Geborgenheit« in allen Einzelheiten wiedergeben. Dieses Buch ist ein Versuch, entscheidende Ereignisse im Leben der Hauptperson einzubetten in wesentliche Stationen der Geschichte der von ihr gegründeten Gemeinde.

Umgekehrt geht es auch darum, wichtige Entwicklungsphasen der Sinti-Gemeinde »Geborgenheit« deutlich zu machen an exemplarischen Ereignissen aus dem Leben von Gertrud Wehl.

Dabei wurden bewusst die Begriffe »Zigeuner« und »Sinti« bzw. »Roma« nebeneinander verwendet. Dahinter steht die Absicht, den im deutschen Bewusstsein negativ besetzten Begriff »Zigeuner«, der von der breiten Öffentlichkeit – auch von der christlichen – noch immer überwiegend für »Sinti« und »Roma« verwendet wird, positiv zu belegen und damit einen Beitrag zur Annahme der Menschen aus diesem Volk zu leisten. Die Sinti selbst verwenden auch die Bezeichnung »Zigeuner« ganz selbstverständlich, weil es für sie ein positives Wort ist.

Es war nicht möglich, im Buch alle die Personen einzubeziehen, die in der Ausgestaltung der beiden durchgängigen Schwerpunkte wichtige Rollen gespielt haben. Ebenso wenig konnten alle wichtigen Orte und Ereignisse benannt werden, deren Erwähnung interessant und notwendig gewesen wäre. Es war auch nicht möglich, alle handelnden Personen und die zugehörigen Orte mit Namen zu benennen.

Rücksichtnahme auf lebende Personen und Angehörige bereits Verstorbener und Respekt vor Sitten und spezifischen Gesetzen im Volk der Zigeuner erforderten einen sensiblen Umgang in der Schilderung der Ereignisse.

Ich bitte also alle, die ihre Namen und ihren Einsatz in der Zigeunermission nicht erwähnt finden, um Nachsicht und Verständnis.

Meine Hoffnung ist, dass das eigentliche Anliegen des Buches dennoch spürbar wird: das Handeln Gottes deutlich zu machen an Szenen aus dem Leben einer ungewöhnlichen und begnadeten Frau und an Entwicklungsschritten einer ebenso ungewöhnlichen und begnadeten Gemeinde unter dem Volk der Sinti.

Für beides soll gelten, was im Psalm 4, Vers 4 zu lesen ist und was als einer der Lebens-Leitsprüche von Schwester Gertrud gelten kann:

»Erkennt doch, dass der Herr seine Heiligen wunderbar führt.«

# Eine denkwürdige Hausaufgabe

Herbst 1936, Stolp in Hinterpommern, Bütower Straße 25. Hier befand sich das großräumige Anwesen des angesehenen Kaufmanns Paul Wehl. Seine Frau Martha war die Mutter der vier Kinder und zugleich Prokuristin seines Geschäfts, das die Stadt und ihre Umgebung mit Brennstoffen, Baumaterial und Eisenwaren aller Art versorgte. An das Haupthaus, in dem die Familie Wehl lebte, grenzte ein Anbau, in dem sich die Geschäftsräume befanden, dazu Wohnräume für mehrere Angestellte.

Im großen Wohnzimmer im ersten Stock fanden sich Eltern, Kinder und das Personal regelmäßig zu Andachten zusammen, in denen das Wort Gottes, Gebet und gemeinsames Singen einen festen Platz hatten. Wenngleich das Interesse an diesen Zusammenkünften bei den einzelnen Teilnehmern durchaus unterschiedlich war.

Tochter Gertrud zum Beispiel nahm an den täglichen Andachten eher aus Pflicht teil denn aus Neigung. Ihre Gedanken flogen meist zu anderen als geistlichen Themen, wenn der Vater aus der Bibel las und vom Glauben an den Heiland Jesus Christus sprach. Andere Familienmitglieder waren viel interessierter an Glaubensdingen.

Eines Tages saß die Sechzehnjährige am Schreibtisch ihres Zimmers über den englischen Hausaufgaben. An ihrem Stift kauend blickte sie immer wieder einmal von ihrem Heft auf und sah durchs Fenster hinaus in den baumumstandenen Hof, wo Baumaterial, Brennholz und Kohle lagerten und auf ihre Käufer warteten. Die emsig beschäftigten Arbeiter und die beiden dunkelhaarigen, dunkelhäutigen Kinder, die ihrer Mutter halfen, ein paar Eimer mit Kohlen zu füllen, bemerkte sie nur am Rande. »Zigeunerpack!«, schoss es ihr für einen Moment durch den Kopf. Dieser Frau da unten hatte sie noch eine Ohrfeige heimzuzahlen, mit der sie ihre zugegeben wenig liebevolle Anrede mit »Zigeunerpack« vor ein paar Tagen auf der Straße beantwortet hatte. Ärgerlich und peinlich.

Aber jetzt beschäftigte die hübsche dunkelhaarige Handelsschülerin anderes. Wie gerne wäre sie draußen in der hellen

Oktobersonne, wie gerne würde sie ein wenig durch das erste Laub im Schlosspark rascheln oder sich für ein paar Minuten auf eine Bank setzen, um die Vögel zu beobachten, die sich um herumliegende Samen stritten, oder den Eichhörnchen zuschauen, wie sie in den Haselnusssträuchern herumkletterten, um sich für den Winter mit Vorrat einzudecken. Gerne würde sie auch den Kindern zusehen, die auf den Parkwiesen herumtobten, um die vielleicht letzten warmen Herbststrahlen der Sonne einzufangen. Es mussten ja nicht wieder schmuddelige Zigeunerkinder sein. Wie gerne würde sie jetzt ... anstatt hier zu sitzen und ...

Gertrud erschrak ein wenig. Sie war doch tatsächlich ins Träumen geraten. Also rasch zurück zu diesem blöden englischen Text und dem Satz, der gerade zur Übersetzung dran war. »She was very anxious about moments of her own eternity.« Was hieß denn nur dieses »anxious«? Der Rest war klar. »... über Momente ihrer eigenen Ewigkeit.« Aber »anxious«? Das Mädchen griff zum Wörterbuch und schlug nach. Aha, hier stand es: »to be anxious« hieß »besorgt« oder »beunruhigt sein«. Jetzt war der Satz klar, also rasch aufschreiben.

Noch während des Schreibens hakten sich drei Wörter in Gertruds Gedanken fest: »anxious about eternity«, »beunruhigt über Ewigkeit«. Diese wenigen Wörter begannen in ihrem Kopf zu kreisen, sich gegenseitig zu jagen, sich in verschiedenen Formen zu verbinden: unruhige Ewigkeit, ewig besorgt, ewige Unruhe, ewig unruhig sein, besorgt wegen Ewigkeit ... Dann mischte sich das Wort »eigene« auch noch dazu: »Besorgt, beunruhigt um eigene Ewigkeit.«

Das Mädchen versuchte, diese wirbelnden Gedanken zu beruhigen und zu ordnen. Mit Mühe gelang es ihr für ein paar Momente, aber nur so lange, bis sie die Hausarbeit fertig hatte. Dann waren die Gedanken wieder da.

Wieso machte ihr das plötzlich solche Unruhe? Sie war doch noch jung. Was hatte sie denn schon mit Ewigkeit zu tun? Das war doch eine Sache für später, fürs Alter, etwas für nach dem eigentlichen Leben. Um ihre Gesundheit war es zwar nicht immer bestens bestellt. Da gab es häufig solch merkwürdige Phasen körperlicher Schwäche, die bisher kein Arzt erklären konnte. Das würde sich mit dem Älterwerden geben, war ihren Eltern gesagt worden. Also hatte sie doch noch viel Zeit. Sie wollte erst einmal

*Elternhaus in Stolp/Hinterpommern, Bütower Straße 25*

wirklich leben, etwas werden und in einem richtigen Beruf arbeiten, später dann eine Familie haben mit vielen Kindern und das möglichst in einem großen Haus in der Hauptstadt Berlin. Sie wollte sich noch lange an den Schönheiten der Welt in ihrer unendlichen Vielfalt freuen. Also weg mit den lästigen und überflüssigen Ewigkeitsgedanken.

Aber so einfach war das nicht. Der englische Satz und seine Übersetzung hatten sich einfach festgehakt. Gertrud konnte fast keinen anderen Gedanken mehr bewegen. »Anxious about her own eternity.« Das machte sie nicht nur innerlich, sondern auch äußerlich unruhig.

Sie musste mit irgendjemandem darüber reden. Am besten gleich. Die Eltern waren zu einem Geschäftsbesuch außer Haus. Vater und Mutter hätten ihr sicher in ihrer inneren Bedrängnis raten und helfen können. Also musste sie mit Hildegard sprechen. Möglichst bald. Sie musste ihre Schwester suchen. Die war mit ihren knapp fünfzehn Jahren schon ein frommes Mädchen, war mit dem Herzen bei der Sache, las die Bibel und betete und glaubte an den Erlöser Jesus Christus.

Wie von ungefähr hängte sich der Blick des Mädchens für ein paar Sekunden an den Spruch, den ihr Pastor Werner de Boor vor zwei Jahren auf Wunsch der Mutter zu ihrer Konfirmation zugesprochen hatte. Der Vers aus dem 40. Psalm hing in Kunstschrift eingerahmt an der Zimmerwand: »Lass dir's gefallen, Herr, dass du mich errettest; eile, Herr, mir zu helfen.« Das ist genau das, was ich jetzt brauche, ging es Gertrud blitzartig durch den Kopf.

Rasch legte sie ihre Sachen zusammen, verließ ihr Zimmer und rief in dem geräumigen Haus nach Hildegard. Keine Antwort. Gertrud sprang nach unten, schaute in alle Räume und lief schließlich auch nach draußen auf die Straße. Dort sah sie Hildegard von der anderen Straßenseite herüberkommen. Aufgeregt lief sie ihr ein paar Schritte entgegen. »Hildchen, ich brauche dich. Gut, dass du kommst.«

»Was ist denn mit dir los, Schwesterherz?«, fragte Hildegard, »du bist ja so unruhig. Ist etwas passiert?«

»Ich weiß nicht«, gab Gertrud zurück, »irgendwas treibt mich um. Ich muss mit dir reden.«

»Über was?«

»Über Ewigkeit.«

»Über Ewigkeit?«

»Ja, über meine Ewigkeit. Komm, lass uns raufgehen. Hier draußen ist nicht der rechte Ort. Aber ich halte das nicht mehr lange aus.« Gertrud griff ihre Schwester bei der Hand und zog sie eilig nach oben.

»Was hältst du nicht mehr lange aus?«, fragte Hildegard im Laufen.

»Warte einen Moment, ich zeig dir, was es ist.« Und einen Moment später: »Hier, schau.« Im Zimmer angekommen zeigte Gertrud ihrer Schwester das offene Heft mit dem englischen Satz und seiner deutschen Übersetzung.

»Sie war sehr besorgt über Momente ihrer eigenen Ewigkeit«, las die jüngere der beiden Schwestern und schaute die ältere fragend an.

»Ich muss Gewissheit haben«, meinte die, immer noch sehr aufgeregt.

»Gewissheit? Worüber?«

»Über meine eigene Ewigkeit, Hildchen. Verstehst du? Wo bin ich, wenn ich nicht mehr bin? Wo? Was ist mit meinem Leben? Was ist mit meiner Schuld? Was ist mit meiner Sünde? Habe ich Vergebung?« Gertrud begann bitterlich zu weinen, die Tränen liefen ihr nur so über das Gesicht.

»Jetzt beruhige dich erst einmal, Trudchen. Du willst ja wohl noch nicht gleich sterben. Im Gegenteil, du willst leben. Ich weiß, was dich umtreibt.«

»Und was?« Gertrud blickte die Schwester mit ihren großen, dunklen und jetzt tränenverschleierten Augen fragend an.

»Gott klopft wieder mal an die Tür deines Herzens.«

»Gott klopft wieder mal?«

»Du weißt es doch, Schwesterherz. Gott will dich haben. Er will dein Leben.«

»Aber ich lebe doch mit Gott. Ich kenne die Wahrheiten der Bibel. Ich sitze täglich in der Familienandacht. Ich gehe immer mit in die Stunden und Gottesdienste ...«

»Richtig. Gott hat ein paar Stunden von deiner Zeit, aber eben nur ein paar Stunden, zu denen du dich mehr oder weniger zwingst. Manchmal nur ein paar Minuten am Tag, in denen du mit dem Herzen aber gar nicht dabei bist. Du hast Gott bisher kaum den kleinen Finger gereicht. Er will dich aber ganz.«

»Er will mich ganz?«

»Gott will dich ganz, mit Haut und Haaren. Es reicht nicht, anderen nachzuplappern: Jesus ist der Herr. Du selbst musst sagen können: Jesus ist *mein* Herr. Jesus will dein Leben mit allem, was dazugehört.«

Nach einem Innehalten fragte Hildegard: »Erinnerst du dich?«

»Woran soll ich mich erinnern?«

»Na, an den arabischen Evangelisten neulich in Berlin.«

»Arabischer Evangelist neulich in Berlin?«

»Schwesterchen, denk nach! Wir waren im August bei Tante Gretel und in der Zeit auch auf dem Olympiagelände in diesem Missionszelt«, erinnerte Hildegard ihre Schwester. »Der Prediger vorn auf der Kanzel war ein feuriger Araber, und der hat davon gesprochen.«

»Wovon?«

»Trudchen!«, Hildegard legte ein wenig Nachdruck in ihre Stimme. »Dieser orientalische Evangelist hat am Ende seiner Rede zum Glauben an Jesus eingeladen und dazu gesagt: Sei ganz sein oder lass es ganz sein.«

»Richtig, jetzt erinnere ich mich«, sagte Gertrud. »Ein halber Christ ist ein ganzer Unsinn, hat er noch gesagt.«

»Genau. Da hat Gott schon einmal ganz massiv bei dir angeklopft. Aber du hast gemeint, die Frage der Bekehrung sei für dich noch nicht wichtig. Und jetzt ist sie es offenbar doch.«

»Nein, ich meine, ja, jetzt ist sie für mich wichtig, sogar sehr wichtig«, gab die Schwester zu, »dieser englische Satz in meiner Hausaufgabe hat mich aufgeschreckt.«

»Ist doch wohl gut so. Da hat Gott seine Hände im Spiel. Was hindert dich, Jesus jetzt dein Leben zu geben?«

»Nichts, Hildchen, nichts soll mich mehr hindern. Komm, lass uns auf die Knie gehen. Ich muss das jetzt klar machen. Jesus wartet auf mich.« Gertrud wischte sich noch ein paar Tränen vom Gesicht und kniete sich neben ihrer Schwester vor einen Stuhl auf den Boden.

Nach einem Bekenntnis- und Hingabegebet aus tiefstem Herzen erhoben sich die beiden Mädchen wieder und fielen sich in die Arme.

»Jetzt ist es gut«, atmete Gertrud auf, als sei ihr eine schwere Last von den Schultern gefallen. »Jesus ist mein Herr, ich gehöre ihm, für immer und ewig!« Jetzt waren es ein paar Tränen der Freude, die über ihr hübsches Gesicht rollten.

»Amen!«, ergänzte Hildegard und drückte ihrer Schwester einen dicken Kuss auf die Wange. »Igitt, wie salzig«, meinte sie lachend. »Ich gratuliere dir zum Geburtstag, meine Liebe. Heute Abend müssen es die Eltern erfahren. Du weißt ja: ›Wer mich bekennet vor den Menschen …‹ Die Eltern werden sich freuen!«

Schade, dass diese Freude nicht jetzt schon vermittelt werden konnte. Musste sie halt warten. Gertrud nahm sich dafür sofort eine andere Arbeit vor: Sie machte sich eine Liste über Dinge, die sie in Ordnung bringen musste, wo sie Versäumnisse und Schuld eingestehen und Dinge in Ordnung bringen musste.

Es wurde eine lange Liste. Aber mit jeder Zeile wurde es dem neuen Gotteskind leichter ums Herz. Wenn das alles erledigt war, war Gertrud endgültig frei, frei von allem, was sie heute Nachmittag plötzlich als schwere Last empfunden hatte. »Danke, Herr Jesus, für deine Liebe, für deine Vergebung, für das Geschenk des ewigen Lebens!«

Den Eltern war es am Abend ein besonderes Geschenk, von der Bekehrung und Wiedergeburt der Tochter zu hören. Für sie erfüllte sich das letzte Stück ihrer persönlichen Familienverheißung, wie sie einst dem Kerkermeister von Philippi gesagt worden war: »Glaube an den Herrn Jesus Christus, so wirst du und *dein Haus* selig!« Gertrud hatte zur vollständigen Erfüllung der Verheißung noch gefehlt.

Es wurde ein fröhliches Loben und Danken bei der abendlichen Familienandacht. Endlich war auch Gertrud mit dem Herzen dabei. Sie musste sich um ihre Ewigkeit keine Sorgen mehr machen. Sie hatte dem Heiland ihr Leben gegeben, war Kind Gottes geworden, war nach Hause gekommen, ihre »own eternity« war geordnet …

## Kinder mit schwarzen Haaren

Gertruds Entscheidung für ein Leben unter der Herrschaft des Herrn Jesus Christus hatte bald noch andere Konsequenzen. Sie wollte nicht länger ein halber Christ sein, sondern ein ganzer. Und ein ganzer Christ musste auch nach außen aktiv und erkennbar sein. Außerdem brauchte er die Gemeinschaft mit anderen jungen Leuten, die dem Herrn Jesus Christus nachfolgten und für ihren Herrn unterwegs waren.

Als Hildegard ihre Schwester einlud, mit ihr in den EC zu gehen, den Jugendbund für entschiedenes Christentum, war sie mit Freude sofort dabei. Ihre bisherigen Vereinsbindungen, die Mitgliedschaft in Hitlers »Bund deutscher Mädchen« (BDM), löste sie sofort auf. Die wollte sie nicht mehr. Die konnten ihrer Seele nichts mehr geben.

Im EC fand sie, was sie jetzt brauchte, um ihren Glauben zu ernähren und geistlich zu wachsen. Hier lernte sie, die biblischen Texte richtig zu lesen und das Evangelium zu verstehen. Hier übte sie sich darin, alle Dinge des Lebens im einsamen und gemeinsamen Gebet in Gottes gute Hände zu legen. Gerne und mit Begeisterung sang sie die fröhlichen Glaubenslieder und lernte mit der Zeit auch, sie auf dem Klavier und der Gitarre zu begleiten. Klavierspielen hatte sie gelernt. Gitarrespielen brachte sie sich selbst bei. Das machte ihr wenig Mühe und viel Freude. Sie schaute sich die Technik und die Griffe einfach bei denen ab, die es konnten.

Ein Lied hatte es ihr besonders angetan. Gertrud bekam immer so etwas wie eine Gänsehaut, wenn sie es mit der Gruppe sang:

»Gott ruft nach einer Jugend in sturmbewegter Zeit,
die sich zu Gottes Streitern mit Leib und Seele weiht;
doch nicht im eignen Wollen des Wesens Kräfte regt:
Gott ruft nach einer Jugend, von Gottes Geist bewegt.«

Vor allem bei der zweiten Strophe lief es ihr immer heiß und kalt den Rücken herunter, und sie meinte, ihren Herrn direkt zu sich reden zu hören:

»Gott ruft nach einer Jugend, die für den Heiland brennt,
die nicht nur mit den Lippen ihn Herrn und Meister nennt,
nein, die in stiller Treue ihn fest im Herzen trägt:
Gott ruft nach einer Jugend, von Gottes Geist bewegt.«

Dann faltete das Mädchen unter dem Tisch immer die Hände und schickte ein Stoßgebet zum Himmel: »Herr, wohin soll ich gehen, wenn ich unterwegs sein soll? Ich will für dich brennen. Zeig mir nur, wohin ich das Feuer tragen soll.«

Auf dem Schriftentisch fiel ihr ein Verteilblatt in die Augen: »Rettung«. Der Titel sprang ihr so richtig entgegen. Das war's! Gertrud wusste sofort, was sie tun würde. In der Stadt gab es eine Menge Kneipen und Gasthäuser, wo viele Menschen beim Alkohol ihr fragwürdiges Vergnügen suchten oder ihre Enttäuschungen ertränkten. Für die wollte sie etwas tun.

Vom nächsten Wochenende an war das Mädchen unterwegs, um das Verteilblatt des Blauen Kreuzes in die Gasthäuser und Wirtsstuben der Stadt zu tragen und so den Menschen dort das Evangelium von der Befreiung aus Bindung und Sucht durch Jesus Christus zu bringen. »Wen der Sohn frei macht, der ist recht frei!« Das war die Botschaft, die diese Menschen brauchten.

Dann war es wieder ein Lied, das Gertrud zutiefst bewegte und beunruhigte. Im Jugendbund wurde es gerne gesungen; aber es wurde eben nur gesungen und hatte eigentlich kaum Konsequenzen:

»Sterbend ein armer Zigeunerknab wacht;
ihm wird die Botschaft des Lebens gebracht.
Hell horcht er auf: ›Ist es Wahrheit?‹, er fragt,
›niemand hat je mir vom Heiland gesagt.‹«

Zigeuner gab es ja auch hier in Stolp. Bisher hatte sie nicht unbedingt freundliche Gedanken über dieses »Pack« gehegt. Die Ohrfeige der Zigeunerin brannte ihr plötzlich wieder auf der Wange. Zigeuner. Ziehende Gauner. Mit denen sollte sie sich befassen? Ausgerechnet mit Zigeunern?

Die Leute einer größeren Sippe in der Stadt waren vielleicht auch Gauner, wenn auch keine ziehenden. Sie lebten in einer elenden Barackensiedlung, nur ein paar Straßen vom Wehlschen Haus entfernt. Ungeliebt, wie wahrscheinlich überall. »Leute, nehmt die Wäsche rein, Zigeuner kommen!« Dieser Spruch war auch in Hinterpommern und hier in Stolp bekannt. Auch die überzeugten Christen gingen denen meist lieber aus dem Weg, als dass sie sich mit ihnen abgaben.

Der Vater hatte allerdings ein gutes Verhältnis zu den Leuten. Es kamen ja auch immer wieder welche und holten sich bei ihm Kohlen und Brikett, manchmal auch Baumaterial. Meist waren es Frauen und Kinder, die in ärmlicher Kleidung und oft ohne Schuhe an den Füßen die schweren Eimer und die anderen Dinge zu ihren Barackenwohnungen schleppten. Wo das Geld wohl herkam, mit dem sie die Sachen bezahlten?

Männer kamen eher seltener. Die kamen dafür regelmäßig in jedem Jahr am 1. August mit einer Musikantengruppe, um dem Großkaufmann Paul Wehl mit Geigen, Gitarren, Klarinetten, Knopfharmonika und einer Harfe ein Ständchen zum Geburtstag zu bringen.

Nun ja, Gertruds Vater war ein angesehener Mann in der Stadt und eben auch bei den Menschen von diesem dunkelhaarigen Volk. Man mochte seine aufrechte, hilfsbereite und fröhliche Art.

Die Musikalität der Zigeuner hatte Gertrud jedes Mal sehr imponiert, und ihre Art der Musik hatte sie immer fasziniert.

Sollte sie jetzt etwa denen das Evangelium bringen? Die waren doch angeblich fromme Katholiken, wenn sie auch selten oder nie in die Kirche gingen. Aber kannten sie Jesus als ihren Retter? Lebten sie nicht eher aus der Marienverehrung als in der Liebe zu Jesus?

Waren sie nicht auch verflochten in dunkle Geschichten wie Wahrsagerei und Kartenlegen und solche Sachen? Suchten sie nicht immer wieder auf dem Friedhof Kontakt zu ihren Toten? Sagte man ihnen nicht auch Falschheit, Unehrlichkeit und Betrug bei ihren Geschäften nach? Hatte nicht Vaters Geschäft schon Kohlen- und Brikettklau zu spüren bekommen? Sie waren doch längst nicht alle ehrlich. Wer mochte sich schon mit solchen Leuten abgeben? Wer mochte sich um sie kümmern? Und wen kümmerte gar ihr Seelenheil? Dabei galt es dann wohl erst recht für diese Menschen wie für den Knaben im Lied: »Niemand hat je mir vom Heiland gesagt«? Wer hätte es denn auch tun sollen?

»Sagt's noch einmal! Sagt's noch einmal!
Kündet die Botschaft zu Berg und zu Tal.
Sagt's immer wieder, dass keiner mehr klagt:
›Niemand hat je mir vom Heiland gesagt.‹«

Der Kehrreim des Liedes ging der jungen Gertrud nicht mehr aus dem Sinn. Hier musste sie irgendetwas tun. Sie hatte an denen ja auch etwas gutzumachen. Ihr war, als hätte der Herr Jesus sie mit ihrer Bekehrung persönlich dazu beauftragt. Ja, sie würde ihre Einstellung ändern und sich irgendwie um die Leute kümmern. Am besten zunächst um die Kinder, denen sie immer wieder auf der Straße begegnete.

Das Mädchen besorgte sich kleine Bildchen, die auf der Vorderseite Jesus in den verschiedensten Situationen seines Lebens zeigten, und auf der Rückseite die jeweilige Geschichte mit wenigen einfachen Worten erzählten. Ein paar dieser farbigen Bildchen, die in der Gemeinde als »Fleißkärtchen« für den regelmäßigen Besuch der Sonntagsschule verteilt wurden, trug Gertrud bei sich, wenn sie in der Stadt unterwegs war. Sie wollte wenigstens den Kindern auf diese Weise die frohe Botschaft bringen.

Die Kinder anzusprechen, damit hatte sie keine Probleme. Die wussten nichts von der »Zigeunerpack«-Geschichte mit der Ohrfeige, oder sie nahmen ihr mit ihren kindlichen Gemütern die Sache nicht übel. Bald kannte sie viele mit Namen. Rasko, Pitzo, Ninna, Gali, Blümchen, Pöppele, Fausto … Merkwürdige Namen, manchmal wirkten sie richtig fremd und komisch. Es waren Namen von Kindern, die nun für sie nicht mehr »Pack« waren, sondern von Gott geliebte Menschen wie alle anderen auch.

Oft war Gertrud von einer Schar der kleinen dunkelhäutigen, manchmal nicht ganz sauberen und zuweilen barfüßigen Gestalten mit den schwarzen, wuscheligen Haaren umringt, wenn sie durch die Straßen ging. Es fiel schon manchem auf, dass sich ein junger

Mensch mit diesen Kindern abgab. Und dass dieser junge Mensch den Kindern immer wieder etwas zusteckte, mal ein paar Schuhe, mal ein warmes Kleidungsstück gegen die Winterkälte, mal eine Süßigkeit, das fiel schon auf.

Aber Gertrud ließ sich nicht beirren. Die Kinder des Zigeunervolkes lagen ihr seit kurzem am Herzen, und sie sollten und mussten etwas vom Heiland erfahren. Wenn auch zunächst nur über die »Fleißkärtchen« mit der kurzen biblischen Geschichte, den kleinen Geschenken und den paar Worten, die sie mit den Kindern sprechen konnte. Aber konnte nicht auch diese geringe Saat eines Tages aufgehen, wenn sie auf guten Boden fiel? Und konnte diese geringe Saat über Bildchen und Texte durch die Kinder nicht auch in die Elendsbaracken ihrer Familien getragen werden und dort eines Tages Frucht bringen? Gertrud war davon überzeugt, dass die Gottesverheißung aus dem Prophetenbuch auch hier ihre Gültigkeit hatte und das Wort nicht leer zurückkommen würde.

Dass diese erste Zuwendung zu den Zigeunern und die wachsende Zuneigung zu den Menschen dieses ungeliebten Volkes einmal ihr Lebensinhalt werden sollte, das konnte die sechzehnjährige Handelsschülerin damals noch nicht ahnen. Aber das Lied vom sterbenden Zigeunerknaben und ihr Umgang mit den Zigeunerkindern ihrer Heimatstadt hatten bereits unauslöschliche Spuren in das Leben von Gertrud Wehl gezeichnet.

## Überstürzte Flucht

Zunächst aber sollte es noch einige andere aufregende Jahre in Gertruds Leben geben.

Das Mädchen beendete seine Schulbildung auf der Handelsschule mit der Mittleren Reife.

Danach übernahm der Vater sie in die eigene Firma als Lehrling für den Beruf eines Groß- und Einzelhandelskaufmanns. Ihr zweiter Lehrmeister war ihre Mutter in ihrer Eigenschaft als Prokuristin.

Zugegeben, Lehrling im eigenen Haus und Betrieb zu sein, war nicht immer einfach. Die Mutter war eine strenge Lehrmeisterin. Da gab es keine Chance des vorübergehenden inneren Rückzugs. Betriebs- und Hausgemeinschaft waren fast identisch, und Arbeitszeit und Feierabend wurden auch nicht immer getrennt.

Dennoch war Gertrud gerne bei der Arbeit und machte ihre Sache gut. Nach Abschluss ihrer Ausbildung ging sie dann aber gerne für einige Zeit nach Berlin, um die Enge der Kleinstadt einzutauschen gegen die Weite der Großstadt mit ihrem vielfältigen Getriebe, ihren Gerüchen und Geräuschen. Sie wollte anderes und Neues in unterschiedlichen Arbeiten kennen lernen, zum Beispiel als Haushaltshilfe und Kinderpflegerin in verschiedenen Häusern, und auch als zeitweilige Schülerin einer Privatschule. Sie lernte, veränderte Bedingungen ohne die vertraute Familie zu meistern und im Leben zu stehen. Und sie übte sich darin, sich auf neue Menschen einzulassen, in verschiedenen christlichen Kreisen und Gemeinden, in die sie kam, und bei geistlichen Seminaren, die in Berlin in den ersten Kriegsjahren ab 1939 noch reichlich angeboten wurden.

In Berlin hätte sie es wohl auch noch ein wenig länger ausgehalten, wenn nicht der Krieg auch bald über die Hauptstadt des Reiches gekommen wäre. Aus dem Inferno der Bombennächte riefen die Eltern die inzwischen Dreiundzwanzigjährige nach Stolp zurück. Hier im ländlichen Hinterpommern waren die Zeiten noch relativ ruhig, und es lebte sich noch sicherer. Außerdem wurde sie im elterlichen Geschäft gebraucht, seit der Hitlerstaat den ein oder anderen männlichen Angestellten für den schlimmen Krieg beanspruchte.

Aber es sollte nicht mehr lange dauern, bis der Krieg auch diese Region Deutschlands sehr direkt erfasste. Die Gefahr von Osten kam rasch näher.

Der Kalender zeigte Mittwoch, den 7. März 1945. Sehr früh am Morgen klopfte es heftig bei Wehls an die Haustür. Die Mutter öffnete – sie hatte nur rasch einen Hausmantel übergeworfen – und stand einem Offizier der Wehrmacht gegenüber. Der ließ es gar nicht zu einem Morgengruß kommen, sondern sprach die Mutter sehr erregt an: »Frau Wehl, Ihr Mann schickt mich her. Es ist soweit. Sie müssen packen. Sie müssen schnellstens hier raus. Die Russen sind nicht mehr weit. In zwei, drei Tagen können die hier sein. Ich bin in einer Stunde zurück. Ich bringe Sie nach Stolpmünde. Von dort geht es mit dem Schiff weiter.«

»Ja, aber ... Was soll ich denn ... Was wird mit meinem Mann?«, versuchte die Mutter mehr zu erfahren. Dabei wusste sie, dass Paul wegen seiner Zugehörigkeit zum Volkssturm nicht mitkommen konnte.

Als Antwort hörte sie nur: »Ihr Mann muss leider hier bleiben. Bitte nur das Nötigste. Der Platz im Auto ist begrenzt!« Dann saß der Offizier auch schon wieder hinter dem Steuer seines Wagens, dessen Motor er gar nicht ausgeschaltet hatte, und fuhr davon.

Für einen Moment stand die Frau wie gelähmt. Dass die Zeit plötzlich so knapp wurde, damit hatte im Haus niemand gerechnet. Und jetzt der Mann nicht da, eingezogen zum Volkssturm, um zu halten, was wohl doch nicht mehr zu halten war. Dafür ein paar Verwandte im Haus, Tante Ida, Brigitte und Gotthold, die unter größten Gefahren und Schwierigkeiten über das Haff aus Ostpreußen geflüchtet waren. Die mussten dann ja auch mit. Wie gut, dass die letzten Angestellten schon seit ein paar Tagen entlassen waren, damit sie sich rechtzeitig in Sicherheit bringen konnten.

Aber was sollte sie jetzt zuerst tun? »O Gott, wie soll das gehen? Herr, steh uns bei!«, kam es ihr über die Lippen. Dabei schloss sie die Haustür und versuchte, ihre Gedanken zu ordnen. Jetzt musste ein klarer Kopf her, um Wichtiges und Notwendiges von Überflüssigem und Sinnlosem zu unterscheiden. Schließlich hatte jede Person nur einen Rücken und zwei Hände zum Tragen von Gepäckstücken. Und alle zusammen hatten sie nur eine Stunde Zeit zur Vorbereitung.

Gertrud hatte inzwischen den Kopf durch die Tür gesteckt. »Was ist los, Mutter?«

»Es ist soweit, Kind, wir müssen weg. Uns bleibt eine knappe Stunde zum Packen. Weck bitte die anderen, damit sie ihre Sachen packen. Und du pack deine. Rucksack und ein Koffer. Mehr geht nicht.«

»Ich habe aber doch zwei Hände«, wandte Gertrud ein.

»Die zweite Hand brauchst du für den Koffer mit den wichtigsten Dokumenten, den Vater schon gepackt hat.«

»Und was ist mit Vater? Was ist mit den Geschwistern? Und was mit Haus und Geschäft?«

»Das steht alles bei Gott. Vater wird nachkommen und uns finden. Johannes ist irgendwo an der Front, Hilde und Christa schon irgendwo bei Neubrandenburg …« Für einen Moment versagte der Mutter die Stimme. Sie musste schlucken. Wer konnte sagen, wie Gottes Wege mit den Lieben waren? Aber es würden Gottes Wege mit ihnen sein! Die Gewissheit blieb.

Die Wehls waren es gewohnt, die Tagesgeschäfte mit kühlem Kopf zu erledigen. Aufgeregte Hektik war ihnen fremd. Das kam ihnen in dieser besonderen Situation zugute. Mutter und Tochter und die Verwandten im Haus packten und stellten ihre Gepäckstücke bald in den Flur. Es blieb danach sogar noch ein wenig Zeit für ein kurzes Frühstück und Proviantordnen im Stehen und für ein Gebet, das die augenblickliche Situation, die eigene ungewisse Zukunft und die ihrer Lieben in die Hände Gottes legte. »Du hast's in Händen, kannst alles wenden, wie nur heißen mag die Not.«

Leicht fiel es nicht, und es ging auch nicht ohne Tränen ab, das Haus wenig später zu verlassen und sich auf einen Weg zu machen, von dem niemand wusste, wo er denn hinführte und wo er enden würde. Haus, Grundstück und Geschäft – was würde aus ihnen werden? Wie würden die Russen mit allem umgehen? Wer würde davon Besitz ergreifen? Würden sie selbst jemals wieder zurückkommen können? Irdisches Gut ist immer Leihgabe auf Zeit. »Der Herr hat's gegeben, der Herr hat's genommen. Der Name des Herrn sei gelobt.« Das Bekenntnis des Hiob fiel der Mutter wahrhaftig nicht leicht, und doch brachte sie es über die Lippen, als das mit Personen und Gepäck voll gestopfte Auto auf dem Weg nach Stolpmünde die Bütower Straße verließ und gerade noch einen letzten Blick zurück erlaubte, wobei der Mutter die Tränen über die Wangen liefen. Gertrud ging es nicht anders.

Am Stadtausgang fuhren die Flüchtlinge an den Baracken der Zigeuner vorbei. Gertruds Abschiedsgedanken wurden für ein paar Momente überlagert von Erinnerungen an ihre kleinen Freunde mit den schwarzen Locken. Was wohl aus denen geworden war, die dort einmal gewohnt hatten, aus Rasko, Pitzo, Ninna, Gali, Blümchen, Pöppele, Fausto und all den anderen Kleinen und Großen aus der Sippe Adler, denen sie vor Jahren die Fleißkärtchen geschenkt hatte und die inzwischen zu jungen Leuten herangewachsen waren? Sie hatte sie nach ihrer Rückkehr aus

Berlin nicht mehr angetroffen. Der Hitlerstaat hatte sie mit ihren Familien schon lange eingesammelt und abtransportiert. Aber wohin und mit welcher Absicht? Darüber war nichts Genaues bekannt. Man munkelte nur einiges. Ob eins von ihnen den Heiland mitgenommen hatte auf den eigenen unbekannten Weg oder wenigstens eines der Bildchen mit der biblischen Geschichte? »Dein Wort kommt niemals leer zurück! Gott im Himmel, nimm dich ihrer an und sei mit ihnen, wo sie jetzt auch sein mögen.« Gertrud schloss für einen Moment die Augen zu diesem Kurzgebet. »Und nimm dich auch unser an und hilf uns durch, wo immer der Weg hingeht.«

Die Strecke zum Küstenort Stolpmünde war zwar nur knapp 20 Kilometer lang, dennoch brauchten die Reisenden, besser die Flüchtenden, fast eine Stunde, bis sie endlich ankamen. Sie waren ja nicht die Einzigen, die unterwegs waren, um den heranrückenden Russen zu entkommen. Mit Autos, mit Fuhrwerken, zu Fuß waren die Leute auf der Straße, bepackt mit dem Nötigsten, um möglichst bald die Ostseeküste zu erreichen, wo hoffentlich Schiffe zur weiteren Flucht bereitstanden. Es schien, als wäre der Großteil der Bevölkerung aus Stolp und den umliegenden Dörfern auf dem kurzen Treck. Dass die Russen nicht mehr sehr weit weg sein konnten, verkündete der Geschützdonner, der immer wieder trotz der Geräusche der Straße aus der Ferne zu hören war.

Im kleinen Hafen des Küstenstädtchens herrschte großes Gedränge. Die Menschenmenge war kaum zu überblicken. Der Wehrmachtsoffizier hielt seinen Wagen nur kurz an und zeigte auf ein kleines Küstenschiff vorne an der Kaimauer, dessen Schornstein kräftig Rauch ausstieß: »Dort drüben die ›Ostseeperle‹ nimmt euch mit. Die wartet auf euch.« Dann ließ er seine Fahrgäste aussteigen, wünschte ihnen Glück, wendete und fuhr zurück. Mutter und Tochter konnten ihm gerade noch ein paar Grüße an den Mann und Vater mitgeben. An anderes zu denken war jetzt keine Zeit mehr.

Die kleine Menschengruppe wühlte sich durch die Menge, die zu anderen Schiffen drängte, um rasch auf das ihnen angezeigte Schiff zu kommen. Wie viele Leute da wohl schon an Bord waren?

Der Kapitän, ein guter Bekannter der Familie, begrüßte seine Fahrgäste persönlich. »Gut, dass Sie hier sind, Frau Wehl, unser kleines Schiff ist voll bis an die Reling. Ich wusste, dass Sie kommen. Ich habe nur noch auf Sie gewartet.« Dann gab er den Befehl, die Leinen zu lösen und abzulegen. Mit einem lauten Sirenenton legte die »Ostseeperle« ab und dampfte auf das offene Meer zu.

Zurück blieb eine kleine Zahl weiterer Schiffe, die sicher wenig später mit den Flüchtenden ablegten und nachkamen. Ob die Leute wohl alle einen Platz finden würden? Zurück blieb auch – vielleicht für immer – das Land rechts und links der Stolpe, des Flüsschens, das die Heimat Hinterpommern wie ein einendes Band zusammenhielt. Würde es je eine Rückkehr geben?

Wie gut, dass die See einigermaßen ruhig war und nicht einer der Frühjahrsstürme tobte! Es wehte nur eine leichte östliche Brise, nicht einmal sehr kalt. So kam die »Ostseeperle« gut voran, und niemand an Bord wurde seekrank und fütterte die Fische. Das wäre bei der Enge an Deck für manche auch schwierig geworden.

Mutter und Tochter Wehl und ihre Verwandten fanden einen geschützten Platz hinter einem Aufbau. Nahezu schweigend verbrachten sie dort die vielstündige Fahrt. Worüber hätten sie auch reden sollen? Jeder an Bord hing mehr oder weniger denselben Gedanken nach. Die Heimat hinter sich und verloren, Haus und Hof, liebe Menschen, vertrautes Vieh, ihre vielen Pferde so plötzlich verlassen, Unbekanntes vor sich und dabei keine Garantie für das glückliche Gelingen der Reise. Manche Menschen weinten still vor sich hin, andere schienen zu beten, wenige äußerten sich laut und beklagten die Situation. Innerlich haderte wohl mancher mit dem Hitlerstaat und seinem »Führer«. Der war es schließlich, der durch seinen Größenwahn das deutsche Volk in diese verzweifelte Lage gebracht und das alles zu verantworten hatte. Und dann die großen Sprüche, die er immer noch über die Volksempfänger verbreiten ließ oder selbst verbreitete. Dem gehörte doch ein schlimmerer Platz als ein solcher auf einem Flüchtlingsschiff …

Die »Ostseeperle« erreichte die Pommersche Bucht vor Mitternacht, konnte aber wegen der Dunkelheit nicht in den Hafen von Swinemünde einlaufen und dort festmachen. Das wäre zu gefährlich gewesen. Das Schiff blieb also liegen, und die Passagiere mussten die Nacht in der Märzkälte an Bord verbringen. Im frühesten Morgengrauen nahm das Schiff dann wieder Fahrt auf und erreichte bald den kleinen Hafen. Die Flüchtlinge konnten das Schiff verlassen.

Aber wie sollte es weitergehen? Es hieß, die Leute sollten sich irgendwie nach Anklam durchschlagen. Von da könne es mit der Bahn nach Neubrandenburg in Mecklenburg weitergehen. Dort gebe es ein Notaufnahmelager für Flüchtlinge. Und dort bestünde auch die Möglichkeit, weiter nach Westen zu kommen.

Unter den Menschen, die sich bald nach der Ankunft des Schiffes auf den Weg machten, waren auch Mutter und Tochter Wehl. Mit den Verwandten vereinbarten sie, nicht um jeden Preis beieinander zu bleiben. In zwei kleineren Gruppen würde man besser vorankommen. Irgendwann würde man sich schon wieder begegnen.

In der Ortsmitte von Swinemünde stellte Gertrud plötzlich einen ihrer Koffer ab. »Da, schau, Mutter, den schickt uns der Himmel.«

»Wen schickt uns der Himmel?«, fragte die erstaunt zurück.

»Na, diesen Lastwagen dort drüben, wo die vielen Leute draufstehen. Die Aufschrift ist mir bekannt. Der war doch schon mit Baustoff- und Brikettlieferungen bei uns auf dem Hof.«

»Hast Recht, Kind. Das ist ein LKW vom Möller aus Rostock. Ob der noch Platz auf seiner Pritsche hat?«

»Das werden wir gleich wissen«, versprach Gertrud und sprang schon über die Straße. Die Mutter sah ihre Tochter mit dem Fahrer, einem älteren Mann, reden. Dann kam sie eilig zurück, wobei sie heftig mit beiden Armen winkte.

»Er nimmt uns mit nach Anklam. Auf, Mutter, das ist eine Gelegenheit, die uns Gott schenkt!«

Momente später standen die beiden Frauen mit ihren Verwandten und vielen anderen Flüchtlingen, die meisten Frauen und Kinder, auf der Ladefläche des MAN. Wen störte es, dass der Kohlestaub die ohnehin nicht mehr sauberen Schuhe zusätzlich verschmutzte! Und wen störte es, dass man seinem Nachbarn eng auf die Pelle rückte! So konnte wenigstens niemand umfallen. Und los ging die Fahrt.

Die Landstraße hinüber zum etwa 50 Kilometer entfernten Anklam war ähnlich überfüllt wie die von Stolp zur Küste. Nur dass hier alle Menschen landeinwärts strebten. Nur heraus aus der unmittelbaren Gefahrenzone; nur weg von Orten, die die Russen bald erreichen konnten.

Vielleicht zwei Stunden später hielt der Lastwagen vor dem Bahnhof des vorpommerschen Städtchens. Anscheinend abfahrbereit stand ein Zug am Bahnsteig, so dass die LKW-Reisenden rasch von der Pritsche sprangen und sich beeilten, den Zug noch zu erreichen. Mutter und Tochter Wehl taten das auch, aber nicht ohne sich noch bei dem Fahrer zu bedanken. Der winkte ab und setzte sein Gefährt schon wieder in Bewegung, offenbar zur Rückfahrt. Was tat dieser Mann in der gefährlichen Situation für andere Menschen!

Der Zug nach Neubrandenburg war so überfüllt, dass eigentlich niemand mehr irgendwo dazwischenpasste. Und doch drückte sich die Schicksalsgemeinschaft der Flüchtenden noch enger zusammen, so dass Mutter und Tochter mit ihren Verwandten und allem Gepäck doch noch Plätze im Zug fanden. Zwar nicht im selben Abteil, aber wenigstens im selben Zug. Am Ziel würden sie sich wohl wiederfinden. Zum Glück mussten sie nicht außen auf den Trittbrettern stehen wie viele andere. Das wäre ihnen doch zu gefährlich gewesen.

Am Abend fanden sich alle auf einem Bahnsteig in Neubrandenburg in Mecklenburg wieder. Tante Ida und ihre Tochter Brigitte versuchten bei Verwandten in der Stadt Aufnahme zu finden, was ihnen auch gelang. Die anderen drei begaben sich zum Sammellager für Flüchtlinge. Es befand sich in einem Schulkomplex nicht weit vom Bahnhof entfernt. Viel Platz gab es in den Räumen nicht mehr. Hier mussten schon mehrere Hundert Flüchtlinge sein.

»Wie soll es jetzt weitergehen, Mutter?«, fragte Gertrud, als die beiden einen Platz für die Nacht angewiesen bekommen hatten.

»Ich weiß nicht, Kind. Jetzt sind wir erst einmal hier. Gott sei Dank! Er hat uns gut durchgeholfen. Andere hatten es wohl nicht so leicht wie wir.«

»Gut, dass wir durch die Firma so viele Bekannte haben.«

»So wird es sein. Aber ich denke, ich versuche morgen mit Gotthold zu Pastor Mrotzek nach Plath zu kommen. Ich hoffe, Hildegard und Christa-Maria sind bei ihm. Du bist ein erwachsener Mensch. Wenn du weiter nach Westen reisen willst, magst du mit Gott gehen. Ich möchte warten, ob Vater nicht doch nachkommt.«

»Und du hast nichts dagegen, wenn ich mich morgen nach möglichen Zielen erkundige?«

»Nein, Gertrud, bestimmt nicht. Du musst an deine Zukunft denken. Und die kann ohnehin nicht immer bei deinen Eltern sein. Wenn es für dich die Möglichkeit gibt weiterzukommen, solltest du sie nutzen. Wir werden uns später wiederfinden.«

»Bist du dir sicher, Mutter?«

»Ich bin mir sicher, Kind. Gott wird es führen. Und jetzt erst einmal gute Nacht.«

»Danke, dass du mich verstehst, Mutter. Ich denke auch, Gott ist überall derselbe, und er macht es richtig. Und jetzt schlaf du auch gut, Mutter. Und versuch, an eine gute Zukunft zu denken.«

»Dafür zu beten, Kind«, korrigierte die Mutter noch, zog sich die dünne Wolldecke über die Schultern und drehte sich auf ihrer Matratze auf die Seite.

Am nächsten Vormittag erkundigte Gertrud sich nach Möglichkeiten, von hier fortzukommen. Sie erfuhr, dass es Gelegenheit gebe, sich einem Transport anzuschließen, der nach Oldenburg in Niedersachsen gehen sollte. Dort sei ein großes Notaufnahmelager. Sie müsse sich in zwei Tagen dafür bereithalten.

Gertrud ließ sich in die Liste eintragen. Ihre Mutter konnte tatsächlich am nächsten Tag ins Pfarrhaus im Nachbardorf umsiedeln. So blieb sie in der Nähe der Stadt und konnte auf ihren Mann warten. Sie war überzeugt, dass er nachkommen würde. Es würde sich sicher nur um wenige Tage handeln. Bei Pastor Mrotzek fand sie auch ihre beiden anderen Töchter, von denen Hildegard kurz vor der Geburt ihres zweiten Kindes stand. Gott sei Dank war alles in Ordnung bei ihr. Auch Gotthold konnte vorerst in Plath bleiben.

So trennten sich also die Wege von Mutter und Tochter für unbestimmte Zeit. Die Mutter blieb in der Nähe von Neubrandenburg und konnte dort tatsächlich wenige Tage später ihren Mann gesund in die Arme schließen. Paul Wehl und seine Volkssturmtruppe waren zur Verteidigung der Stadt gar nicht mehr zum Einsatz gekommen. Die Sinnlosigkeit eines solchen Vorhabens war bald erkannt und die Truppe aufgelöst worden. So waren die Eheleute also wieder zusammen, sogar mit einem Teil der Familie. Sie würden später zunächst im mecklenburgischen Hagenow und schließlich im münsterländischen Coesfeld eine neue Heimat finden.

Gertrud Wehl kam einige Tage später nach umständlicher Reise in Oldenburg an, von wo sie weiter in das verträumte Städtchen Zwischenahn geschickt wurde. Dort fand sie am Dienstag, dem 20. März 1945, eine Bleibe bei einer gütigen Fleischer-Familie und sogar nach wenigen Tagen eine Arbeit in der Niederlassung einer Bremer Spinn- und Webstoff-Fabrik. Die junge Frau war dankbar und glücklich, dem Unheil, das die Russen über den Osten brachten, rechtzeitig entronnen zu sein. Die Eltern, den Bruder und die Schwestern mit ihren Familien würde sie bestimmt irgendwann und irgendwo wiederfinden. Dessen war sie sich so sicher, wie die Mutter sich sicher gewesen war, den Mann wiederzubekommen. Freilich wusste Gertrud davon noch nichts. Wenn sich für sie jetzt noch ergäbe, dass sie Kontakt zu Christen bekäme, dann wäre für die junge Frau trotz der so rasch veränderten Lebensbedingungen die Welt erst einmal wieder einigermaßen in Ordnung.

## Im Oldenburger Land

Kontakte zur evangelischen Gemeinde in Zwischenahn knüpfte Gertrud sehr bald. Es gab zwar keinen Jugendkreis in diesem Städtchen am Zwischenahner Meer, der sich neben seinen geistlichen Zusammenkünften auch schon einmal zu einer Bootspartie treffen könnte oder zu einer Wanderung um den See mit einem Picknick an einem der schönen weidenbestandenen Uferplätze oder im Winter zum gemeinsamen Schlittschuhlaufen. Eigentlich ein bisschen schade, fand sie. Doch das war in den letzten Kriegstagen und der ersten Zeit nach der deutschen Kapitulation wohl auch eine zu kühne Vorstellung.

Aber es gab einen Frauenhilfskreis, der sich regelmäßig mittwochs im Gemeindehaus traf. Lieber diesen Kreis besuchen als gar keinen, dachte sich Gertrud. Schon bei ihrem ersten Besuch musste sie feststellen, dass sie bei weitem die Jüngste unter den Frauen war. Viele von ihnen kamen mit verhärmten Gesichtern und in schwarzen Kleidern. Ein paar von ihnen hatten mindestens einen Verlust in ihrer Familie zu beklagen. Entweder war der Mann an irgendeinem Frontabschnitt gefallen oder ein Sohn war nicht zurückgekehrt. Andere hatten Nachrichten aus irgendwelchen französischen, englischen oder amerikanischen Kriegsgefangenenlagern. Irgendwann würde der Mann oder der Sohn von dort sicher nach Hause entlassen werden. Wieder andere Frauen hatten bisher nur sehr vage Informationen über den Verbleib eines vermissten nahen Menschen. Wer seinen Angehörigen im sowjetischen Machtbereich wusste, hatte bisher gar keine Nachrichten erhalten.

Wie gut war es doch für diese Frauen, sich wöchentlich zu treffen, um sich gegenseitig ihr Leid zu klagen und sich Trost, Mut und Hoffnung zusprechen zu lassen. Und es tat ihnen gut, eine junge fröhliche Christin unter sich zu haben, deren Glaubenszuversicht ansteckend wirkte, die ihre Lieder auf dem Klavier begleitete und mit ihnen neue Glaubenslieder sang.

Gertrud Wehl tat schon durch ihr Dabeisein den Zwischenahner Frauen gut. Und bald wurde auch der Pastor auf sie aufmerksam, durch ihr Wesen und ihre Fähigkeit, mit Menschen umzugehen, mit ihnen über den Glauben zu reden und diesen Glauben praktisch vorzuleben. Dabei fiel sie durch ihre umfangreiche Bibelkenntnis auf. Die junge Frau kannte die Bibel ja fast besser als mancher Gemeindehirte! Das war schon erstaunlich.

»Fräulein Wehl, Sie sind für das Fließband zu schade«, sprach er sie an einem Mittwoch im Sommer 1945 nach der Frauenhilfsstunde an.

»Wie meinen Sie das, Herr Pastor?«, fragte die inzwischen Fünfundzwanzigjährige.

»Nun, ich denke, Sie können mehr als eine Stickmaschine bedienen. Sie müssen mit Menschen arbeiten.«

Gertrud Wehl schaute den Pastor fragend an. »Wie soll ich das verstehen?«

»Ich glaube, Gott hat Ihnen dafür ein besonderes Talent anvertraut, Fräulein Wehl. Sie haben so eine erfrischende Art, auf Leute zuzugehen und mit ihnen in Kontakt zu kommen. Sie kennen die Bibel besser als ich. Sie müssen Menschen das Evangelium weitergeben. Sie sollten biblischen Unterricht erteilen.«

»Nichts lieber als das, Herr Pastor, aber wo und wie, wenn nicht mehr hier bei den Frauen?«

»Wissen Sie, Fräulein Wehl«, setzte Pastor Frerichs etwas umständlich an, »ich werde demnächst nach Apen gehen. Das liegt etwa zwanzig Kilometer westlich von hier. Dort brauche ich jemanden, der mir beisteht und an meinen verstreuten Predigtorten den Kindergottesdienst hält und der mir auch ein wenig im Gemeindebüro hilft. Und da hatte ich gedacht ...«

»... dass das eine Aufgabe für mich sein könnte?«, setzte sie ein wenig ungläubig den Satz fort.

»Das hatte ich gedacht, Fräulein Wehl. Sie sind die richtige Person für diese Aufgabe. Die Kirchengemeinde Apen wird Sie gerne für diese Aufgaben einstellen und bezahlen. Und übrigens gibt es in Vreschenbokel, das auch zur Gemeinde gehört, einen EC-Kreis. Den vermissen Sie doch hier so sehr, wie Sie gesagt haben.«

»Mit Speck fängt man Mäuse, Herr Pastor«, schmunzelte Gertrud, »aber ein Jugendbund wäre schon was Gutes. Und wann soll das alles losgehen?«

»Mein Dienst in Apen beginnt am 1. Oktober. Ihrer könnte am 15. beginnen. Bis dahin kann ich alles vorbereiten für Ihr Kommen.«

»Ist das Ihr Ernst?«

»Mein liebes Fräulein Wehl, ich pflege mit solchen Dingen keine Scherze zu machen. Es ist mein Ernst. Also, was ist?«

Gertrud jubelte: »Ich komme, ich komme! Ich freue mich mit Zittern. Aber ich will es mit Gottes Hilfe wagen: Kindergottesdienst, Mitarbeit in der Gemeinde, Flüchtlingsbetreuung ... Das wird herrlich!«

Gertrud wäre dem Mann am liebsten um den Hals gefallen. Aber das ließ sie dann doch sein. Es gehörte sich sicher nicht, einen Pastor vor Freude zu umarmen, zumal noch einen, der verheiratet war. Aber sie war einfach glücklich über diese Wendung der Dinge. Gott, wie bist du so gut!, jubelte sie innerlich.

Gleich am nächsten Tag kündigte sie ihre Stelle bei der Firma Deiters & Co., was man dort mit großem Bedauern aufnahm.

Wenige Wochen später stand Pastor Frerichs bei Gertrud Wehl in der Tür. »Ich komme, um Sie abzuholen. Der Kirchenvorstand von Apen möchte Sie gerne kennen lernen.«

»Und wie kommen wir dahin, etwa mit dem Ruderboot über das Meer?«, scherzte Gertrud.

»Ich entschuldige mich, Fräulein Gertrud.« Dem Pastor schien seine Antwort peinlich zu sein. »Sie hätten mit dem Zug nach

Apen kommen können. Aber Sie müssen sich jetzt einfach zu mir auf mein Motorrad setzen.«

»Ich auf einem Motorrad? Ich habe noch nie auf so einem Ding gesessen. Aber wir sind ja für Gott unterwegs und dann wohl auch mit Gott.« Gertrud musste lachen. »Ich komme, Herr Pastor, ich ziehe mir nur rasch den Mantel an.«

»Und wickeln Sie sich auch einen Schal um. Es ist zwar noch einigermaßen warm draußen. Aber es zieht immer ein bisschen auf der Maschine.«

Wenige Minuten später waren der Pastor und seine neue Mitarbeiterin unterwegs ins Zentrum des Kirchspiels Apen. Zwei Stunden später waren sie schon wieder auf dem Rückweg.

»Der Kirchenvorstand ist begeistert von Ihnen. Er freut sich auf Ihre Arbeit. Herzlich willkommen als meine Mitarbeiterin, Fräulein Gertrud. Bis nächste Woche wird das mit der Wohnung klappen, und dann hole ich Sie endgültig hier ab. Sie werden wahrscheinlich im Ortsteil Augustfehn ein Zimmer bekommen.«

»Das ist alles einfach wunderbar, Herr Pastor. Ich danke Ihnen, und ich danke Gott für diese Führung.«

Am Samstag, dem 20. Oktober, kam Pastor Frerichs, um Gertrud Wehl nach Augustfehn zu holen. Diesmal kam er mit einem PKW, wegen des Gepäcks, wie er erklärte.

»Übrigens, Fräulein Gertrud, Sie sind gleich morgen dran.«

»Gleich morgen? Womit?« Die neue Gemeindehelferin blickte ihren Arbeitgeber erwartungsvoll an.

»Kindergottesdienst in Apen und in Augustfehn. Lassen Sie sich etwas einfallen, wie Sie bei den Kindern einsteigen. Sie machen das schon. Da bin ich sicher.«

»Mit Gottes Hilfe will ich es wagen«, ergänzte die junge Frau. »Und mit einer Gitarre. Haben Sie eine für mich? Oder steht da ein Klavier?«

»Hm, ein Klavier haben wir da nicht. Aber ich denke, ich werde bis morgen eine Gitarre auftreiben. Es muss in der Gemeinde irgendwo eine geben.«

»Dann kann es losgehen, Herr Pastor. Sie sagen mir aber noch, wann ich wo sein muss und wie ich dahin komme.«

»Alle Fragen werden nach Möglichkeit beantwortet. Aber, da gibt es noch etwas.« Pastor Frerichs zögerte.

»Und was ist das?«, wollte Gertrud natürlich wissen.

»Sie werden nicht nur Kindergottesdienst halten, sondern auch Religionsunterricht.«

»In der Schule? Ich als Lehrerin in der Schule?« Die junge Frau blickte jetzt ein wenig erschrocken.

»Nicht in einer Schule. Religionsunterricht in vier Schulen.«

»Das kann doch wohl nicht wahr sein, Herr Pastor!« Gertrud schüttelte ungläubig den Kopf. »Nein, das geht nicht. Dazu reicht meine Kraft nicht. Gibt es denn da keine Religionslehrer?«

»Wenn es sie gäbe, würden Sie wohl nicht um diese Arbeit gebeten, oder?«, erwiderte Pastor Frerichs und erklärte ihr: »Die wenigen Lehrer, die da sind, werden für die anderen Fächer gebraucht. Übrigens meist Frauen. Viele Männer sind nicht mehr da oder sie sind noch nicht wieder da. Und mit Ihrer Gesundheit wird das schon gehen. Wenn der Mensch wirklich einmal krank wird, muss er halt eine Pause einlegen. Das gilt auch für Sie.«

Jetzt erschrak Gertrud noch ein wenig mehr. Der Pastor meinte es wirklich ernst. Sie sollte tatsächlich ohne Ausbildung an vier Schulen Religionsunterricht erteilen oder evangelische Unterweisung, wie das genauer hieß. Reichten denn dazu ihre Fähigkeiten aus?

»Machen Sie sich da mal keine Gedanken, Fräulein Gertrud. Ich habe mich schon erkundigt. Sie werden von uns und von der Schulbehörde zu einigen Katechetenkursen geschickt, und dort erhalten Sie das notwendigste Rüstzeug für die Arbeit. Übrigens wird der Religionsunterricht zusätzlich bezahlt. Und das ist ja auch was. Also was ist?«

»Schon wieder Mäusespeck«, musste Gertrud Wehl denken und atmete erst einmal tief durch. Dann entspannten sich ihre Züge, und es legte sich sogar wieder ein Lächeln auf das hübsche Gesicht. »Wenn es denn Gott von mir so erwartet, Herr Pastor, dann will ich auch diese Aufgabe mit seiner Hilfe anfassen. Er wird auch die Kraft und Zurüstung geben. Ich werd's probieren. Ich sage ja.«

Für die junge Gemeindehelferin begann eine wunderbare Zeit. Arbeitsreich und wunderbar, wenn auch in äußeren Dingen für einige Jahre sehr bescheiden. Sieben Jahre lang durfte sie das Evangelium von Jesus Christus Hunderten von Kindern sagen und mit Liedern beibringen. Und das, ohne dass es dabei irgendwann irgendwelche nennenswerten Schwierigkeiten gegeben hätte. Die Jungen und Mädchen aus den Dörfern und Siedlungen an der Jümme und den vielen Moorkanälen waren ein braves Völkchen. Sie hörten gerne zu, lernten fleißig und gehorchten willig. Natürlich wurden sie auch von ihren Eltern dazu angehalten. Es war für ihre Lehrerin eine Lust, mit ihnen zusammen zu sein und zu arbeiten.

Immer wieder einmal wurde Gertrud von der Gemeinde oder auch von der Schulbehörde nach Oldenburg, Aidlingen und anderswohin zu Fortbildungskursen geschickt, wo sie lernen konnte, wie sie ihren Kindergottesdienst und ihren Schulunterricht noch besser und interessanter gestalten konnte, so dass die Kinder noch leichter gutes geistliches Wissen mitnehmen konnten. Hoffentlich blieb es nicht in den Köpfen, sondern traf auch die Herzen!

In den Häusern der Gemeinde sprach es sich rasch herum, dass es sich lohnte, die Kinder zu Gertrud Wehl in die Gruppen zu schicken. Und die Jungen und Mädchen kamen gerne und füllten die Räume. Hier bekamen sie gutes geistliches Brot von dem, der sich selbst als das Brot des Lebens bezeichnet hatte. Als in einem der Ortsteile die Kinderzahl im Kindergottesdienst über die Hundertvierzig ging, musste die Gruppe sogar geteilt werden.

Pastor und Kirchenvorstand hatten ihre Freude an der guten Arbeit ihrer Gemeindehelferin und am guten Verlauf und offenbar gesegneten Wachstum der Kinder- und Jugendarbeit in der Gemeinde. Nicht anders erging es den deutschen und englischen Aufsichtsbehörden, die immer wieder einmal den Unterricht in den Schulen besuchten. Auch sie waren mit der jungen Lehrerin mehr als zufrieden.

Nur der neue Schulleiter in Augustvehn war es nicht. Der hatte es nicht so mit dem Glauben. Ihm gefiel es nicht, dass die Kinder ihre im Unterricht gelernten Glaubenslieder auch auf dem Schulhof und auf den Dorfstraßen sangen. »Welch Glück ist's, erlöst zu sein, Herr, durch dein Blut ...« Das berührte ihn merkwürdig und unangenehm. Traf diese Aussage vielleicht sein unerlöstes Gewissen? Aber in der Frage der Unterrichtsinhalte biss er bei seiner Fachlehrerin auf Granit. Die ließ sich ihre frommen Lieder nicht verbieten. Und die Kinder sangen sie nun mal gerne. Dann sollten sie sie auch singen, wo immer sie wollten.

Gertrud Wehl war selbst immer wieder dankbar und beschämt, dass Gott ihrer unterschiedlichen Arbeit so viel Gelingen schenkte, wenn sie auch zuweilen von den vielen Dingen erschöpft und müde war. Sie war schließlich auch zwischen den einzelnen Einsatzorten und Terminen ständig mit dem Fahrrad unterwegs und das bei Sonne und Regen, Sommerhitze und Winterkälte, bei klarer Sicht und dickem Nebel. Vor allem dann konnte der Weg gefährlich sein. Immer wieder einmal verpasste jemand bei schlechter Sicht den Weg und landete in einem der ungezählten kleineren und größeren Kanäle, die die weite Moorlandschaft durchzogen. Vor solch einem Unfall blieb die Lehrerin und Gemeindehelferin aber immer verschont. Gott sei Dank!

Die Arbeit mit den Kindern, das Miteinander mit den Erwachsenen in Gemeinde und Schule – alles machte einfach sehr viel Spaß und Freude, und der Segen, den Gott ganz offenbar auf ihre Arbeit legte, war für alle spürbar. So konnte es gerne noch ein paar Jahre weitergehen.

Dass ihre Kräfte begrenzt waren, war der Gemeindehelferin und Religionslehrerin dabei sehr bewusst. Sie bekam es auch immer wieder zu spüren. Dann nahm sie ihren Einsatz einfach ein wenig zurück, ohne dass die Menschen um sie herum viel davon mitbekamen. Es kam ab und an vor, dass sie einen Tag oder zwei mit der Arbeit aussetzen musste, weil ihr wieder einmal so ein Kräftetief zu schaffen machte. Aber das ging vorüber, und dann machte sie mit neuem Elan weiter.

## Alexander

Eine Sache machte ihr dann um das Jahr 1950 herum aber doch etwas mehr zu schaffen. Es ging um Alexander, der um einen Platz in Gertruds Herzen und Leben warb.

In Stolp war Gertrud noch zu jung gewesen, um sich mit der Liebe zu beschäftigen. In den Berliner Jahren hatte es vielleicht einmal einen Blickwechsel mit einem Jungen gegeben, der etwas tiefer gegangen war als ein normaler Blick. Aber festgesetzt hatte sich im Herzen des jungen Mädchens nie etwas, was als Liebe hätte bezeichnet werden können. In den Kriegsjahren hatte es an Gelegenheiten gemangelt, dauerhafte Kontakte zu knüpfen.

Es war ihr aber nicht als Mangel ihres jungen Lebens aufgefallen. Dann jedoch war Alexander aufgetaucht, ein junger Mann um die dreißig, auch Flüchtling aus dem Osten, hübsch, schwarzhaarig, zuvorkommend und von angenehmem Wesen.

Alexander stand eines Morgens in Vreschenbokel, wo sie einige Stunden unterrichtete, auf dem Schulflur und wurde der Religionslehrerin Gertrud Wehl als Hospitant der Lehrerbildungsanstalt Oldenburg vorgestellt. Aber die kleine, adrette Lehrerin hatte es ihm wohl bald mehr angetan als der Unterricht, den sie mit den Jungen und Mädchen abhielt. Bei nächster Gelegenheit saß der Hospitant mit im Kreis des Jugendbundes, der sich wöchentlich im Haus von Amke und Dietrich Wilken traf. Er kam eigens aus Oldenburg für den Abend angereist. Er war Christ, aber ob er überhaupt ein Ohr für die Botschaft des Evangeliums hatte?

Das wurde nicht sehr deutlich. Dass er Augen für Gertrud hatte, war nicht lange geheim zu halten. Alexander gab sich auch gar keine Mühe, sein Bemühen um das Herz der jungen Frau zu verbergen. Wo auch? In der moorigen Gegend gab es ja keine Berge!

Gertrud vermochte sich dem Werben Alexanders nicht lange zu widersetzen. Von den Frauen in ihrem Alter waren viele schon verheiratet oder hatten feste Freundschaften.

Die beiden jungen Menschen kamen sich bald innerlich und äußerlich näher, wobei Gertrud ihre Verhaltensgrundsätze hatte. Sie trafen sich mal in Oldenburg, mal in Augustfehn, und sie genossen es, zusammen zu sein, sich zu unterhalten über Gott und die Welt, über das Studium und den Lehrerberuf und über ein mögliches gemeinsames Leben.

Dann gab es irgendwann die Verlobung und erste Gespräche über eine zu planende Hochzeit. Aber merkwürdig, nach der Verlobung änderte Alexander nach und nach sein Verhalten. Er wurde in seinen Ansichten über das Leben und über den Glauben immer enger, bestimmender, fordernder. Er beschnitt zunehmend die Freiheiten seiner Gertrud und versuchte, von seinem Studien- und Wohnort in ihre Freizeit und in ihre Arbeit hineinzureden.

Zunächst fiel das der verliebten jungen Frau nicht einmal auf.

Bekanntlich macht Liebe blind für manche Realitäten. Aber mehr und mehr erschien ihr dieses Verhalten dann doch unnormal und unerträglich. So konnte Alexander mit ihr doch nicht umgehen. Er konnte ihr doch nicht den Umgang mit den Jugendbündlern und anderen Leuten der Gemeinde verbieten, nur weil er nicht mit ihnen zurechtkam und sie ihm nicht fromm genug waren. Er konnte ihr auch nicht vorschreiben, welche Lieder sie denn nun noch singen konnte und welche nicht, nur weil er seine besonderen Vorstellungen von geistlichen Liedern hatte. Schon gar nicht konnte er ihr verwehren, evangelistisch zu arbeiten. Galt für ihn der Missionsbefehl Jesu plötzlich nicht mehr? Und dazu entwickelte er auch noch merkwürdige Vorstellungen davon, wie eine Frau sich gegenüber ihrem Mann zu verhalten hatte. Das würde ja ein Sklavenleben werden! Das war ja beängstigend, ja schon irgendwie krankhaft. Nein, Alexander, so nicht! Mit Gertrud Wehl nicht!

Die junge Frau geriet in innere Konflikte, die ihr bald auch äußerlich anzumerken waren. Die Freude und das Lachen kamen ihr abhanden und die Offenheit im Umgang mit den Menschen. Die Wesensveränderung fiel ihrer Umgebung bald auf.

Auch Oltmann Timmermann, in dessen Wohnzimmer sonntags Bibelstunden stattfanden und mit dem sie schon einige Bibelwochen und Evangelisationen vorbereitet und manches seelsorgerliche Gespräch geführt hatte, war deutlich aufgefallen, dass die Kindergottesdienst-Helferin litt und mit ihr ihre Arbeit, und er konnte sich denken, worunter. Der Kirchenälteste war ein guter Menschenkenner und ein warmherziger Mann. Er sprach die junge Frau an, als sie zu einem dienstlichen Besuch im Auftrag des Pastors in seinem Wohnzimmer saß.

»Sie sind unglücklich, Fräulein Wehl, hab ich Recht?«, fragte er sie.

Gertrud fühlte sich augenblicklich von dem alten Herrn erkannt und durchschaut. Sie errötete leicht und blickte ein wenig verlegen auf ihre Hände. An ihrer linken Hand blinkte ein kleiner goldener Ring. »Sie haben Recht, Herr Timmermann«, gab sie ohne Umschweife zu.

»Und es liegt an Alexander?«

»Ja, es liegt an Alexander. Er hat sich in der letzten Zeit so verändert.« Gertrud hob ihre Augen und schaute ihr Gegenüber mit unsicherem Blick an.

»Mir ist das auch aufgefallen, Fräulein Wehl. Und ich sage Ihnen, beten Sie um Gewissheit Ihres Weges. Sie sind zu schade für den Mann. Er blockiert Sie.«

Gertrud atmete tief und hörbar und erwiderte leise: »Aber ich liebe ihn doch, und er liebt mich.«

Oltmann Timmermann zögerte einen Moment mit seiner Antwort, als überlege er noch, ob er weiterreden dürfe. Dann sagte er deutlich und bestimmt: »Liebt er Sie wirklich? Oder liebt er nicht vielmehr sich selbst? Ich rate Ihnen, Fräulein Wehl, lösen Sie die Verlobung. Geben Sie den Mann los und sich selbst die Freiheit zurück.« Und nach einem tiefen Atemzug fügte er hinzu: »Sie wissen möglicherweise nicht, was ich weiß.«

»Bitte sagen Sie mir, was ich nicht weiß«, forderte die junge Frau.

»Alexander ist krank, Fräulein Wehl, psychisch krank. Er musste sich schon klinisch behandeln lassen. Auf einer solchen Grundlage lässt sich keine gemeinsame Zukunft aufbauen.«

»Alexander hat mit mir nie über eine Krankheit gesprochen und schon gar nicht über eine psychische«, wehrte Gertrud diese Aussage erschrocken ab. »Woher wissen Sie …?«

»Ich weiß es halt, Fräulein Wehl. Haben Sie einfach Vertrauen, dass ich es gut mit Ihnen meine. Hören Sie auf meinen Rat. Dann werden Sie auch wieder glücklich. Ich mag es nicht und die Gemeinde mag es auch nicht, dass Sie nicht mehr lachen können und so bedrückt umhergehen. Außerdem müssen Sie wieder für Ihre Arbeit frei werden. Die leidet wie Sie selbst.«

Sehr unruhig im Herzen verließ Gertrud Oltmann Timmermann. Wie sollte sie mit dem Rat des liebenswürdigen alten Herrn jetzt umgehen? Er hatte ganz sicher Recht, sein Eindruck von Alexander entsprach ganz dem, was sie für sich selbst mehr und mehr empfunden, aber sich bisher nicht eingestanden hatte. Mit einem psychisch labilen oder gar wirklich kranken Menschen ein ganzes Leben verbringen? Das konnte es nicht sein. Und warum hatte er ihr diese Krankheit verschwiegen, wenn er sie, seine Gertrud, tatsächlich liebte?

Noch andere Gedanken gingen Gertrud durch den Kopf: Hatte sie denn diese Frage zu wenig mit Gott besprochen? Hatte die Liebe sie wirklich blind und geistlich oberflächlich werden lassen? War sie mit ihrer Liebe zu Alexander und ihrer Bindung an ihn eigene Wege gegangen? War die Verlobung vielleicht gar ein Akt des Ungehorsams gewesen?

Merkwürdig, bei ihren angestrengten Überlegungen, wie sie denn nun mit dieser Beziehungssache umgehen sollte, kam ihr ihr Konfirmationsspruch plötzlich deutlich vor Augen. Gertrud nahm sich den 40. Psalm vor und las die 18 Verse im Zusammenhang. Die Worte König Davids bewegten sie sehr. Sie trafen ihre Situation vor allem als Anfrage an ihren Glauben und seine Umsetzung im Lebensalltag. Den Vers 14 machte sie besonders zu ihrem Gebet: »Lass dir's gefallen, Herr, mich zu erretten; eile, Herr, mir zu helfen!«

Nach ein paar Wochen der Unruhe und des Kampfes wusste Gertrud Wehl, dass sie am nächsten Samstag nach Oldenburg fahren und Alexander den Verlobungsring zurückgeben würde. Sie würde die Begegnung so kurz halten wie eben möglich. Gott würde ihr die Kraft zu dieser schwierigen Sache geben.

So wurde es auch. Gott gab ihr die Kraft zu einer kurzen, aber entscheidenden Begegnung. Und er gab ihr den Mut, dem jungen Mann noch im Bahnhof Oldenburg deutlich zu machen, dass er ihr seine Krankheit nicht hätte verschweigen dürfen. Das sei für sie ein bedauerliches Zeichen mangelnden Vertrauens, das sie sehr enttäuscht habe. So Leid es ihr auch tue, damit sei die Grundlage für ein gemeinsames Leben leider zerstört.

Anderes, was ihr zuletzt in ihrer Beziehung Mühe gemacht hatte, sprach sie gar nicht mehr an. Was hätte ein längeres Gespräch noch geändert?

Alexander versuchte natürlich, Gertrud ihr Vorhaben auszureden, ihr sein Verhalten zu erklären und sie von seiner Liebe zu überzeugen. Vergeblich. Die Frau ließ sich auf keine Argumentation ein. Der junge Mann musste die Kröte schlucken und den Ring zurücknehmen, so sehr er sich auch dagegen sträubte.

Nach kurzem und endgültigem Abschied nahm Gertrud den nächsten Zug zurück nach Augustfehn. Wie froh war sie, dass sie das kleine Zugabteil für sich allein hatte. So konnte sie ihren Gefühlen freien Lauf lassen. Und auch den Tränen, die nun doch flossen, nachdem die Spannung der letzten halben Stunde sich allmählich löste. Den Ring zurückzugeben war ihr erschienen wie die Pflanze der Liebe aus dem Herzen reißen. Das hinterließ eine blutende, schmerzhafte Wunde, die wohl eine Zeit zum Heilen brauchen würde. Nein, der jungen, enttäuschten Frau ging es gar nicht gut während der Fahrt. Sie fühlte sich sehr elend und tief enttäuscht und niedergedrückt von einer unendlichen Traurigkeit. Und doch fühlte sie sich irgendwie erleichtert und von einer schweren Last befreit.

Das Kapitel Liebe war in ihrem Leben zunächst einmal beendet. Sie war wieder frei für ihre anderen Beziehungen und für ihre Arbeit. Hoffentlich war sie auch bald wieder ganz frei von dem, was sie in den letzten Wochen so sehr belastet hatte.

## Eine neue Berufung

Es konnte also gerne weitergehen mit der Gemeinde- und Schularbeit. Wenn nicht, ja, wenn nicht nach sieben Jahren guter geistlicher Arbeit zwei biblische Worte immer wieder vor den Augen der inzwischen Zweiunddreißigjährigen aufgetaucht wären, die ihr zunehmend eine ganz andere und neue Unruhe machten: »Gehe aus deinem Vaterland und von deiner Freundschaft und aus deines Vaters Hause in ein Land, das ich dir zeigen werde«, hatte Gott einst dem Abraham gesagt, nach 1. Mose 12. Und im Psalm 32, Vers 8 zitiert der königliche Sänger David einen Hinweis Gottes: »Ich will dich unterweisen und dir den Weg zeigen, den du wandeln sollst. Ich will dich mit meinen Augen leiten.«

Die junge Frau geriet innerlich in Bedrängnis. Sie empfand diese Schriftstellen mehr und mehr als deutliche Weisung Gottes für ihre Zukunft. Was sollte sie tun? Wie sah der notwendige Schritt des Gehorsams gegenüber diesen Weisungen aus? Sollte sie ihre gute Stellung kündigen? Ja, der Schritt konnte nur Kündigung heißen! Andernfalls wäre sie ja nicht frei zu gehen, wo sie doch jetzt auch nicht mehr an einen Menschen gebunden war.

Und danach? Darüber machte sich Gertrud Wehl zunächst einmal keine Gedanken. »Ich will dich unterweisen und dir den Weg zeigen, den du wandeln sollst.« Das genügte ihr fürs Erste. Ihr künftiger Weg war Gottes Sache. Eines schien ihr dabei allerdings schon klar: In eine Ehe und Familie würde dieser Weg nach der Enttäuschung mit Alexander wohl nicht führen.

Wie gerne hätte Gertrud über diese Zukunftsfrage mit ihren Eltern gesprochen. Doch die lebten in Hagenow, einer Stadt in Mecklenburg in der DDR, und das lag wegen der politischen Verhältnisse sehr weit weg. Und ob die Eltern diesen menschlich gewiss unlogischen Schritt verstanden und befürwortet hätten, war wohl auch fraglich. Diese Bedrängnis musste die Diakonin und Lehrerin also allein durchstehen. Und so machte sie sich denn auf den Weg.

Sie schrieb ihre Kündigung zum 15. April 1952. Natürlich schrieb sie sie gleich zweimal. Einmal an ihren verehrten Pastor Weise, der inzwischen ihrem ersten Pastor im Amt nachgefolgt war, und dann natürlich an die Schulbehörde in Oldenburg.

Die Beamten dort nahmen die Kündigung gelassen. Das war für sie nichts Besonderes, wenngleich in diesem besonderen Falle bedauerlich. Die Bestätigung der Kündigung machte das deutlich. Gertrud Wehl hatte sich einen guten Namen gemacht.

Dagegen waren Pastor Weise und sein Kirchenvorstand mehr als erschrocken. Ihre Gemeindehelferin wollte sie verlassen? Das konnte nicht angehen. Das musste verhindert werden! Eine solche begnadete Arbeitskraft konnte man nicht einfach gehen lassen. Da musste alles Mögliche versucht werden, um sie zu halten.

Aber aller noch so guter Zuspruch half nicht. Gertrud Wehl blieb fest bei ihrem Entschluss. Sie wusste sicher, dass Gott sie gerufen hatte, auch wenn die Zukunft, Weg und Ziel noch ungewiss waren.

Der Kirchenvorstand ließ sich etwas anderes einfallen, um die Gemeindehelferin umzustimmen. Etwa zehn Tage später war Missionar Heinrich Thiessen in Apen, ein schon älterer, liebenswürdiger weißhaariger Herr. Er hielt als Mitglied des Missionsvorstandes der »Mission für Süd-Ost-Europa« hier im Norden eine Evangelisationswoche und bekam den Auftrag, die beliebte und allseits geschätzte Gemeindehelferin in ihrer Wohnung zu besuchen und möglichst in ihrer Entscheidung umzustimmen.

»Liebes Fräulein Wehl, nehmen Sie Ihre Kündigung zurück. Bruder Weise braucht Sie. Die Gemeinde Apen braucht Sie. Soll es denn so plötzlich aufhören mit Ihrer gesegneten Arbeit unter den Kindern? Das können Sie doch nicht wollen.«

»Das will ich auch nicht, Herr Thiessen. Aber ich kann nicht anders. Meine Zeit hier ist für mich abgelaufen. Gottes Weisung ist für mich eindeutig und klar. Da gibt es für mich kein Zurück.« Gertruds Antwort klang fest und bestimmt, und sie ergänzte: »Die Arbeit wird auch ohne mich weitergehen. Die darf und wird nicht an meiner Kündigung scheitern. Ein Vikar ist doch bereits in Aussicht. Der wird meine Arbeit aufnehmen und fortsetzen.«

»Aber was wollen Sie denn nach dem Ende Ihres Dienstes hier in Apen machen? Wo wollen Sie denn hingehen?«

»Ich weiß es nicht«, konnte die junge Frau nur antworten. »Seit ich das Buch über die kleine englische Missionarin Gladys Aylward gelesen habe, bin ich mir sicher: Gott wird es wissen und es mir rechtzeitig deutlich machen, so wie er es ihr deutlich gemacht hat.«

»Dass es so etwas noch gibt!«, schüttelte der Missionar sein weißes Haupt. »Kann ein Mensch sich denn so auf Gottes Weisungen verlassen?«

»Diese ›unbegabte Frau‹, wie sie genannt wurde, konnte das. Und sie hat Wunderbares erlebt.«

»›Eine von den Unbezwungenen‹. Ich kenne das Buch. Diese Frau hat wirklich wunderbare Gotteserfahrungen gemacht. Aber unabhängig davon – haben Sie denn wirklich keine noch so vage Vorstellung davon, wie es weitergehen könnte?«

»Doch, ich habe schon eine Vorstellung. Aber die ist in diesem Falle sicher nicht maßgebend«, räumte Gertrud ein.

Jetzt schaute der alte Bruder sie doch neugierig an: »Und wie sieht diese Vorstellung aus?«

»Wenn Sie mein Herz fragen würden, was nicht entscheidend ist – dann möchte ich nicht gleich nach China, sondern am liebsten zu Zigeunern. Aber ich weiß nicht, wie man das macht und wie das gehen könnte«, meinte sie ein wenig zaghaft. Dabei erschrak sie ein wenig vor ihrer eigenen Antwort. Wie kam sie jetzt auf Zigeuner, die seit Jahren in ihrer Gedankenwelt kaum vorgekommen waren und in ihrem Blickfeld schon mal gar nicht? Merkwürdig und doch irgendwie schön und richtig. Die Zigeuner, die waren es!

»Fräulein Wehl, sagen Sie das noch mal!«, rief der alte Herr erstaunt aus.

»Ja, ja, Sie haben schon richtig gehört«, bestätigte Gertrud.

»Wenn es nach mir gehen könnte, ginge ich am liebsten zu Zigeunern. Zu Sinti oder Roma oder zu beiden.«

Heinrich Thiessen holte tief Luft: »Eigentlich sollte ich Sie dazu bewegen, Ihre Kündigung zurückzunehmen. Pastor Weise und sein Kirchenvorstand hatten mich darum gebeten. Aber jetzt sage ich Ihnen etwas ganz anderes.«

»Da bin ich aber gespannt«, schaute Gertrud den alten Herrn erwartungsvoll an.

»Kommen Sie zu uns, Fräulein Wehl. Ich gehöre zum Vorstand der Mission für Süd-Ost-Europa. Unsere Zentrale ist in Geisweid im Siegerland. Wir suchen seit einiger Zeit dringend eine hauptamtliche Missionarin, die bereit ist, in Deutschland zu Zigeunern zu gehen. Es gibt so viele davon, denen niemand Gottes Wort bringt. Wir beten schon lange um eine geeignete Person. Sie scheinen die Gebetserhörung zu sein. Kommen Sie zu uns, Fräulein Wehl. Sie könnten morgen anfangen.«

Jetzt war es an Gertrud Wehl, ihren Mund vor Erstaunen offen stehen zu lassen. Nach ein paar Sekunden meinte sie dann: »Ich werde über Ihr Angebot nachdenken und um Klarheit beten. Wenn ich sie bekommen sollte, werde ich mich in der Missionszentrale melden, auch wenn ich Ihre Mission bisher nur vom Hörensagen kenne.«

»Das kann sich schnell ändern. Sie werden unser Werk bald kennen lernen. Darf ich Ihnen schon einmal die Adresse geben?« Missionar Thiessen bemühte sich, das entzündete Flämmchen am Brennen zu halten oder gar ein wenig anzufachen.

»Sie dürfen. Wenn ich die Anschrift wirklich brauchen sollte, habe ich sie schon einmal.«

»Ich würde mich sehr freuen, wenn Sie in unserem Sinne Klarheit für Ihren Weg bekämen, Fräulein Wehl. Und nicht nur ich würde mich freuen. Sicher auch die Zigeuner, mit denen Sie dann zu tun bekämen. Da bin ich ganz sicher.«

Der alte, liebenswürdige Herr verabschiedete sich und ließ eine einigermaßen verwirrte und möglicherweise angehende Zigeunermissionarin zurück. Denn so viel war Gertrud Wehl schon klar: Diese Begegnung konnte kein Zufall sein. Da musste Gott seine Hände im Spiel gehabt haben. Dennoch: Sie musste die Sache zunächst überschlafen und durchbeten. Gott würde ihr die letztlich entscheidende Antwort geben. –

In der folgenden Zeit bis zur Beendigung ihres Dienstes in Apen kreisten Gertrud Wehls Gedanken immer wieder um die Frage ihres künftigen Weges. Dabei musste sie mehr und mehr darum kämpfen, dass ihre Unsicherheit die Arbeit nicht negativ beeinflusste. Das sollte man ihr nicht nachsagen können, dass sie nach ihrer Kündigung ihre Aufgaben vernachlässigen würde. Wenn sie doch nur Klarheit bekäme! Gott, schenk mir Gewissheit, ob und dass der Weg zu den Zigeunern mein Weg ist!

Eines Abends saß die junge Frau wie meistens vor Tagesschluss wieder an ihrem Tisch zu Andacht und Gebet, vor sich die wie zufällig aufgeschlagene Bibel. Sie las, was da vor ihren Augen lag. Sie las es noch einmal. War das Gottes Antwort auf ihre Bitte um Klarheit? Das musste sie sein. Ja, das war die Antwort! Gertrud las wieder und wieder den 13. Vers aus dem 13. Kapitel des Hebräerbriefs: »So lasst uns nun hinausgehen aus dem Lager und seine Schmach tragen.«

Blitzartig wurde ihr deutlich: »Du musst gehen! Du sollst gehen, Gertrud Wehl! Irgendwo sind Zigeuner, die warten auf dich. Du darfst deinen gesicherten Lagerplatz getrost verlassen und neue Orte aufsuchen, auch wenn es offenbar nicht leicht werden wird. Von ›Christi Schmach tragen‹ hast du hier nicht viel gespürt. Da warten andere Plätze auf dich, Wohnplätze von Zigeunern, neue Bedingungen, neue Aufgaben, neue Arbeit für neue Menschen. Auf, Gertrud Wehl! Warum zögerst du noch, den Brief nach Geisweid zu schreiben? Schreib ihn, schreib ihn jetzt!«

Das Dankgebet für diese Offenbarung ihres künftigen Weges fiel kurz, aber kräftig aus. Dann griff Gertrud zu Briefpapier und Füllfederhalter, um den erforderlichen Brief an den Leiter der Mission für Süd-Ost-Europa zu schreiben: »Sehr geehrter Herr Wißwede! Wie Sie sicherlich bereits durch Herrn Missionar Heinrich Thiessen erfahren haben, sehe ich meinen künftigen Weg vor Gott in der Arbeit unter Zigeunern …«

Ihr erster Weg am nächsten Morgen war der zum Briefkasten. Und dann folgten ein paar Tage erhöhter Spannung, wie die Reaktion aus Geisweid wohl lauten würde.

Der Antwortbrief kam nach wenigen Tagen und enthielt die Einladung, doch möglichst umgehend in die Missionszentrale zu kommen. Missionsleiter Paul Wißwede wolle sie gerne kennen lernen und mit ihr über ihre Anstellung reden und über ihre Arbeit allgemein und speziell unter Zigeunern. Sie möge ihr Kommen nur bitte kurz anzeigen.

Nichts lieber als das! Gertrud Wehl meldete sich für die kommende Woche an. Erst wollte sie die Verabschiedung aus der Gemeindearbeit in Apen noch hinter sich bringen. Leicht würde ihr die Feier sicher nicht fallen, die Pastor Weise und einige Verantwortliche der Gemeinde mit den Kindern vorbereitet hatten. Dafür war sie einfach zu gerne hier gewesen und sehr beliebt bei den kleinen und großen Leuten der Gemeinde. Hinter sich bringen wollte sie auch die Verabschiedung aus den Schulen, in denen sie mit großer Freude einen guten Religionsunterricht gehalten hatte. Auch hier war die Trennung sicher schmerzlich. Aber sie musste sein. Gott wollte es so, da war sich Gertrud Wehl mehr als sicher.

Ein paar Tage später stieg die junge Frau dann in Geisweid im Kreis Siegen aus dem Zug, erkundigte sich nach dem Weg zur Siegherd-Fabrik und begab sich zu Fuß dorthin. Auf dem Firmengelände fand sie bald die Baracke, die der Unternehmer Heinemann zur Verfügung gestellt hatte und die der Mission für Süd-Ost-Europa nach der Vertreibung aus Schlesien seit 1946 als Zentrale diente.

Hier lebte und arbeitete also die Missionsfamilie unter der Führung von Missionsinspektor Paul Wißwede, einem Herrn, der die siebzig bereits überschritten hatte, der aber immer noch sehr aktiv und offenbar eine starke geistliche Persönlichkeit war.

Diesem ehrwürdigen Herrn im dunklen Anzug mit Weste, die über seinem Bäuchlein ein wenig spannte, weißhaarig, mit Brille und kleinem Schnäuzer unter der Nase in einem freundlichen Gesicht – diesem gütigen Mann saß die Missionsaspirantin dann bald gegenüber.

Paul Wißwede faltete zunächst die Hände, dankte Gott für die Begegnung und erbat seine Leitung und seinen Segen für das folgende Gespräch und für die Zeit des Aufenthalts seines Gastes in der Missionsbaracke.

Gertrud Wehl war sehr beeindruckt von dem würdigen Mann und seiner Art, ihr als fremder Frau zu begegnen. Den musste man einfach mögen, ging es ihr durch den Kopf.

»Ich begrüße Sie noch einmal herzlich in unserer Missionsfamilie, Schwester Gertrud«, begann der Missionsleiter dann das Gespräch.

Die zum ersten Mal als »Schwester Gertrud« angeredete junge Frau bedankte sich höflich für die Einladung und die freundliche Begrüßung und fragte ein wenig erstaunt zurück: »Bin ich denn schon angestellt? Sie kennen mich doch noch gar nicht.«

»Muss ich Sie näher kennen, Schwester Gertrud? Sie hatten Ihrer Besuchsanmeldung Ihr Zeugnis beigelegt, und ich habe es gelesen. Ihr Zeugnis sagt mir genug.« Der alte Herr nahm das Papier der Evangelisch-lutherischen Kirchengemeinde Apen in Oldenburg, das er vor sich auf dem Schreibtisch liegen hatte, in die Hand und zitierte: »›Alle diese Dienste tat sie in tiefer Gläubigkeit, mit großem Fleiß, treuer Gewissenhaftigkeit und ganzer Hingabe.‹« Er blickte vom Papier auf und sah die junge Frau an. »Wozu brauche ich mehr Zeugnis, Schwester Gertrud? Diese Worte Ihres Pastors in Apen sagen doch alles aus, was eine Missionarin kennzeichnen sollte. Also, keine weiteren Überlegungen zur Einstellung. Wenn Sie selbst keine Bedenken haben …«

»Welche sollte ich haben, Herr Wißwede? Eher unbewusst hatte ich wohl schon lange den inneren Wunsch, mit dem Evangelium zu den Zigeunern zu gehen. Ich sehe es deutlich als Gottes Weg für mich, dass ich in Augustfehn Missionar Thiessen begegnet bin und er mich auf Ihre Mission aufmerksam gemacht hat.«

»Das ist fein, und wir sehen das auch so. Wann möchten Sie kommen?«

»Am liebsten sofort. Aber ich hätte da schon noch eine Bitte.«

»Und die wäre?«

»Schon vor der Begegnung mit Missionar Thiessen hatte ich eine Einladung von Major Thomas, dem Begründer der Fackelträgerbewegung in Capernwray Hall. Ich hatte das Bedürfnis, mein Englisch aufzubessern und im College ein bisschen mitzuhören.«

»Gehen Sie mit Gott zunächst nach England, Schwester Gertrud, und kommen Sie danach zu uns. Ihren Platz bei uns nimmt Ihnen niemand mehr weg. Ein Stück mehr Zurüstung kann nie schaden.«

Das Gespräch ging noch eine Weile um dies und das aus dem

Leben und der bisherigen Arbeit der neuen Mitarbeiterin und um die verschiedenen Arbeiten der Mission für Süd-Ost-Europa. Schließlich lud der Missionsleiter seine neue Angestellte zu einem abschließenden Gebet ein und verwies sie dann an einige Mitarbeiterinnen des Hauses, die sich weiter um sie kümmern würden und die sie vorab schon einmal in die Arbeit des Werkes einführen sollten. Sie dürfe gerne ein paar Tage in der Zentrale bleiben, um Informationen und Eindrücke zu sammeln. Unterkunft und Versorgung seien kein Problem. Sie solle aber auf jeden Fall vor ihrer Abreise noch einmal zu einem Gespräch kommen.

In den nächsten Tagen lernte Schwester Gertrud – so wurde sie von Anfang an von allen Leuten in der Missionszentrale genannt, und so war das offenbar in diesem Werk üblich – schon einmal die verschiedenen Arbeitsbereiche kennen, die es bis zur zwangsweisen Umsiedlung des Werkes ins Siegerland gegeben hatte und die seit dem Neuanfang nach dem Krieg dazugekommen waren. Besonders waren es Meta Kalow, Martha Westermann und Lotte Kühne, die die Neue abwechselnd liebevoll unter ihre Obhut nahmen, ihr dies und das zeigten und ihr von Ereignissen und Geschichten aus Vergangenheit und Gegenwart der Arbeit in der Mission für Süd-Ost-Europa erzählten.

Schöne Tage waren das für Schwester Gertrud, die ihr Herz aufblühen ließen und es so richtig mit Vorfreude auf die Arbeit einstimmten, die vielleicht in einem halben Jahr beginnen würde.

## Von den Vätern lernen

Während ihres Aufenthalts in Capernwray Hall lud das kinderlose Ehepaar Monteqûe Goodman und seine Frau Gertrud Wehl in seine Villa in Seven Oaks bei London ein, um ihr beim Sprachstudium zu helfen. Mr. Goodman war Präsident des Londoner Bible College.

Für die Sprachstudentin vergingen die Wochen und Monate in London viel zu schnell. Der private Sprachunterricht, das Leben mit den Goodmans, die Besuche der vielen Sehenswürdigkeiten in der Stadt, und die Ausflüge ins Umland – das alles war einfach wunderbar. Wenn nur nicht immer wieder diese Zeiten mit dem berüchtigten Londoner Nebel gewesen wären! Die machten der jungen Frau jedes Mal zu schaffen. Der dicke, feuchte Nebel raubte ihr den Atem und die Kraft. Gertruds Gesundheit war ja nie über längere Zeit hundertprozentig stabil gewesen. Es hatte in ihrem Leben immer wieder Phasen der Krankheit und der physischen und psychischen Schwäche gegeben. Sie kannte ihre Grenzen, und hatte gelernt, damit umzugehen. Aber der Londoner Nebel setzte ihr ganz besonders zu. Ob die hier überhaupt richtigen Sommer kannten, der länger als drei Tage dauerte? Gertrud Wehls Erfahrung sprach eher dagegen. An solchen Tagen mochte sie am liebsten gar nicht vor die Tür gehen. Aber sie musste ja zu ihrem Unterricht auf die Straße und um ein paar Ecken.

Dabei passierte es dann einmal, dass irgendein unbekannt gebliebener Gauner die Situation ausnutzte und ihr von hinten die Handtasche von der Schulter riss mit allem, was der Mensch so an Papieren und Geld brauchte.

Der Kerl verschwand nach dem Diebstahl einfach im dicken Nebel. Weg war er.

Es war danach sehr schwierig gewesen, alle die notwendigen Dinge und Papiere aus Deutschland wieder zu beschaffen. Ohne die Hilfe von Mr. Goodman, der in seinem bürgerlichen Beruf Rechtsanwalt war, wäre das wohl kaum so bald gelungen.

Die neue Tasche hängte die Bestohlene sich künftig so um, dass ein Dieb ihr schon den Kopf hätte abreißen müssen, wenn er sie hätte wegnehmen wollen. Auf ein solches Erlebnis konnte Gertrud Wehl künftig gerne verzichten.

Dafür hätte sie ein anderes gerne wiederholt, wenn es möglich gewesen wäre. Sie nutzte natürlich immer wieder die Möglichkeit, mit ihren Gastgebern an Gemeindeveranstaltungen teilzunehmen. Darunter war auch eine Missionsveranstaltung, in der die von ihr so sehr verehrte Chinamissionarin Gladys Aylward persönlich aus ihrer Arbeit berichtete. Diese Gelegenheit ließ sich Gertrud Wehl natürlich nicht nehmen! Was hatte diese kleine, unscheinbare Frau nicht alles geleistet und erlebt als Missionarin, als »Fuß-Inspektorin Ai-weh-deh«, als »Mutter« ungezählter Kinder, als …

Sie hatte in jungen Jahren den Ruf Gottes in die Missionsarbeit in China verspürt. Aber alle ihre Bewerbungen bei verschiedenen Missionen waren mit der Begründung abgelehnt worden, sie sei für einen solchen Dienst zu unbegabt und ungeeignet. Daraufhin hatte Gladys Aylward sich autodidaktisch auf ihre spätere Arbeit vorbereitet und nebenher gearbeitet, um das Geld für ihre Ausreise zu verdienen. Als sie glaubte, genug beieinander zu haben, war sie 1932 ohne die sichernde Rückendeckung einer Missionsgesellschaft, aber im festen Vertrauen auf ihren Herrn und Gott auf abenteuerlichen Wegen über Russland nach China gereist. Dort hatte sie eine Missionsarbeit begonnen.

Nach vielen Jahren treuen Bemühens hatte Gott ihre Arbeit durch eine reiche Ernte gesegnet. Welch eine Frau! Was für eine Bestätigung einer »fehlenden« Begabung! Von dieser Frau wollte die angehende Zigeunermissionarin gerne lernen und sich das unerschütterliche Gottvertrauen der kleinen Chinamissionarin wenigstens ein Stück weit zu Eigen machen. Wusste sie denn, was auf sie zukam, wenn sie demnächst irgendwo unter deutschen Sinti arbeitete, auch wenn sie Beter und Geber eines sendenden und Sicherheit gebenden Missionswerks hinter sich hatte?

Ein bisschen Zeit bis dahin hatte Gertrud Wehl noch. Die wollte sie gerne noch genießen. Sie würde es schon rechtzeitig erleben, welche Portionen an Gottvertrauen sie aufbringen musste.

Für Paul Wißwede, den Leiter der Mission für Süd-Ost-Europa in Geisweid, dauerte Schwester Gertruds Zeit in London allerdings zu lange. Er schrieb ihr einen Brief mit der Frage, wann sie denn endlich zurückkäme, sie werde dringend gebraucht.

Die Empfängerin des Schreibens wusste nicht so recht, ob sie sich über den Brief ärgern oder freuen sollte. Der Missionsleiter hatte doch ihrem Aufenthalt in England zugestimmt. Warum drängte er sie dann zur Rückkehr? Ihm musste wohl sehr an einem baldigen Beginn ihrer Zigeunerarbeit gelegen sein.

Also die Londoner Zeit doch nicht noch einmal um vier Wochen verlängern, was Gertrud leicht hätte tun können, sondern zum Monatsende nach Deutschland zurückreisen und in Geisweid mit der neuen Arbeit beginnen. Schwester Gertrud meldete ihr Kommen für den 1. Oktober an.

Beim Abschied bekam die Zigeunermissionarin von ihren Gastgebern Goodman in London zum Andenken eine kleine Kachel mit einem Wort aus dem Römerbrief: »If the Lord ist with us, who will be against us?« – »Ist Gott für uns, wer kann dann gegen uns sein?« Das machte Mut für neue Taten.

Mit einem Herzen voll Dank für die zu Ende gegangene Zeit und voller Zuversicht für die beginnende brach die junge Frau dann ins Siegerland auf, um ihren neuen Dienst anzutreten.

Die kurze Zeit im Missionshaus in Geiswald tat Gertrud Wehl gut, besonders auch die Gemeinschaft mit Meta Kalow und Lotte Kühne und den anderen Mitarbeitern. Ebenso die täglichen Andachten und Gebetszeiten. Hier erfuhren die Mitarbeiter immer die neuesten Nachrichten von den Missionsstationen und Arbeitsfeldern und konnten die Dinge immer gleich zu Gebetsanliegen machen. Hierbei ging es auch immer wieder um die Frage, wo denn Schwester Gertruds Einsatzort sein würde. Diese Frage war offenbar selbst bei den Brüdern der Missionsleitung noch nicht beantwortet. Das hielt die Spannung nicht nur in Schwester Gertrud aufrecht.

In dieser Zeit erhielt die neue Missionarin übrigens auch die Gelegenheit, sich den Brüdern vom Missionsvorstand vorzustellen, die die Anstellung durch den Missionsleiter ohne Bedenken einmütig bestätigten.

Schwester Gertrud erfuhr auch einiges über die Geschichte der Mission, hörte, dass der Mitbegründer Reinhold Urban schon eine große Liebe zum Volk der Zigeuner empfunden und selbst für längere Zeit mit Zigeunern gelebt hatte, um ihre Sprache zu erforschen und Teile des Neuen Testaments für sie zu übersetzen. Warum dieser begnadete Mensch schon im Alter von nur siebenunddreißig Jahren im Ersten Weltkrieg fallen musste, wusste wohl nur Gott allein.

Eine Niederschrift von Theodor Urban, einem weiteren Gründer des »Missionsbundes«, vermochte sie zunächst überhaupt nicht zu begeistern. Da las sie: »... Bisher scheiterten alle Versuche, den Zigeunern das Wort Gottes nahe zu bringen. Auch die verschiedenen humanen Bemühungen, Zigeuner zu ändern, sind fehlgeschlagen ...«

Das hörte sich ja schlimm und eher entmutigend an, nicht als Ansporn für den Einstieg in die Arbeit. Da musste man sich wohl eher an einem Satz wie diesem festhalten: »Dass die Bekehrung eines Zigeuners möglich ist, dafür bürgen die Verheißungen

Gottes.« Nun, wenn es stimmte, dass der englische Evangelist Gipsy Smith und der Schriftsteller John Bunyan, von denen sie in England gehört hatte, Zigeuner gewesen waren, dann war dieser Satz schon mal richtig und er vermittelte Zuversicht.

Was Schwester Gertrud dann weiter las, gab ihr allerdings wieder neu zu denken: »Zur Mission unter Zigeunern sind Männer und Frauen voll Heiligen Geistes nötig, die eine brennende Liebe zu diesem Volk haben. Sie dürfen sich nicht beirren lassen durch schwerste Belastungen ihrer Geduld. Solche, die weiche Kleider lieben und ein behagliches Leben beanspruchen, kann Gott in dieser Aufgabe nicht gebrauchen.«

Diese Sätze machten ihr Mühe. Ob die heute noch galten? Oder hatten sich die Bedingungen seit jener Zeit geändert?

»... brennende Liebe zu diesem Volk ...« – das würde sie schon für sich beanspruchen. Und Geduld und langen Atem würde sie wohl aufbringen. Aber »Frauen voll Heiligen Geistes ...«? Ob sie eine solche Frau war?

Schwester Gertrud geriet ins Grübeln über diesen Text. Doch dann blätterte sie in den Unterlagen weiter. Sie fand das Zeugnis eines Zigeunermissionars, der vor etwa fünfzig Jahren in der Slowakei und in Ungarn gearbeitet hatte. Dieser Johann – oder wie auch immer er hieß – Rohaczek hatte geschrieben: »Wir glauben nicht, dass die Verbesserung der äußeren Lage und irgendwelche Erziehungsversuche die Zigeuner umgestalten. Allein das Evangelium ist hierzu fähig. Von innen nach außen, das ist der Weg! Auch in der Seele eines Zigeuners ist Resonanz für die Liebe Gottes. Das Blut Jesu Christi, des Sohnes Gottes, hat Kraft, Zigeunerherzen zu reinigen. Die Macht des Heiligen Geistes vermag ihr Leben zu einem Gott wohlgefälligen umzugestalten.«

Schwester Gertrud las diesen Text noch mehrmals. Das war wohl tatsächlich die einzige Grundlage, auf der diese Arbeit ausgeführt werden konnte. Ob sie diesen Anforderungen jemals gerecht werden konnte? Die junge Frau begann an ihrer Entscheidung für den Weg in diese Arbeit zu zweifeln.

Dann atmete sie aber doch wieder auf. Sie fand einen Brief, den derselbe Missionar 1907 aus dem Gefängnis geschrieben hatte: »... Heute ist der dritte Tag, dass ich im Kerker sitze. Werde ›per Schub‹ nach Hause geschickt. Es bleibt aber dennoch bei Römer 8,31: ›Ist Gott für uns, wer mag wider uns sein?‹«

Wie von einem heftigen Windstoß waren alle Zweifel und Fragen im Nu weggefegt. Das war doch dasselbe Wort, das ihr ihre neuen englischen Freunde auf der kleinen Kachel beim Abschied aus London mitgegeben hatten.

Also doch mutig an die Arbeit! Gott war an ihrer Seite. Wer wollte sich dann gegen sie stellen? Das Wort des Paulus galt! Dass die Arbeit nicht einfach werden würde, das war Schwester Gertrud bei der Lektüre der Unterlagen schon deutlich geworden. Aber sie würde sich mit Gottes Hilfe und der Leitung seines Heiligen Geistes nicht unterkriegen lassen. Und ins Gefängnis kam heutzutage niemand mehr, weil er unter Zigeunern missioniert hatte.

Als sie dann noch Zeugnisse des Zigeunermissionars Jaija Sattler las, der selbst ein Zigeuner war, Lesen und Schreiben gelernt, eine gute Ausbildung an der Missionsschule erfahren hatte und der dann mit Pferd und Wagen unter seinem Volk auf dem Balkan mit der frohen Botschaft vom Sünderheiland unterwegs gewesen war – warum nur musste dieser Mensch wie viele seines Volkes auch von den Hitlerschergen umgebracht werden, warum nur?! Aber wer verstand schon Gottes Wege und wer wollte in solchen Fragen mit ihm rechten? Beim Lesen dieser Zeugnisse keimte in Schwester Gertrud bereits der Wunsch, es möge ihr geschenkt sein zu erleben, dass Zigeunerbrüder unter ihrem eigenen Volk mit dem Evangelium unterwegs seien, ja, dass es wenigstens in ihrer Dienstzeit einen gäbe, der sich sogar auf einer Bibelschule zu diesem Dienst ausbilden ließe …

»Schwester Gertrud, ich denke, Sie waren lange genug hier in der Zentrale. Sie wissen jetzt, wie der Geschäftsbetrieb funktioniert. Sie sollten endlich hinausgehen und missionieren«, offenbarte ihr eines Abends nach der Gebetszeit der Missionsleiter.

»Nichts lieber als das, Bruder Wißwede«, freute sich die Angesprochene. »Wo soll ich denn hin?«

»Ich habe gedacht, Sie gehen mit Schwester Hedwig Ryll noch für einige Tage in die DP-Arbeit. Ich habe noch keine Klarheit, wohin ich Sie zu den Zigeunern schicke. Vielleicht sollten Sie noch an anderer Stelle ein wenig Erfahrung sammeln.« Für einen Moment erschrak Schwester Gertrud. DP-Arbeit? Doch nicht DP-Arbeit! »Displaced persons« wurden die Menschen genannt, die als ehemalige Zwangsarbeiter oder als Überlebende aus den Konzentrationslagern entlassen waren, aber keine Bleibe, keine Familie und eine ungewisse Zukunft hatten.

Aber Schwester Gertrud hatte sich rasch wieder gefangen. »Warum nicht, ich bin zu allem bereit, Bruder Wißwede, wenn ich nur missionieren kann. Wo soll es denn hingehen?«

»Schwester Hedwig geht morgen nach Augustdorf. Dort ist ein großes Lager mit vielen ›displaced persons‹ aus Polen, der Tschechoslowakei, der Ukraine und aus anderen Ländern. Die Leute brauchen Trost und Zuspruch und Hilfe. Vor allem brauchen sie das Evangelium. Das ist für einen allein ein sehr großes Feld. Besser ist es, wenn Sie zu zweit zusammenarbeiten.«

»Ich freue mich. Gleich morgen spreche ich mit Schwester Hedwig, wann wir fahren und wie das alles werden kann.«

»Tun Sie das, Schwester Gertrud. Gott segne Sie!«

»Danke, Bruder Wißwede, danke!« Endlich ging es an die eigentliche Arbeit. Dass das noch nicht bei irgendwelchen Zigeunern war, war zwar schade. Aber der Einsatz kam sicher.

Am folgenden Montag saß Schwester Gertrud mit Schwester Hedwig Ryll und einer schwedischen Helferin, Dagny Jansson, die sich den beiden angeschlossen hatte, im Zug nach Bielefeld. Von dort ging es weiter mit dem Bus nach Augustdorf. In diesem Ort im Lippischen Wald bekamen die drei Frauen Quartier bei gläubigen älteren Leuten, die ein Herz für die vielen Menschen hatten, die seit den ersten Jahren nach dem Krieg als Heimatlose und Vertriebene in den Lagern lebten. Diese Menschen sollten in den nächsten Wochen reichlich mit dem Evangelium versorgt werden.

Täglich waren die drei Frauen von Tür zu Tür unterwegs, um Menschen verschiedener Nationen ihre Schriften anzubieten, bei einer Tasse Tee oder Kaffee zuzuhören, zu trösten, Mut zu machen, ihnen ein Lied zu singen, ihnen die frohe Botschaft zu bezeugen …

Hier und da trafen sie auf gläubige Leute, denen es gut tat, dass jemand mit ihnen betete. Hedwig Ryll genoss den Vorteil, Polnisch zu können und so auch andere slawische Sprachen zu verstehen und sich mit manchem verständigen zu können. Hier und da war die Verständigung auf Englisch möglich. Das kam dann eher Schwester Gertrud und der schwedischen Kollegin entgegen. Manchmal blieb wegen der Sprachbarriere allerdings auch nur der freundliche Händedruck zu einem Lächeln und das Traktat oder Testament in der Sprache des Menschen. Aber auch das würde seine Wirkung tun.

Schwester Gertrud genoss die Tage in Augustdorf. Sie vergingen ihr viel zu schnell. Es war einfach schön, auf diese Weise Menschen auf den Heiland hinzuweisen und ihnen Hilfen für ihr Seelenheil anzubieten. Auch genoss sie die Gemeinschaft mit den beiden anderen Frauen und ihren alten Gastgebern. Herrlich, wenn Kinder Gottes so an einem Strang zogen und gemeinsam unterwegs waren. An ihrem künftigen Einsatzort würde ihr diese Gemeinschaft wahrscheinlich zunächst einmal fehlen. Hoffentlich klärte sich diese Frage nur bald.

## Mühsamer Anfang in Hamburg

Der 1. Mai 1953 war ein Freitag. Unter den vielen Menschen, die an diesem Feiertag auf dem Bahnsteig in Siegen auf den Schnellzug nach Hagen warteten, waren auch Paul Wißwede und seine erste hauptamtliche Zigeunermissionarin nach dem Zweiten Weltkrieg, Schwester Gertrud Wehl. Erst zwei Tage zuvor hatte der alte Missionsleiter seiner Mitarbeiterin mitgeteilt, sie möge in die Hansestadt Hamburg reisen und eine Arbeit unter den dort lebenden Sinti beginnen.

Eine Frau Wolf aus Hamburg-Wilhelmsburg sei der Anstoß zu dieser Entscheidung gewesen. Sie habe in der Missionszentrale angerufen und unter anderem von ihren Traktat-Aktionen auf einem der Hamburger Zigeunerplätze berichtet. Das habe für den Missionsvorstand wie ein Signal von Gott gewirkt, die neue Missionarin nach Hamburg zu schicken. Wobei sicher auch denkbar sei, dass von Hamburg aus weitere Zigeunerplätze in Norddeutschland besucht und betreut werden könnten. Diese Wege würden sich sicher im Laufe der Zeit ergeben.

Schwester Gertrud war bei dieser Weisung zunächst ein wenig erschrocken. Nach Hamburg? In diese große Stadt, wo es eine solche Arbeit in organisierter Weise noch gar nicht gab? Also bei null anfangen?! Pionierarbeit leisten? Gut, wenn es so sein sollte, warum nicht?

»An wen soll ich mich denn dort wenden?«, hatte sie gefragt.

»Das weiß ich auch nicht. Sie finden schon Kontakte, liebe Schwester«, hatte der Missionsleiter freundlich geantwortet. »Vielleicht wenden Sie sich zunächst einmal an die Bahnhofsmission. Die nehmen Sie auf, bis Sie für sich eine Unterkunft gefunden haben. Alles andere überlasse ich Ihnen und Ihrer Liebe. Und Gottes Führung.« Dann hatte er noch angefügt: »In Hamburg gibt es auch Kinder Gottes«, und er hatte ihr dabei eine Liste mit Anschriften von Hamburger Predigern und Pastoren ausgehändigt und sich dann einer anderen Sache zugewendet. »Ach ja, ich bringe Sie am Freitag auch selbst an den Zug«, hatte er ihr zuletzt noch nachgerufen, als sie sein Büro verließ.

Na, denn man tau, min lütt Deern. Dat sult wat wern. Die auf solch nüchterne Weise ergangene Mitteilung hatte zunächst auf Schwester Gertrud wie eine kalte Dusche gewirkt. Dann war in ihr allerdings doch langsam die Freude aufgestiegen, dass sie endlich mit der gewünschten Arbeit beginnen konnte. Und sicher würde Gott ihr in Hamburg schon Orte und Wege zeigen. Das war doch von Anfang an ihre Zusage aus dem Psalm gewesen: »Ich will dich unterweisen und dir den Weg zeigen, den du wandeln sollst. Ich will dich mit meinen Augen leiten.« Der Zielort war endlich klar, und alles andere würde sich durch Gottes Leitung ergeben.

Der Zug kam und die Reisenden stiegen ein. Schwester Gertrud fand gleich einen Platz. Sie öffnete das Fenster zum Bahnsteig hin, um ihrem Missionsleiter noch einmal zuzuwinken.

»In den Schnellzug nach Hagen über Kreuztal, Altenhundem, Finnentrop, Plettenberg, Altena, Hohenlimburg bitte einsteigen und die Türen schließen. Bitte Vorsicht bei der Abfahrt!«, tönte es aus dem Lautsprecher. Dann ließ der Bahnbeamte mit der roten Mütze auch schon seinen Signalpfiff ertönen und hob seine grüne Kelle. Der Missionsleiter reichte seiner Missionarin noch einmal die Hand und ging einige Schritte neben dem anfahrenden Zug mit. »Schwester Gertrud, jetzt wird es Ernst. Beginnen Sie in Hamburg eine gute Zigeunerarbeit. Gott segne Sie! Wir beten für Sie!«

»Danke, Bruder Wißwede, danke. Ich melde mich, sobald ich kann.«

»Tun Sie das, Schwester. Gott segne Sie!« Das war ihre ganze Aussendungsfeier!

*Gertrud Wehl etwa 1953*

Der Zug gewann schnaufend und fauchend an Fahrt und ließ einen alten Herrn auf dem Bahnsteig zurück, der seiner so unromantisch ausgesandten Missionarin mit seinem Hut nachwinkte, bis Gertrud Wehls Hand nicht mehr zu sehen war.

Es war schon Abend und die Dämmerung machte sich bereits bemerkbar, als Schwester Gertrud endlich ihr Reiseziel erreichte. »Hamburg Hauptbahnhof, Hamburg Hauptbahnhof. Aus dem D-Zug von Hannover bitte aussteigen, der Zug endet hier!«, krächzte es heiser aus den Lautsprechern. Der Zug leerte sich rasch. Manche Fahrgäste strebten eilig den Ausgängen zu. Andere wurden offenbar erwartet und von Angehörigen freudig begrüßt. Dann zog es auch diese Leute nach Hause oder wo sie hinwollten. Das Wochenende rief sie wohl alle.

Zurück blieb eine einzelne Reisende, die Handtasche in der Hand, den Koffer neben sich auf dem Pflaster, von niemandem erwartet und selbst nicht wissend, wo sie denn heute ihr Haupt hinlegen sollte.

»Bin ich hier eigentlich richtig?«, ging es Schwester Gertrud für einen Moment durch den Kopf. Ja, sie war hier richtig. Hier in der Millionenstadt Hamburg war nach ihres Gottes und der Missionsleitung Anweisung ihr Platz, wenn sie den für ihr Haupt für die nächsten Nächte auch noch suchen musste. Gott wollte sie hier haben und er würde ihr zeigen, wohin sie sich jetzt wenden sollte. »Vater im Himmel, jetzt geh voran. Ich will gerne folgen«, betete die junge Frau im Stillen, griff ihren Koffer und stieg die Treppe hinauf, um zur Bahnhofshalle zu kommen.

Oben schaute sie sich um und fand, was sie suchte: das Hinweisschild auf die Räume der Bahnhofsmission. Dort stand sie wenige Minuten später einer freundlichen, kleinen älteren Dame gegenüber. Sie stellte sich ihr vor und erklärte mit einigen Sätzen ihre Situation.

»Kommen Sie bitte. Wir haben ein Bett für Sie. Sie sollen doch nicht irgendwo auf der Straße schlafen müssen.« Sie ging voran und öffnete ihr einen kleinen Raum, spärlich möbliert mit zwei Betten, einem Tisch mit zwei Stühlen und einem schlichten Schrank. Sogar ein Handwaschbecken war darin, welcher Luxus! »Das zweite Bett wird sicher auch noch belegt. Aber das darf Ihnen nichts ausmachen. Das ist bei uns nun mal so, dass die unterschiedlichsten Leute zusammengesteckt werden müssen.«

Der Gast für die Nacht bedankte sich herzlich, musste sich dann aber noch eine Frage gefallen lassen: »Wieso hat Ihre Mission Ihnen denn kein Quartier vorbereitet? Man lässt doch einen Menschen nicht so ins Ungewisse reisen.«

Was sollte Schwester Gertrud jetzt antworten, ohne ihrem Missionswerk einen kleinen Makel anzuheften? Dann fiel ihr wohl doch die richtige Antwort ein: »Nun, die Zeit vor meiner Abreise war zu knapp, um noch etwas vorzubereiten. Aber ich habe einige Adressen. Nur scheint es mir jetzt zu spät, eine von ihnen noch aufzusuchen. Ich kenne mich ja auch in Hamburg nicht aus. Morgen bei Tag wird das leichter sein.«

Die kleine, alte Dame schien die Antwort zu akzeptieren. Sie wünschte eine Gute Nacht, wies noch auf das mögliche Frühstück am Morgen hin und ging, dabei dennoch ihren Kopf schüttelnd über das, was sie gehört hatte.

Das zweite Bett blieb doch frei. Schwester Gertrud war gar nicht böse deswegen, obwohl ihr der andere Fall sicher nichts ausgemacht hätte. Im Gegenteil, vielleicht hätte sie ja einem Menschen etwas von Jesus sagen können. Nun, es hatte wohl nicht so sein sollen. Am nächsten Morgen stand sie auf, machte sich ein wenig frisch, zog sich an und begab sich in den Frühstücksraum. Ein paar übernächtigte Leute saßen an den kleinen Tischen, jeder schien mit sich selbst beschäftigt. Schwester Gertrud setzte sich an einen freien Tisch. Sie mochte zu dieser Stunde noch kein Gespräch beginnen und auch nicht in eines hineingezogen werden. Ihre Gedanken waren auf den Tag gerichtet und darauf, ob sie wohl irgendwo eine offene Tür für sich und ihr Anliegen finden würde.

Das Marmeladenbrötchen schmeckte und der warme Kaffee tat ihr gut. Nach dem Frühstück blieb Schwester Gertrud noch für ein paar Augenblicke sitzen, um still mit ihrem Herrn zu reden. Dann erhob sie sich, bedankte sich bei der Frau, die heute Morgen hier Dienst tat, und verabschiedete sich. Beim Hinausgehen wandte sie sich noch einmal um.

»Darf ich notfalls heute Abend wieder hier übernachten, wenn ich wider Erwarten keine andere Möglichkeit finde?«

»Ja, das können Sie gerne. Dafür sind wir um Gottes willen da. Wer Hilfe braucht, bekommt Hilfe. Also kommen Sie ruhig zurück, wenn es sein muss.«

Die Missionarin bedankte sich und verließ die Räume der Bahnhofsmission, um sich an einem Kiosk vor dem Bahnhof einen Stadtplan zu kaufen. Mit dem erstandenen Faltplan zog sie sich in eine Ecke der Bahnhofshalle zurück, um die Adressen zu suchen, die auf ihrer Liste standen. Dann machte sie sich Notizen auf ihrer Liste und ging los, um nacheinander die einzelnen Pastoren und Predigerbrüder aufzusuchen, ihnen ihr Anliegen zu erklären und sie um Hilfe zu bitten. »Gott, weise mir den Weg und öffne mir Türen und Herzen.«

Am Abend dieses 2. Mai fand sich eine einigermaßen erschöpfte und verzagte Gertrud Wehl wieder in den Räumen der

Bahnhofsmission ein. Die freundliche kleine Frau von gestern hatte auch heute Dienst. »Na, Sie haben wohl niemanden angetroffen von Ihren Freunden auf der Liste?«, fragte sie. Dabei klang Bedauern in ihrer Stimme.

»Angetroffen schon, aber meine Besuche waren erfolglos; keine Zeit, kein Platz, keine Möglichkeit, keine Gelegenheit«, musste Schwester Gertrud mit einem Anflug von Traurigkeit in der Stimme zugeben.

Die Frau blickte die Missionarin mitleidig an: »Ja, ja, die Frommen. Große Worte und dann keine Taten, dazu Angst vor Zigeunern. Sie könnten ihnen ja welche ins Haus bringen. Und dann ist morgen Sonntag, Tag des Herrn. Sie kommen sicher morgen Abend auch wieder her.«

»Wenn es sein muss, ja«, seufzte Schwester Gertrud leise auf, und sie ärgerte sich ein wenig über ihre eigene Bemerkung und auch über den Kommentar der Frau. Dabei musste sie zugeben, dass sie wohl in allen Punkten Recht hatte. Dennoch würde sie es morgen wieder versuchen. Ein paar Namen standen noch auf ihrer Liste. Die Stadt war doch sehr groß, und heute hatte sie lediglich drei Besuche machen können. Morgen, am Sonntag, würde sie bei einer der verbleibenden Anschriften den Gottesdienst besuchen und dann dem Prediger ihr Anliegen schildern.

Aber der Sonntag verlief ähnlich wie der Samstag. Schwester Gertrud hatte nur »Nieten« gezogen. Der Gottesdienst von Direktor Heitmüller in der Freien evangelischen Gemeinde am Holstenwall hatte sie zwar innerlich gestärkt, dennoch war sie an diesem Abend noch ohne Bleibe. Wie gut, dass heute Abend eine andere Frau Dienst in den Räumen der Bahnhofsmission hatte, die die Vorgeschichte der beiden letzten Tage nicht kannte. So musste sie keine neuen Erklärungen abgeben. »Herr, Gott, gib mir morgen einen besseren Tag!« Mit diesem Gebet schlief die Missionarin in ihrem schon bekannten Zimmerchen ein.

Am Montag hatte sie dann mehr Glück, oder besser: Heute hatte Gott ihr Gebet erhört. Der Besuch bei Pastor Neumann von einer Freien evangelischen Gemeinde bedeutete zwar noch kein Quartier, aber doch wenigstens den verheißungsvollen Hinweis auf eine Möglichkeit. In der Gärtnerstraße wohne eine Familie Lüdecke. Die Frau gehöre zur Gemeinde, habe ein wenig Platz in ihrer Wohnung und sei sicher bereit, für eine überschaubare Zeit ein Quartier zur Verfügung zu stellen.

So war es dann auch. Schwester Gertrud hatte Grund, ein herzliches Dankgebet zu sprechen. Frau Lüdecke öffnete ihr Haus und auch wohl ein Stück weit ihr Herz für die Zigeunermissionarin. Sie schien auch keine Angst davor zu haben, ein Mensch des schwarzhaarigen Volkes könne vielleicht einmal ihre Wohnung betreten.

Platz für einen Gast hätte es auch kaum gegeben. Das Zimmer, das sie anbieten konnte, war eher ein Zimmerchen mit Tisch und Stuhl und Kanapee und lag auch noch im dunklen Hinterhaus. Aber wie hatte Theodor Urban geschrieben: »Solche, die ein behagliches Leben beanspruchen, kann Gott in dieser Aufgabe nicht gebrauchen.«

Also sei dankbar, Schwester Gertrud, nimm, was sich bietet. Erst mal so anfangen, weitersuchen kannst du immer noch.

Jetzt, wo die Wohnungsfrage zunächst einmal geklärt war, konnte die Missionarin das Nächste in Angriff nehmen. Sie war doch hier, um Zigeunern das Evangelium zu bringen. Im Stadtbild hatte sie in den vergangenen Tagen Menschen jeden Alters gesehen, darunter viele Kinder, die dem Aussehen und der Kleidung nach zu dem dunkelhaarigen Volk gehören mussten. In der Hansestadt sollten etwa 4000 von ihnen leben. Aber bitte schön, wo denn?

Diese Frage mussten ihr doch eigentlich die städtischen Behörden beantworten können. Also warum nicht dort nachfragen?

Die erstaunten und ungläubigen Augen, die sie nach ihrer persönlichen Vorstellung bei ihrer Frage nach den Lagerplätzen der Zigeuner aus drei Gesichtern anschauten, waren schon bemerkenswert.

»Sie wollen zu Zigeunern?«, fragte einer der beiden Männer im Büro.

»Ja, ich suche Zigeuner.«

»Wissen Sie, worauf Sie sich da einlassen?«, wollte der Zweite wissen.

»Ich weiß nicht, ob ich es weiß«, gab sie auf diese Frage ehrlich zurück.

»Das sind doch alles Gauner und Halunken, Taschendiebe und

Betrüger und Säufer, ziehen den Leuten mit ihrer Wahrsagerei das Geld aus der Tasche. Denen geht man besser aus dem Weg«, meinte der Erste sie informieren zu müssen.

Die Bemerkung tat Schwester Gertrud ein wenig weh, und sie erwiderte mutig: »Leider denken die meisten Menschen in unserem Land so. Ich allerdings denke anders.«

»Wie denken Sie denn?«, fragte der Erste.

»Auch Zigeuner sind Geschöpfe Gottes und von ihm geliebt. Wie Sie und ich«, bekam er als Antwort. Er konnte nicht reagieren, denn die einzige weibliche Angestellte im Raum mischte sich in deutlich freundlicherem Ton ein: »Suchen Sie eine bestimmte Sippe?«

»Keine bestimmte. Ich suche sie alle«, gab die Missionarin zur Antwort.

»Aber doch nicht alle auf einmal, das wäre ein bisschen schwierig«, kommentierte der Erste wieder ein wenig spöttisch.

»Und was wollen Sie von denen?«, wollte der andere wissen.

»Ich möchte ihnen die frohe Botschaft von der Liebe Gottes bringen, die er in Jesus Christus allen Menschen gezeigt hat.«

»Was, Sie wollen den Zigeunern predigen? Dass Sie sich da man nich übernehmen, gute Frau«, bekam Schwester Gertrud nun zu hören.

»Schaden kann's denen nich. Kann den Leuten nur zur Besserung dienen«, meinte der andere Angestellte.

»Seien Sie vorsichtig, die Sippen vertragen sich nicht unbedingt untereinander«, wurde sie vom ersten Sprecher belehrt, »da geht es schon mal kräftig zur Sache, und die Polizei kriegt Arbeit.«

Das ist ja alles sehr Mut machend, ging es Schwester Gertrud durch den Kopf. Die hier schienen das schwarzhaarige Volk auch nicht gerade zu lieben. Laut sagte sie: »Machen Sie sich um mich mal keine Sorgen. Ich habe den lebendigen Gott auf meiner Seite.«

»Denn man tau, junge Frau, un viel Glück bei dem Stück.« Mit diesen Worten drückte ihr die freundliche Angestellte eine Liste mit Hamburger Ortsangaben über die etwa zehn einzelnen Zigeunerplätze in die Hand.

»Lassen Sie aber alle Wertsachen zu Hause, wenn Sie auf die Plätze gehen«, meinte einer der beiden Männer ihr noch als Rat mitgeben zu müssen. Und der andere fügte an: »Und vergessen Sie nicht Gummistiefel und Stock gegen den Dreck und gegen die Hunde.«

»Herzlichen Dank, die Herrschaften, für Ihre freundlichen Hinweise. Irgendwann werden Sie sich gerne an mich erinnern. Dafür wird Gott selbst sorgen. Auf Wiedersehen.«

In ihrem Stübchen nahm Schwester Gertrud später ihren Stadtplan und markierte für sich die Orte, wo sich der Liste nach die Lagerplätze der Zigeuner befanden, zum Beispiel an der »Alten Fähre« in Wilhelmsburg zwischen Süder- und Norderelbe im Süden der Stadt, in Billstedt und Rothenburgsort nahe der Billwerder Bucht, am Bekkamp in Jenfeld im Osten, am Pferdeweg in Harburg noch weiter südlich, in Neugraben, in Moorfleet im Südosten, in Eidelstedt eher zentral, in …

Auf der Liste standen auch die Namen der größten Zigeunersippen, die auf den verschiedenen Plätzen lebten, wie Bamberger, Böhmer, Ernst, Kirsch, Kreuz, Laubinger, Lutz, Mechau, Mettbach, Reinhardt, Rosenberg, Schubert, Steinbach, Wagner, Weiß …

Der Missionarin wurde ganz schwindlig. Die Plätze lagen ja meilenweit auseinander. Das waren Wege für mehrere Stunden, um von einem Ort zum anderen zu gelangen. Und das alles mit Bus und Straßenbahn und zu Fuß. Und dann die vielen unterschiedlichen Namen! Was würden die Menschen erst alles für Vornamen haben! Und dann hatten diese Leute ja auch noch alle ihre bürgerlichen Vornamen.

Die Namen der Kinder aus der Sippe in Stolp tauchten plötzlich aus ihrem Gedächtnis auf, und ihre Gesichter standen ihr vor Augen: Rasko, Pitzo, Ninna, Gali, Blümchen, Pöppele, Fausto …

Na, das würde etwas werden. Nur gut, dass Rom auch nicht in einem Tag erbaut worden war. Und Namen ließen sich lernen im Umgang mit den Leuten. Sie hatte doch Zeit, viel Zeit. Und wie die sinnvoll zu nutzen war, würde sich schon ergeben. »Ich will dich mit meinen Augen leiten!« Das Wort Gottes galt! Und Gott war auf ihrer Seite!

Die Spannung in der Missionarin wuchs. Bald würde sie die ersten Begegnungen haben. Sie musste sich nur noch entscheiden, auf welchen Platz sie als Erstes gehen würde.

## Zum ersten Mal an der »Alten Fähre«

In ihrer Stillen Zeit am Morgen fiel Schwester Gertrud der Name der ihr bisher unbekannten Frau Wolf ein, die in ihrem Telefonat mit der Missionszentrale doch erzählt hatte, dass sie ab und an auf dem Platz an der »Alten Fähre« in Wilhelmsburg Traktate verteilt hatte oder verteile. Also gab es auf diesem Platz schon so etwas wie eine vorbereitete Situation. Warum also nicht dort mit der Arbeit beginnen?

Schwester Gertrud straffte ihren Körper, verscheuchte die morgendliche Müdigkeit – die vergangenen Tage waren recht anstrengend gewesen –, faltete die Hände und dankte Gott für den Weg, den sie jetzt deutlich vor sich sah, und für den Mut und die Kraft, die er ihr geben würde und die sie jetzt auch brauchte, wenn sie sich auf den Weg machte.

Dann ordnete sie die Dinge, die sie mitnehmen wollte – Bibel, Gitarre, Liederheft, große Bonbontüte und anderes –, zog sich den Mantel über und schaute noch einmal in den Stadtplan nach dem Weg, den sie von Eimsbüttel ins südlich gelegene Wilhelmsburg nehmen musste.

»Auf in den Kampf, Torrero!«, ging es ihr durch den Kopf, als sie das Haus Richtung Straßenbahnhaltestelle verließ. Sie summte die Melodie eines EC-Liedes vor sich hin. Dabei änderte sie ihrer Aufgabe gemäß gedanklich den Text. Das war ihr Auftrag. Das war ihr Wunsch und ihr fester Wille. Dafür war sie jetzt unterwegs:

»Zigeunerwelt für Jesus, heißt das Losungswort.
Wie der Windsturm brauset, zieht der Ruf uns fort;
stählet unsern Willen, treibt von Ort zu Ort.
Zigeunerwelt für Jesus, heißt das Losungswort.«

Etwa zwei Stunden später näherte sich Schwester Gertrud, Zigeunermissionarin von Gottes Berufung, dem Rande des Platzes an der »Alten Fähre«. Die Maisonne schien herrlich vom nur gering bewölkten Himmel. Fröhliches Vogelgezwitscher aus blühendem Schlehengesträuch und aus den hellgrünen Baumwipfeln füllte die Luft. Es duftete nach Blüten und Lagerfeuer, nach

Brackwasser und Moor, nach wer weiß was noch allem. Eine merkwürdige Geruchsmischung, ging es der fremden Frau am Zufahrtsweg durch den Kopf.

Als sie die Deichkrone erreicht hatte, blieb sie erst einmal stehen. Welches Bild tat sich da vor ihr auf! So viele Behausungen füllten den geräumigen Platz auf der ungewöhnlich großen, ebenen Fläche auf dem Deich an der Süderelbe. Das waren wohl mehr als 40 Wagen, Hütten und Bretterverschläge unterschiedlichster Art. Dazwischen flatterte Wäsche an vielen Metern Leine im leichten Wind. Dazwischen auch eine Menge Müll, Dreck und Gerümpel. Das waren wohl ideale Lebensbedingungen für Ratten und sonstiges Ungeziefer, ging es ihr durch den Kopf. Und große Autos, die aber sicher eher als »Rostlauben« und »Schäbikarossen« bezeichnet werden mussten. Ob die überhaupt verkehrstüchtig waren?

Zwischen dem allen tummelten sich struppige Pferde, ein paar Schafe und scharrendes, pickendes Federvieh. Über dem Platz sah sie einen Pulk Möwen, die immer wieder einmal im Sturzflug auf irgendwas herabstießen, das ihnen wohl fressbar erschien. Welche Idylle! Zigeuneridylle!

Vor einigen Wagen und Hütten saßen ältere Männer in Hemdsärmeln und mit großen Schlapphüten auf kleinen Hockern und Stühlen beim Pallaver. Ein paar jüngere spielten auf ihren Instrumenten.

Vor anderen Wohnwagen und Baracken waren ältere Mädchen und Frauen jeden Alters in langen Röcken und bunten Blusen mit allerlei Küchengeschirr beschäftigt, mit Waschzubern und Wäsche oder sonstigen Dingen, einige auch mit ihren Säuglingen.

In einer riesigen Pfütze, die wohl von den vergangenen Regentagen übrig geblieben war, spiegelten sich die nahen Elbbrücken, die Weiden an der Deichkante und weiße Wölkchen vom blauen Himmel. Am Rand des kleinen »Binnensees« spielte eine Schar ärmlich gekleideter schwarzhaariger Jungen unterschiedlichen Alters mit Stöckchen und Brettchen, mit Steinen und Dosen, mit Spielzeug, das ihnen der Platz bot oder das sie auch irgendwo auf dem Müll gefunden hatten. Mädchen in kurzen oder langen Kleidchen, mit ebenso dunklem Haar, das zu dicken Zöpfen geflochten war oder auch in offenen, kurzen Locken getragen wurde, standen redend und lachend dabei und trugen kleine Kinder auf den Armen.

Hier wohnten sie also, die »Gauner und Betrüger und Säufer, Wahrsager und Handleser«, wie der Angestellte des Ordnungsamtes die Leute bezeichnet hatte. Hier wohnten sie also, die von Gott ebenso Geliebten wie du und ich, korrigierte Schwester Gertrud ihren eigenen Gedanken. Aber sie waren sicher nicht alle auf dem Platz. Viele mussten doch wohl unterwegs sein auf Geschäft irgendwo in der Stadt oder im Umland. Aber wenn die, die zu Hause waren, sie schon aufnehmen würden …

Sang man in Deutschland nicht gerne das Lied vom »lustigen Zigeunerleben …«?, ging es Schwester Gertrud durch den Kopf. Das sah hier ja auch wirklich alles sehr idyllisch aus, vor allem wegen der strahlenden Frühlingssonne. Aber lustiges Zigeunerleben? Sie hatte eher das Empfinden, als liege trotz der Maisonne und der Heiterkeit eines schönen Frühlingstages irgendwie doch eine gewisse Finsternis über diesem bunten Platz, die Finsternis einer Welt ohne das Licht Gottes.

Mehrere Hunde zerrten wie wild an ihren Ketten und bellten in ihre Richtung. Sie hatten die fremde Person schon im Blick, und einige frei laufende Viecher, die eben noch die Möwen gejagt hatten, kamen bereits bedrohlich auf die Unbekannte zu. Mit ihnen wandten sich ungezählte Gesichter ihr zu. Wer das wohl war, der sich da auf ihren Platz verirrt hatte? Da war Vorsicht geboten! Zigeuner waren gebrannte Kinder.

Eine plötzliche Angst vor dem Unbekannten und auch vor den kläffenden Hunden, die sich drohend und zähnefletschend vor ihr aufbauten, kroch in der Missionarin hoch. »Mein Gott, jetzt bin ich ganz auf dich angewiesen. Herr Jesus, hilf mir da jetzt rein und durch! Erweise dich als der Herr!«, betete sie im Stillen und ging mit festen Schritten auf die Menschen am ersten Wagen zu. Die Hunde wichen tatsächlich zurück. Einige wurden wohl auch deutlich zurückgerufen von den Männern, die allerdings in wenigen Momenten allesamt aus ihrem Blickfeld verschwunden waren. Auch die meisten Frauen verzogen sich schleunigst in ihre Wagen und Hütten. Nur die Kinder blieben an ihrer Pfütze und schauten der fremden Frau mit der Gitarre und der Tasche über der Schulter neugierig entgegen.

Eine ältere schwarzhaarige Frau und eine jüngere – sie waren vielleicht Mutter und Tochter –, beide in langen Röcken, bunten Blusen und Schultertüchern und mit großen goldenen Ringen an den Ohren, machten sich gerade an einer Zapfstelle auf der Mitte des Platzes zu schaffen. Ob das wohl die einzige Wasserstelle auf diesem großen Platz war?

Die beiden Frauen blieben mit ihren gefüllten Eimern wartend stehen. »Was willst du hier? Wer bist du?«, fragte die Ältere die Fremde.

»Ich bin Schwester Gertrud Wehl. Ich bin Missionarin. Ich möchte euch das Wort Gottes bringen. Ich möchte euch Lieder vom Sünderheiland Jesus singen und euch von ihm erzählen.«

»Davon wollen wir nichts hören. Unsere Männer machen bessere Musik«, gab die Jüngere zurück, »und wir glauben alle an Gott und Maria.«

»Es ist besser, du gehst wieder«, bestätigte die Ältere. »Wir brauchen dich auf unserem Platz nicht. Wir wollen hier keine Fremden.«

»Schmeißt die Chali vom Platz«, ließ sich von irgendwoher hinter den Wagen eine barsche, raue Männerstimme hören, »die ist falsch. Die will hier nur spionieren.« Andere Männerstimmen schimpften und fluchten.

Schwester Gertrud erschrak ein wenig bei diesem Empfang. Sie und falsch? »Schade«, meinte sie nur. Aber so schnell wollte sie den Platz nun doch nicht wieder verlassen. Sie erinnerte sich an eine gelesene Information, dass Zigeuner eine hohe Ehrfurcht vor dem Wort Gottes haben sollten, auch wenn viele von ihnen es selbst nicht lesen könnten. Und sie erinnerte sich an das Gesetz des Gastrechts, das bei ihnen in Ehren gehalten wurde. Mit Gewalt würde sie sicher niemand vom Platz entfernen. Sie überhörte deshalb einfach die Männerstimmen, ließ die immer noch bellenden Hunde Hunde sein, ging mutig an den beiden Frauen vorbei und wandte sich den Kindern zu, die kichernd und tuschelnd erwartungsvoll am Rand ihrer Pfütze standen und ihr entgegenschauten.

»Hallo, ihr Kinder, ich bin Schwester Gertrud. Darf ich euch ein Lied singen und euch eine Geschichte aus dem Wort Gottes erzählen?«

Dabei zog sie bereits ihre Gitarre aus der Umhüllung. Sie legte

Handtasche und Segeltuch auf den Boden, hängte sich die Gitarre um und griff in die Saiten.

»Kommt, stimmet alle jubelnd ein: Gott hat uns lieb.
Freut euch in seinem Gnadenschein, Gott hat uns lieb.
Die ihr in Sünden schlaft, erwacht.
Suchet, was euch nun selig macht.
Hin ist die bange Todesnacht. Gott hat uns lieb.
Gott hat uns lieb. Ja, das ist wahr!
Gott hat uns lieb. Halleluja!
Kommt, stimmet alle jubelnd ein: Gott hat uns lieb.«

Mit großen Augen standen die kraushaarigen Jungen in ihren viel zu weiten Hosen und die doppelt oder einfach bezopften Mädchen in den zu großen Kleidchen wie angewurzelt und hörten zu, schienen dabei etwas verlegen und wussten wohl nicht, wie sie sich verhalten sollten. Andere Kinder waren dazugekommen, von dem Singen angezogen. Von den Wagen und Hütten her war keine Reaktion zu hören. Auch die Hunde hatten sich beruhigt. Schwester Gertrud spürte allerdings deutlich, dass viele Augenpaare sie in dieser Situation beobachteten. Was würde die Chali jetzt noch machen? Wie würde die mit den Kindern umgehen?

»Ich habe euch meinen Namen gesagt, ihr Kinder. Sagt ihr mir auch eure Namen?« Keine Reaktion. Die Kinder standen einfach, schauten weiter aus ihren großen, dunklen Augen und warteten wohl, was noch käme. Ein paar schauten sich an und kicherten verlegen in sich hinein.

»Schade«, bedauerte Schwester Gertrud. »Dann kann ich euch leider nicht mit euren Namen anreden. Aber ich erzähle euch jetzt noch eine Geschichte. Darf ich?« Wieder keine Reaktion.

Die Missionarin ließ sich nicht entmutigen. Sie begann einfach zu erzählen, wie Mütter zu Jesus kamen und ihre Kinder mitbrachten und wie der Heiland diese Kinder lieb hatte und sie segnete.

»Seht ihr, Kinder, wie der Herr Jesus damals die Kinder lieb hatte, so hat er euch Kinder auch lieb. Und eure Eltern hat er lieb und die Großeltern. Alle Menschen hat er lieb. Mich auch. Darüber freue ich mich jeden Tag. Ich glaube, ich singe euch mein Lied noch einmal. Vielleicht könnt ihr euch die Melodie schon merken. Ihr seid doch alle musikalisch, oder?«

Schwester Gertrud hängte sich die Gitarre wieder um und sang die Strophe von vorhin noch einmal: »Kommt, stimmet alle jubelnd ein: Gott hat uns lieb …« Und dann hängte sie noch ein paar Sätze des Gebetes an, wobei ein paar der Kinder sogar die Hände falteten. Sie wussten offenbar, was beten bedeutete.

»So, Kinder. Schade, dass ich eure Namen noch nicht kenne. Aber jetzt muss ich wieder gehen. Denkt dran: Gott hat euch lieb, und der Herr Jesus will euch auch segnen.«

Jetzt kam doch ein wenig Bewegung in die kleine Schar und sie sprachen untereinander in ihrer Sprache. Die Missionarin verstand kein Wort. Dann fragte eines der größeren Mädchen: »Kommst du wieder?«

Das war doch etwas, freute sich die Missionarin und antwortete fröhlich: »Wenn ich wiederkommen darf, komme ich gerne wieder. Dann singe ich euch neue Lieder und erzähle euch mehr von Jesus.«

Jetzt sprachen sie plötzlich alle durcheinander: »Ja, ja, komm wieder.« »Bring die Gitarre wieder mit.« »Erzähl uns mehr Geschichten.« »Komm wieder, Schwester.«

Die steckte ihre Gitarre in den Sack, griff in ihre Tasche und nahm die Bonbontüte heraus. »Für jeden noch eine Süßigkeit, ehe ich gehe.« Dabei reichte sie einem der kleineren Mädchen ein Bonbon und die Hand: »Auf Wiedersehen, Hommi.«

»Ich heiße doch nicht Hommi, ich bin Hotti«, kam es spontan zurück. Na, die alte Methode, Kindern ihre Namen zu entlocken, hatte wieder einmal geholfen.

»Ich bin Meūni.« »Ich bin Propso.« »Ich heiße Angela.« »Ich heiße Robert.« Traūba, Prinzo, Gilta … So ging es weiter, bis Schwester Gertrud auch die Namen von Caruso, Bärbel, Hommi und einigen anderen Kindern der Gruppe erfahren hatte. Ihr Herz jubelte: Gott, du bist groß!

Hier war vielleicht doch bereits ein Stückchen Land gewonnen.

Nachdem jedes Kind ein Bonbon bekommen hatte, wandte sich die Missionarin mit einem fröhlichen »Tschüss, ihr Kinder« zum Gehen. Die Erwachsenen des Platzes schienen sie nicht weiter zu beachten. Doch, die raue Männerstimme von vorhin warf ihr beim Gehen aus dem Hintergrund noch ein paar Schimpfworte nach. »Hau ab, Chali, und bleib, wo du hingehörst! Wir brauchen dich nicht!« Sollte sie darauf reagieren? Nein, sie tat es nicht. Wie hätte sie es auch richtig tun sollen? »Doch, ihr braucht mich und das Evangelium von Jesus, das ich euch bringe«, ging es ihr durch den Kopf, »und ich komme wieder, schon bald komme ich wieder.« Dabei grüßte sie lächelnd nach rechts und links zu den Wagen und Hütten, hinter deren Scheiben sie die Gesichter der Männer und Frauen wusste und vereinzelt herausschauen sah. Irgendwann würden sie sich nicht mehr verstecken.

Dass es dazu noch vieler, vieler Besuche brauchte, konnte die Missionarin noch nicht ahnen. Vielleicht wäre sie trotz des frohen Erlebens bei ihrem ersten Besuch auf dem Platz an der »Alten Fähre« mutlos geworden. Jedenfalls war heute erst einmal ein kräftiges Dankgebet dran. Gott hatte geholfen! Ihm gehörte alle Ehre! Halleluja!

Der Empfang beim nächsten Besuch auf dem Platz war ähnlich wie der Erste. Die Erwachsenen verhielten sich wieder abweisend, einige Männer schimpften und fluchten. Dabei hielten sie sich meistens irgendwo unsichtbar im Hintergrund in den Wagen und Hütten oder dahinter. In eine der schlichten Wohnungen wurde Schwester Gertrud auch diesmal nicht hineingelassen. Die Türen blieben vorerst für sie verschlossen.

Nur die Kinder waren wieder da, eine ganze Reihe mehr als beim ersten Besuch. Sie hörten wieder das bereits bekannte Lied und sangen sogar den Refrain schon mit: »Gott hat uns lieb.« Die Missionarin veränderte dabei den Text, indem sie das »uns« ersetzte durch einzelne Namen, durch »Tatta« und »Mamma«, »Mami« und »Papo«.

»Und was ist mit dir?«, fragte eins der Kinder.

»Was meinst du?«, fragte Schwester Gertrud zurück.

»Na, Gott hat dich doch auch lieb, hast du gesagt. Das müssen wir doch auch singen.«

»Na, dann singen wir's«, griff die Missionarin noch einmal in die Saiten.

»Gott hat die Chali lieb«, sang jetzt die ganze Kindermeute, so dass der Gesang wohl in allen Wagen des Platzes zu hören war.

»Danke, Kinder, das war schön! Es ist richtig schön bei euch«, freute sich Schwester Gertrud und lachte in die Runde.

In ihrem »Gepäck« hatte sie diesmal übrigens nicht nur die Geschichte, die sie erzählen wollte, sondern auch die Bilder dazu.

Sie hatte ein Dreifußgestell dabei und eine Flanelltafel, auf der sie die heutige Geschichte vom verlorenen Schaf, das der Hirte sucht, bis er es gefunden hat, wunderschön illustrieren konnte. Die Kinder waren fasziniert. Hören und Sehen, das kam gut an, das kam sogar besser an als nur das Hören. Bilder prägten sich den Menschen schon immer tiefer ein als reine Worte.

Ob die Sintiza, die während der ganzen Zeit auf einer Wagentreppe saß, etwas von der Geschichte mitbekommen hatte? Die hübsche Frau war offenbar als Aufpasserin und Wache abgestellt und hieß wohl Marta. Ob die Menschen auf dem Platz befürchteten, Schwester Gertrud nähme vielleicht eins der Kinder mit?

Die standen heute nicht mehr um die Missionarin herum. Die ganze Schar saß auf dem Boden, der durch das gute Maiwetter weiter abgetrocknet und ein wenig erwärmt war. Und sie waren voll bei der Sache. Das war einfach herrlich!

Beim abschließenden Gebet falteten viele Kinder wieder die Hände und senkten sogar die Köpfe.

Schwester Gertrud hatte auch heute viel Grund, Gott zu danken. Kleine Schritte waren getan, die sie gerne weiter gehen wollte und dabei Samen streuen auf jungen, aufnahmefähigen, guten Boden. Die Kinder waren der Schlüssel, dessen war sie sich sehr bewusst. Irgendwann aber würden auch die Erwachsenen aus ihren Verstecken herauskommen.

Wie eine Verheißung für ihr Bemühen tauchte vor Schwester Gertruds innerem Auge ein Bild auf, das der Prophet Hesekiel schon gesehen hatte. Es war das Bild von dem Feld voller Totengebeine, die Gott ins Leben zurückruft: »Ihr verdorrten Beine, hört des Herrn Wort! So spricht der Herr Herr von diesen Gebeinen: Siehe, ich will einen Odem in euch bringen, dass ihr sollt lebendig werden. Ich will euch Adern geben und Fleisch lassen über euch wachsen und mit Haut überziehen und will euch Odem geben, dass ihr wieder lebendig werdet; und sollt erfahren, dass ich der Herr bin.«

»Danke, Herr, für dieses Bild und die Verheißung, die du mir damit gibst. Ich nehme sie für mich in Anspruch. Danke, Herr.«

Bei ihren späteren Besuchen hatte die Missionarin dann immer wieder auch Dinge in den Taschen, die äußere Nöte lindern konnten. Mal war es ein Höschen für eins der Mädchen, das unter seinem Röckchen offenbar keins anhatte, mal waren es ein paar

Schuhe für einen der vielen Barfüßigen, mal war es ein Hemd, mal eine Jacke, mal ... Seelsorge musste immer mit »Leibsorge« verbunden werden, war einer ihrer Grundsätze, die Schwester Gertrud immer zu praktizieren versuchte. So war es für sie später selbstverständlich, Familien, die ihren Wagen für sie geöffnet hatten, ganz praktische Haushaltshilfe zu leisten, den Wagen zu reinigen, die Wäsche zu waschen, das Essen zu kochen, einen Säugling zu wickeln, wenn zum Beispiel eine Mutter krank war oder sonstige Not herrschte.

Glücklich und dankbar war Schwester Gertrud auch darüber, dass sie bei ihrer vielfältigen Arbeit auf diesem Platz und den anderen Zigeunerplätzen in Hamburg nicht lange alleine gelassen wurde.

Wie Christen das tun sollten, suchte sie bald nach ihrer Ankunft in Hamburg einen geistlichen »Hafen«, in dem sie selbst immer wieder vor Anker gehen konnte, um Lasten abzuladen und neue Kräfte zu schöpfen. Sie fand Heimat in der größten Freien evangelischen Gemeinde Hamburgs, die ihr Haus am Holstenwall hatte. Dankbar nahm die Missionarin die Einladung zu einem persönlichen Gespräch mit Friedrich Heitmüller an, dem Direktor des Diakonischen Werkes »Elim« der Freien evangelischen Gemeinde in Hamburg und zugleich Leiter und Prediger dieser Gemeinde.

»Schwester Gertrud, ich begrüße Sie herzlich in unserer Gemeinde. Ich freue mich, dass Sie nach Hamburg gekommen sind. Sie tun hier eine Arbeit, die wir nicht tun können. Wir haben keine Mitarbeiter dafür. Aber Sie dürfen versichert sein: Ich stelle mich persönlich hinter Sie, und die Gemeinde steht ebenso hinter Ihnen und unterstützt Sie in allen Dingen, so gut wir alle das können. Wenn Sie bestimmte Wünsche haben, wenden Sie sich gerne an den Geschäftsführer des Diakonischen Werkes der Kirche, Herrn Jahnke. Er macht zuweilen sogar das Unmögliche möglich. Ich denke, es wird mit der Zeit auch Leute geben, die Ihnen bei Ihrer Arbeit helfen.«

Die Missionarin wurde bald Mitglied in dieser Gemeinde. Zu ihrer Aufnahme bekam sie ein Wort aus dem Propheten Jesaja zugesprochen, das ihr wohl tat: »Es sollen wohl Berge weichen und Hügel hinfallen, aber meine Gnade soll nicht von dir weichen, und der Bund meines Friedens soll nicht hinfallen, spricht der Herr, dein Erbarmer.«

Ein wunderbares Wort für ihre Arbeit, freute sich Schwester Gertrud. Wie Gott die Dinge doch lenkte und ineinander greifen ließ! Neulich erst hatte sie ein Wort von der Gnade Gottes zugesprochen bekommen, als sie beim fünfzigjährigen Jubiläum der Mission für Süd-Ost-Europa vor der großen Gemeinde der Mitarbeiter und Freunde des Werkes nachträglich offiziell in den Dienst gesandt wurde. Die Brüder Wißwede, Thiessen, Suckut und Eichelberg hatten ihr unter Gebet und Handauflegung das Wort mitgegeben, das einst Paulus von Gott als Antwort auf seine Bitte um besonderen Beistand erhalten hatte: »Lass dir an meiner Gnade genügen, denn meine Kraft ist in den Schwachen mächtig.« Der Apostel war mit dieser Zusage trotz seiner gesundheitlichen Probleme in großem Segen unterwegs gewesen. Also würde sie mit ihrer kleinen Kraft auch im Segen unterwegs sein dürfen. Gott war doch immer größer als das Verzagen, das in ihr zuweilen aufkommen wollte.

Schwester Gertrud besuchte natürlich nicht nur den Platz an der »Alten Fähre«. Sie besuchte auch die anderen Plätze in und um Hamburg. Wo sie auch hinkam, sah sie ähnliche Bilder und erging es ihr ähnlich. Überall begegnete ihr deutliches Misstrauen der Erwachsenen, offene Ablehnung und Feindschaft oder auch nur Gleichgültigkeit. Nur die Kinder konnte sie auch auf anderen Plätzen mit biblischen Geschichten, Liedern und Chorussen erreichen. Das war doch wenigstens schon einmal ein Anfang.

Die Männer ließen sich auch auf den anderen Plätzen in der Regel gar nicht sehen oder verschwanden sehr schnell, und die Frauen hielten sich zurück, stellten nur immer eine »Wache«.

Und wenn eine Sintiza sie doch einmal in ihren Wagen eingelassen hatte, warf der Sinto sie wieder hinaus.

Schwester Gertrud machte sich bald keine Illusionen mehr: Die Erwachsenen zu erreichen, wurde ein langer und beschwerlicher Weg. Sie hatte inzwischen erfahren, dass sie bei ihrer Arbeit gegen die Erinnerung an eine gewisse Hamburger Fürsorgerin ankämpfen musste, die sich später als Mitarbeiterin eines Nervenarztes, eines gewissen Dr. Robert Ritter, herausstellte. Dieser Arzt hatte in den Jahren der nationalsozialistischen Herrschaft die »Rassenhygienische Forschungsstelle« in Berlin geleitet. Er hatte sich zum Ziel gesetzt, durch entsprechende »rassenhygienische« Untersuchungen nachzuweisen, dass Zigeuner Menschen artfremden Blutes seien. Damit arbeitete er der »Reichszentrale zur Bekämpfung des Zigeunerunwesens« in die Hände, die ihre Fühler natürlich auch nach Hamburg ausgestreckt hatte. Um Ergebnisse zu erzielen, musste er sich Zugang zu den Sinti und Roma verschaffen. Dazu hatte er überall seine Helfer, auch in Hamburg. Seine »Gutachten« über viele Tausend Sinti und Roma dienten dazu, diese in Konzentrationslager einzuweisen.

In Hamburg gehörte eben diese Fürsorgerin zu seinen Helfern, die von den Zigeunern wegen ihrer rotblonden Haare »Lolitschei« genannt wurde, was soviel wie »rotes Mädchen« heißt. Diese Frau war zur Erledigung ihres fragwürdigen Auftrags unter dem Deckmantel der Frömmigkeit mit Bibel und Gesangbuch auf die Zigeunerplätze gekommen und hatte sich auf fromme Tour das Vertrauen der Leute erschlichen. Im Geheimen hatte sie dann Listen der häufig polizeilich nicht gemeldeten Bewohner angelegt und sie an die Forschungsstelle weitergegeben. Dadurch war es dem Hitlerstaat leichter geworden, die Zigeuner zu erfassen und in Konzentrationslager zu transportieren. Zigeuner gehörten nach der NS-Ideologie zu den »Fremdkörpern«, zu den »Läusen und Wanzen« und zu den Rassen, die kein Lebensrecht zu beanspruchen hatten. Die hansestädtischen NS-Behörden erwiesen sich in dieser Frage als sehr linientreu und gehorsam und leisteten die geforderte Zuarbeit.

In der Folge wurden im Morgengrauen des 16. Mai 1940 551 Hamburger Sinti aus ihren Betten geholt und zunächst im Sammellager im Fruchtschuppen 10 an der Baakenbrücke 2 im Hamburger Hafen mit 359 weiteren aus Norddeutschland zusammengepfercht. Am 20. Mai wurden sie dann ins Konzentrationslager Belzec bei Lublin im besetzten Polen abtransportiert.

Wie viele von ihnen in den Jahren danach an diesem und an anderen bösen Orten jener Zeit den Weg in die Gaskammern hatten antreten müssen, wie viele per Genickschuss starben oder brutal erschlagen wurden, wie viele für die medizinische Forschung missbraucht wurden, einfach verhungerten oder sonst wie ums Leben kamen, weiß wohl niemand genau. Statistiken besagen, es seien im Einflussbereich der Nazis insgesamt etwa 500 000 gewesen.

Die wenigen, die nach schlimmem Martyrium die Freiheit wiedererlangten, waren für den Rest ihres Lebens gezeichnet, durch die eintätowierten KZ-Nummern, durch bleibende körperliche Krankheiten und Schäden und durch schwere seelische Verwundungen.

Wen sollte es verwundern, dass die jetzt Lebenden misstrauisch gegen jeden Fremden waren, der auf ihre Plätze kam, und erst recht gegen jeden, der mit einem ähnlichen Anliegen kam, wie es jene Frau damals vorgegeben hatte? Zumal Schwester Gertrud wohl auch eine gewisse Ähnlichkeit mit jener »Lolitschei« hatte.

Auf dem kleinen Wohnwagenplatz am Schulterblatt im Stadtteil Eimsbüttel zum Beispiel versuchte die junge Missionarin in ihrer ersten Zeit Zugang zu der Sippe dort zu bekommen. Sie kam einmal spät bei heftigem Regen und Sturm auf den schlammigen Platz. Kein Mensch war zu sehen. Bei diesem Wetter waren die Leute alle in ihren Wagen. Aus den erleuchteten Fenstern waren Stimmen und laute Musik zu hören. Ein paar Hunde begannen zu bellen.

Schwester Gertrud klopfte an einen Wagen. »Hallo, ich möchte zu euch!«, rief sie gegen die Musik an. Die Wagentür öffnete sich und heraus schauten ein paar große Jungen. »Komm rein, Frau, und erzähl uns, was du willst. Hier drin ist es trockener als draußen«, lud sie einer von ihnen ein.

Schwester Gertrud hatte sich gerade vorgestellt und für die Einladung bedankt, als sich eine Sintiza aus dem hinteren Bereich des Wagens wutentbrannt den Weg nach vorne bahnte. In ihrer erhobenen Hand hielt sie eine kurzstielige Peitsche. Sie stieß die Jungen zur Seite und ging mit glühenden Augen und wie eine Furie auf die Missionarin los: »Ihr Chale, ihr Verfluchten! Ihr mit eurer Bibel, ihr Verräter! Ihr habt uns ins KZ gebracht!« Die Frau war schier außer sich. Hätten die Jungen sie nicht festgehalten, wer weiß, sie hätte wohl zugeschlagen.

Schwester Gertrud war zutiefst erschrocken. Wie tief mussten die Verwundungen dieser Frau sein, wie tief musste der Hass auf die Deutschen in ihrem Herzen Platz gewonnen haben! Die Missionarin zog es vor, den Wagen wieder zu verlassen. Einer der

Jungen kam mit ihr nach draußen, um das Verhalten der alten Mami zu entschuldigen.

Für ein paar Momente standen die beiden im Regen unter dem Schirm der Missionarin. »Schwester, bitte, Sie müssen verstehen. Das Herz meiner Schwiegermutter blutet aus allen Wunden. Im KZ hat man neun ihrer Kinder vergast. Nur zwei sind ihr geblieben.«

»Glaub mir«, erwiderte Schwester Gertrud, von dieser Mitteilung sehr betroffen, »ich kann deine Schwiegermutter gut verstehen. Ich leide auch unter diesen Dingen, durch die Deutschland sich an deinem Volk schwer versündigt hat. Sie begegnen mir auf allen Plätzen eures Volkes. Aber ich möchte euch die Liebe Gottes bringen. Die kann auch solche Wunden heilen.« Nach einer kurzen Pause fuhr sie fort: »Ich denke, ich komme später einmal wieder. Ich werde für euch beten, vor allem für deine Schwiegermutter.«

»Tun Sie das, Schwester, vielleicht ist sie dann ruhiger«, beendete der Sinto das Gespräch und verschwand wieder in dem Wagen.

Sehr still geworden machte sich Schwester Gertrud zu Fuß auf den Heimweg. Regen und Wind empfand sie nicht. Ihre Gedanken blieben noch eine Weile bei dieser geschundenen Frau und ihren Leidensgefährten unter den Sinti und Roma, die es auf allen Plätzen gab, die sie bisher besucht hatte. Hier war eine mühsame, geduldige Kleinarbeit nötig, um Vertrauen aufzubauen. Da konnte nur Liebe helfen, immer wieder Liebe; Liebe, die sich nicht beirren ließ. Dessen wurde sich Schwester Gertrud mehr und mehr bewusst. Wie gut, dass Gott ihr das Bild aus Hesekiel 37 geschenkt hatte! Der Herr würde es schon richten. Er würde die »toten Gebeine« schon aufrichten, mit neuem »Odem« versehen und zum Leben bringen. Er selbst würde Vertrauen pflanzen und wachsen lassen. Er hatte auch unter diesen Leuten sein Volk. Hätte er Schwester Gertrud sonst hierhin berufen und gesandt? Er würde ihr auch das nötige Durchhaltevermögen schenken.

Schwester Gertrud konnte diese arme Frau vom Eimsbütteler Platz später immer wieder besuchen; sie blieb allerdings für ihr Leben lang verschlossen. Ihrer Tochter und den Enkeln konnte die Missionarin später ein wenig Liebe weitergeben und ihnen ihre dunklen Tage dadurch ein bisschen heller machen. In einer besonderen Notsituation nahm sie sie mit ihren Kindern vorübergehend in ihrer Wohnung auf und kümmerte sich auch danach immer wieder einmal um die Familie. Auf diese Weise konnte sie die Liebe Gottes weitersagen und praktisch vorleben. Dennoch blieben die meisten Herzen dieser Leute verschlossen. Ihr Sohn wagte später den sehr schwierigen Schritt heraus aus einer finsteren Vergangenheit hinein in den Glauben an Jesus Christus. Also war die Saat doch noch aufgegangen. Gott sei Dank!

Auf einem anderen Platz ging es Schwester Gertrud zunächst ähnlich wie in Eimsbüttel, wobei die Begegnung allerdings ein erstaunliches Ende nahm.

Es war an einem Februartag 1954, als die Missionarin bei Ananza im Wagen saß. Die ältere Sintiza hatte die Missionarin zu sich in den warmen Wagen eingeladen. Hier gab es also schon einmal einen Einstieg in weitere Arbeit.

Während sich die beiden Frauen in der wohligen Wärme unterhielten, peitschte draußen wie so oft in Hamburg der Regen gegen die Wände, und der Sturm rüttelte an den geschlossenen kleinen Schlagläden. Ab und an klang es wie Donner herein. Ein rechtes Wintergewitter tobte wohl da draußen.

Plötzlich wurde die Wagentür aufgerissen und herein stürmte ein Sinto, der offenbar Schutz vor dem Wetter suchte. Er wollte gerade sein überstürztes Eindringen erklären, als er die fremde Frau auf der Bank sitzen sah. »Wer ist das, Ananza?«, stieß er hervor.

»Frag sie doch selbst«, gab die Frau zurück.

Schwester Gertrud kam der Frage zuvor: »Ich bin Schwester Gertrud.«

»Ah, wohl von der Heilsarmee, was?«, fragte der Sinto erregt.

»Nein, nicht von der Heilsarmee, aber von einer Mission.«

»Hm, Mission. Ihr redet immer von Gott«, verstand der Mann und fuhr in gesteigerter Erregung fort: »Das sag ich Ihnen, das ist alles Quatsch und Blödsinn, Ihr Reden von Gott. Um uns hat sich noch nie ein Gott gekümmert. Wo war denn euer Gott, als sie uns damals im Fruchtschuppen zusammengetrieben haben? Wo war er, als wir in die KZs geschickt wurden? Wo war er denn, als die Nazis meine Mutter und den Vater vergasten und meine Kinder umbrachten? Sei mir bloß still von deinem Gott! Wenn's den überhaupt gibt, kann er nur blind und stumm und taub sein!« Der aufgebrachte Mann war schier nicht zu bremsen. Dabei kam er Schwester Gertrud bedrohlich nahe. Musste sie sich etwa vor ihm fürchten?

»Herr, bring den Mann zur Ruhe«, betete sie im Stillen. Und dann musste der ja auch einmal atmen. Diesen Moment nutzte die Missionarin, selbst etwas zu sagen. »Guter Mann, ich verstehe Sie sehr gut. Aber jetzt lassen Sie mich auch ein wenig reden, ohne mich zu unterbrechen. Danach bin ich gerne wieder bereit, Ihnen zuzuhören.«

Schimpfend und mit Mühe willigte der Sinto ein und hörte sich an, was sie in schlichten Worten erzählte von ihrem eigenen Leben ohne Gott, von ihrer Verlorenheit in der Sünde, von der Errettung durch das Blut Jesu und von ihrem Weg als neuer Mensch im Glauben, den sie nie bereut habe und von dem sie nie wieder weichen wolle.

Je länger Schwester Gertrud sprach, desto ruhiger wurde der Sinto. Klug ließ sie ihre Rede unmittelbar einmünden in das gesungene Lied:

»In der stillen Nächte Stunden, horch, was klopft in dir!
Hörst du's klopfen, immer klopfen? Sprich, was ist es hier?
Sage nicht, es sei dein Pulsschlag, es muss tiefer sein:
Jesus ist's, dein Heiland klopfet: Hör und lass mich ein.

Sieh, der Tod kommt oft geschritten schnell zu Arm und Reich.
Doch er fragt und klopft nicht lange, dringt hinein sogleich.
Aber Jesus wartet, wartet vor der Herzenstür.
Endlich geht er traurig weiter; oh, dann wehe dir!

Dann wirst du einst draußen stehen, bittend: ›Lass mich ein!‹
Händeringend wirst du flehen, doch zu spät wird's sein.
Schnöder Sünder, hast vergessen, wer einst klopfte, wer?
Er, der einst um dich geworben, kennt dich nun nicht mehr!«

»Jetzt bin ich fertig. Jetzt sind Sie wieder dran«, erinnerte Schwester Gertrud an ihre Abmachung von eben und sah den Sinto mit aufmunterndem Blick an. Der Mann gab ihr jedoch nur die Hand und meinte mit leiser Stimme: »Ich habe nichts mehr zu sagen, Schwester. Ich möchte Sie nur bitten, auch noch in meinen

Wagen zu kommen, ehe Sie nach Hause gehen. Meine Familie muss Sie auch kennen lernen.«

Nichts lieber als das! Wenige Minuten später saß Schwester Gertrud im Wagen des Mannes, der so viel Böses erlebt hatte, und seiner großen Familie und konnte zum zweiten Mal für heute in Lied und Wort ein fröhliches Zeugnis der Liebe Gottes geben. Hier hatte der Geist Gottes unmittelbar gewirkt und nicht nur die Türe eines weiteren Wagens auf dem Platz geöffnet, sondern ein Stück weit auch schon ein paar Herzenstüren. Den letzten Liedvorschlag machte der Sinto selbst, und er begleitete auch selbst auf seiner Gitarre: »Gott ist gegenwärtig, lasset uns anbeten und in Ehrfurcht vor ihn treten …« Woher er wohl dieses Lied kannte?

## Erste Anerkennung

Nach den ersten Monaten mit Besuchen auf den Hamburger Zigeunerplätzen und den Plätzen in entfernteren Orten, nach der ersten Erfahrungszeit in und mit der Gemeinde am Holstenwall, nach den ersten Höhen und Tiefen, Freuden und Enttäuschungen der Arbeit, die auch mit Wohnungsproblemen verbunden waren – Schwester Gertrud hatte mehrfach umziehen müssen, weil es wegen ihrer Arbeit unter den Zigeunern Probleme mit den Vermietern gab –, folgte erst einmal eine längere Pause. Die Missionarin wurde für mehrere Monate Bibelschülerin. Von Oktober 1953 bis Mai 1954 besuchte sie die Bibelschule St. Chrischona in Bettingen in der Schweiz. Die Missionsleitung hatte sie auf ihren Wunsch großzügig für diese Zeit beurlaubt.

In diesen acht Monaten erfuhr Schwester Gertrud eine intensive Ausbildung in Fächern wie Glaubenslehre, Biblischer Unterricht, Bibelauslegung, Seelsorge, Kirchengeschichte, Missionsgeschichte, Psychologie usw. Eine herrliche Zeit des Studiums war das – und der Gemeinschaft mit Mitschülerinnen, die alle jünger waren als sie, mit den Ausbildern, der Schwesternschaft und der Gemeinde auf dem »heiligen Berg« bei Basel unweit der Grenze zu Deutschland. –

Nach dieser Zeit ging es neu motiviert und innerlich aufgebaut wieder mitten hinein in die Hamburger Arbeit. Hier stellte sich natürlich zunächst wieder die Wohnungsfrage. Aber Gott hatte auch hier schon vorgesorgt.

Schwester Gertrud besuchte Herrn Jahnke vom Diakonischen Werk, um ihn um Hilfe für ihre Arbeit und für ihre Zigeuner zu bitten. Viele von ihnen waren einfach bettelarm. Die Sozialhilfe reichte vorne und hinten nicht. Und die »Geschäfte« brachten nicht das regelmäßige tägliche Brot.

»Schwester Gertrud, reden wir jetzt mal nicht zuerst von Ihren Zigeunern. Reden wir doch erst einmal über Sie und über die Hilfe, die Sie für sich persönlich brauchen.« Herr Jahnke ahnte offenbar, dass es da gewisse Notwendigkeiten gab.

»Wenn Sie mich so direkt fragen, Herr Jahnke, bitte. Ich brauche eine Wohnung. Möglichst eine, die ich auch öffnen könnte für meine Leute. Ich rechne fest damit, dass Gott sie bald für das Evangelium bereitmacht.«

»Das trifft sich ja hervorragend, Schwester Gertrud. Da weiß ich etwas Gutes für Sie. Die Mitternachtsmission wird ihre Etage in dem schönen Haus an der Schmilinskystraße demnächst frei machen. Ein geräumiges Patrizierhaus. Sie kennen es doch, oder? Das wäre was für Sie. Diese Räume sollten Sie bekommen können.«

»Das wäre ja wunderbar«, begeisterte sich die Missionarin. »Herzlichen Dank! Endlich unabhängig sein von Vermietern, die mit meiner Arbeit nicht zurechtkommen und ihre alten Vorurteile gegen die Zigeuner nicht ablegen können. Und dann auch noch an einem so zentralen Platz nahe am Hauptbahnhof.«

»Ich werde mich für Sie verwenden, Schwester Gertrud, und ich bin sicher, das wird etwas!«

Es wurde etwas! Schwester Gertrud sah deutlich Gottes lenkende Hand. Bald konnte sie die frei gewordene Etage in Besitz nehmen und sich in den Räumen einrichten. Die sanitären Einrichtungen waren zwar für ein solches Haus bescheiden, aber ausreichend. Hier war Platz genug für ein Büro mit Telefon. Hier gab es ein großes Wohnzimmer, das viel Platz bot, ihre neuen Freunde einzuladen.

Die »Einweihung« jedenfalls konnte sie am 6. Oktober 1956 schon einmal mit einer Gruppe von Kindern von der »Alten Fähre« feiern. Und wie erwartet: Wenn die Kinder hierher kamen, waren zwangsläufig ein paar Mütter dabei. Die ließen ihre Kleinen doch nicht allein in dem Getriebe der Stadt!

Übrigens hatte auch die Missionsleitung in Geisweid ihr Einverständnis signalisiert, die Etage als Wohnung und als Zentrum der Abteilung der Mission für Süd-Ost-Europa »Arbeit unter den Zigeunern Hamburgs« zu übernehmen. Diese Adresse wurde für viele Jahre eine zentrale Anlaufstelle, zum offenen Haus für große und kleine Zigeuner und für so manchen anderen Gestrandeten der Millionenstadt und ihrer nahen und weiteren Umgebung.

Doch die Arbeit von Schwester Gertrud blieb nicht mehr nur auf die Plätze der Sinti und vereinzelter Roma in der Stadt und in der unmittelbaren Umgebung begrenzt. Sie reiste auch nach Bremen, Kiel, Buxtehude, Stade, Hameln und sonst wohin ins Land, wo sie von Lagerplätzen des dunkelhaarigen Volkes erfuhr, das ihr immer mehr ans Herz wuchs. Dabei gab es nur eins zu bedauern. Die Entfernungen waren so groß und der Zeitaufwand erheblich. Aber auch dort war es ähnlich: Das Misstrauen war groß gegen die fremde Frau, die mit Bibel, Gitarre und Flanelltafel auf die Plätze kam, und es konnte wohl auch hier nur mit immer neuer Liebe überwunden werden.

»Du solltest den Führerschein machen, Schwester Gertrud«, sagte sie sich immer wieder einmal. »Du könntest viel mehr unterwegs sein und die einzelnen Plätze häufiger besuchen.« Bis es dahin kam, vergingen aber noch einige Jahre.

Vorerst blieben ihr Bahnen und Busse und die eigenen Füße zur Fortbewegung. Beinahe täglich besuchte sie auf irgendeinem Platz Sinti, die dabei jedes Mal etwas vom Evangelium zu hören bekamen. Die Kleinen und Jugendlichen wurden dabei immer vertrauter und offener, die meisten Erwachsenen und Alten blieben weiter distanziert und verschlossen und mehr oder weniger feindselig. Nur wenige ließen es allmählich zu, dass das Eis ihrer Herzen schmolz.

Etwa anderthalb Jahre – mit der Unterbrechung durch die Chrischona-Zeit – war Schwester Gertrud unermüdlich immer wieder auf die Plätze gekommen. Sie hatte sich von der ablehnenden Haltung der Erwachsenen und von den vielen Rauswürfen aus den Wagen nicht entmutigen lassen, hatte sich dafür aber die

Herzen der Kinder erkämpft. Zum Beispiel auch das des kleinen Manno, der mitten in einer Frostperiode ärmlich gekleidet und barfüßig vom Schlittern auf dem Eis der gefrorenen Wiesen hinter dem Deich in die Freiluft-Kinderstunde gekommen war. Schwester Gertrud hatte den kleinen frierenden Kerl in den Arm genommen. »Manno, ich hab dich lieb«, hatte sie zu ihm gesagt. Da hatte der Junge seinen schwarz gelockten Kopf zu ihr erhoben, sie mit großen, erstaunten Augen angeschaut und geantwortet: »Kannst du mir das schöne Wort noch einmal sagen?«

Die Missionarin hätte in diesem Augenblick weinen mögen. Zigeuner liebten ihre Kinder. Sie waren ihnen das wertvollste Gut, und sie würden alles für sie geben. Aber dieser kleine Kerl litt wohl unter Liebesmangel und darunter, dass eben niemand so etwas zu ihm sagte. Und so nahm sie ihn noch einmal in die Arme und wiederholte ihr »Manno, ich hab dich lieb«.

Später erfuhr Schwester Gertrud, dass Mannos Eltern Alkoholiker waren, die sich wegen ihrer Trunksucht kaum um den Jungen kümmerten. Wenn doch Gottes Liebe und sein Wort diese Menschen in ihren Bindungen erreichte, dann würde sich die Situation des Kleinen ändern. Aber das konnte nur Gott bewirken. Sie wollte weiter bemüht sein, das ihre dazu zu tun.

Übrigens hatte es am Rande dieser frostigen Kinderstunde ein erstes, bescheidenes Signal gegeben. Eine ältere, vornehm erscheinende Sintiza schien Vertrauen zu fassen in die Missionarin, die selbst bei dieser Kälte für die Kinder auf den Platz kam. Vielleicht tat sie ihr aber auch nur Leid. Immerhin erzählte sie neben den anderen Kindern auch ihrem Enkel Kako die »schuka Schichta«, die schönen Geschichten aus der Bibel, und brachte dem musikalischen Jungen die wunderbaren Lieder bei. Sie selbst wollte das zwar alles nicht hören. Sie schaute den Leuten lieber auf den Verlauf ihrer Handlinien und in die Augen, um ihnen die Zukunft zu deuten, als dass sie Frommes hören wollte. Aber sie hatte dabei doch ein gutes Herz. Jedenfalls brachte Galitschai der Chali eine Tasse dampfenden Kaffee. Und sie öffnete sich dem Wort Gottes!

Wie tat das gut und wie wärmte der Kaffee von innen!

Was ihr eine andere Sintiza im Brustton der Überzeugung sagte, klang dagegen weniger verheißungsvoll: »Schwester Gertrud, du wirst es nie schaffen, den Namen Jesu zu uns Sinti zu bringen. Wir glauben an unseren Baro Debel. Der ist unser

*Kinderstunde 1956: Schwester Gertrud mit den Kindern*

Gott. Baro Debel ist für alles da und hilft uns auch dann, wenn wir mal Böses tun.«

Die Missionarin war für einen Moment sprachlos bei der Rede der alten Sintiza. Dann antwortete sie ihr ruhig: »Liebe Mami, das ist nicht meine Sache. Der Herr Jesus wird selbst Eingang bei euch finden. Er ist unser himmlischer Herr. Er wurde Mensch für uns. Für unsere Sünde und auch für die Sünde der Sinti hat er am Kreuz den Erlösungspreis bezahlt. Dann ist er von den Toten auferstanden und lebt! Auch ihr Sinti könnt ihn suchen und ihm begegnen. Hör zu, liebe Mami, was die Kinder singen.«

Dann sang die Schar fröhlich und laut bereits auswendig:

»Gott ist die Liebe, lässt mich erlösen.
Gott ist die Liebe, er liebt auch mich.
Drum sag ich noch einmal, Gott ist die Liebe,
Gott ist die Liebe, er liebt auch mich.

Jesus, mein Heiland, gab sich zum Opfer,
Jesus, mein Heiland, büßt meine Schuld …
Du heilst, o Liebe, all meinen Jammer,
du stillst, o Liebe, mein tiefstes Weh …

Er sandte Jesus, den treuen Heiland,
er sandte Jesus und macht mich los …«

Während des ganzen Liedes war Kakos Großmutter nachdenklich am Rande der Gruppe stehen geblieben, hatte ihr Tuch eng um sich gezogen und dem Gesang der Kinder zugehört. Dann hatte sie sich aber schnellstens kopfschüttelnd in ihren warmen Wagen verzogen. Schwester Gertrud hatte dennoch einen besonderen Grund, ihrem Herrn zu danken.

»Da schau, Henna. Die Heilige ist wieder da. Und das bei diesem Wetter!«, rief Theo Weiß seine Frau ans Fenster, beide in den Dreißigern. Draußen goss es in Strömen. Kein Wetter, um »auf Geschäft« zu gehen. Da blieb man besser im Trockenen und in der Wärme des Wagens.

Das Wasser hatte den Platz längst in eine Schlammwüste verwandelt. Und in diesem strömenden Regen auf dem matschigen Boden standen Schwester Gertrud, eine Mitarbeiterin aus der Freien evangelischen Gemeinde und eine kleine Kinderschar unter einigen Regenschirmen im Kreis, um gegen Regen und Wind anzusingen. Heute übrigens ohne offensichtliche »Bewachung« durch Marta. Die saß wahrscheinlich auch im Trockenen und »bewachte« aus dem Wagen durch die Scheibe.

»Kommt, stimmet alle jubelnd ein, Gott hat uns lieb«, sang die Schar unter den Regenschirmen. In den Refrain setzten sie inzwischen Begriffe aus der Zigeunersprache ein.

Der Gesang war trotz des Trommelgeräusches auf dem Dach des Wohnwagens auch bei Theo und Henna innen zu hören: »Gott hat den Tata lieb, … die Mama …, den Papo …, die Mami …, die Bibi …, die Sinti …«, und natürlich auch »… die Chali.«

»Theo, wenn die Chali bei solchem Wetter zu uns auf den Platz kommt, muss die echt sein. Die will uns nichts Böses. Die lass ich jetzt bei uns rein. Hier ist es trocken. Die sollen sich alle in den Wagen setzen.«

Der Sinto wollte protestieren, aber seine Frau ließ ihm keine Chance. Sie öffnete bereits die Wagentür und rief nach draußen: »He, ihr da! Kommt in den Wagen! Ihr werdet ja ganz nass.«

Mitten im Lied unterbrach Schwester Gertrud. Hatte sie richtig gehört? »Kommt in den Wagen!«, hatte die Zigeunerin gerufen. Das war eine Gebetserhörung und Gelegenheit! »Kinder, kommt, wenn diese Mama ruft, müssen wir folgen.« Und schon stürmte die Meute in Theos und Hennas Wagen und drängte sich dort eng zusammen, damit auch alle Platz bekamen. Henna selbst hatte sich in den hinteren Teil ihrer Wohnung zurückgezogen und in die Ecke gesetzt. Ihr Mann Theo war nicht zu sehen. Er musste wohl in den Schrank gesprungen sein und sich dort versteckt haben. Andere Möglichkeiten gab es nicht. Auf jeden Fall mussten beide mithören, wie Schwester Gertrud singend, erzählend und betend ihre Kinderstunde hielt.

Innerlich jubelte es dabei in ihr: »Gott, wie bist du groß! Der erste Wagen ist für die Arbeit geöffnet. Danke, danke! Herr, segne die Bewohner dafür reichlich und öffne nicht nur ihren Wagen, sondern auch ihre Herzen!«

Von jetzt an ging es aufwärts mit der Arbeit auf dem Platz an der »Alten Fähre«, mit kleinen Schritten zwar, aber eben doch aufwärts. Während Schwester Gertrud auf andern Plätzen immer wieder daran gehindert wurde, Wagen und Wohnungen zu betreten – wenn sie doch einmal irgendwo von einer Frau eingelassen wurde, wurde sie vom Mann wieder rausgeschmissen –, passierte das an der »Alten Fähre« immer seltener. Es öffneten sich nach und nach andere Wagen und Wohnungen, zunächst nur, damit sie ihre Kinderstunde bei schlechtem Wetter nicht im Freien halten musste.

Für Sinti endete der Tag nicht zu der Zeit, in der deutsche Menschen sich in die Betten legten. Der Tag reichte bis weit in die Nacht. Es musste ja auch niemand morgens früh aufstehen und an irgendeinem Arbeitsplatz eine Stechuhr bedienen. Die Kinder, die mehr oder weniger freiwillig die Schule besuchten, kamen immer pünktlich, ob sie nun um acht in der Klasse saßen oder erst um elf.

Deshalb konnte sich die Missionarin künftig sogar vereinzelt und dann mehr und mehr am Abend mit Frauen und Kindern zusammensetzen, um ihnen biblische Geschichten zu erzählen und Lieder und einfache, eingängige Chorusse zu singen. Jetzt waren ja auch die Frauen da, die tagsüber auf »Mangepen« waren, um durch Handel mit Kurzwaren, Spitzendecken und manchem anderen und auch zuweilen mit zweifelhaften Geschäften wie Handlinienlesen und Wahrsagen den Lebensunterhalt zu verdienen. Abends konnten sie ihren »Geschäften« weniger nachgehen. Deshalb saßen sie dann häufiger mit Schwester Gertrud zusammen und hörten ihr zu. Männer setzten sich nie mit in die Runde. Die lauschten höchstens heimlich draußen unter dem Fenster.

Schwester Gertrud ging bei ihren Besuchen sehr geschickt vor. Sie beendete ihre Erzählungen immer wieder an den spannendsten Stellen, so dass das Ende jeweils offen blieb. Ob denn Daniel nun von den Löwen wirklich gefressen wurde, das wollten die kleinen und großen Zuhörer auf jeden Fall erfahren, oder auch, wie denn die Geschichte mit Josef weiterging und ob denn die zehn Aussätzigen wirklich geheilt zurückkamen …

Also musste die Chali wiederkommen, und der nächste Abend wurde mit Spannung erwartet.

Immer wieder war es die letzte Straßenbahn von der Kornweide in die Stadt, die nach solchen Abenden auf dem Platz Schwester Gertrud und ihre Helfer, die sie gelegentlich begleiteten, nach Hause brachte. Nur war bei allem Bemühen leider die eine Freude bisher ausgeblieben: Bekehrt hatte sich weder eins der Kinder noch eine der Frauen. Von den Männern ganz zu schweigen. Gesät war reichlich, die Ernte ließ noch auf sich warten. Aber sie würde kommen! Gott hatte sie zugesagt. Und der hielt sein Wort.

## »Heilandsbus« und Hütte »Geborgenheit«

»Kinder, kennt ihr noch die Telefonnummer Gottes?« Und ob die Kinder von der »Alten Fähre« diese Nummer kannten. »50/15«, »50/15«, »50/15« scholl es fröhlich durcheinander. Diese Nummer hatten sie gut gelernt. Natürlich kannten sie auch den Wortlaut aus dem Psalm: »Rufe mich an in der Not, so will ich dich erretten, und du sollst mich preisen.«

»Warum fragst du?«, wollte eins von den Kleinen wissen.

»Wir müssen sie in Zukunft öfter verwenden«, gab Schwester Gertrud zur Antwort.

»Warum? Wieso? Weshalb?«, kam vielstimmig die Rückfrage.

Schwester Gertrud erklärte: »Wisst ihr, Kinder, wir brauchen einen eigenen Raum, in dem wir uns zusammensetzen können. Dann brennt uns die Sonne nicht mehr auf den Kopf, und wir werden bei Regen nicht mehr nass.«

»Dann brauchen wir uns auch nicht mehr in einen von unseren Wagen zu quetschen. Da ist es doch immer so eng.«

»Und im Winter brauchen wir nicht mehr zu frieren.«

»Dann kannst du immer alle Kinder auf einmal zusammenhaben.«

»Dann müssen wir uns nicht teilen, weil zu wenig Platz im Wagen ist.« So und ähnlich kamen die Kommentare der Jungen und Mädchen.

In diese Überlegungen machte eins der Kinder den Vorschlag: »Wir müssten den Bus kaufen können, wo Ziega wohnt. Der will doch nach Kiel umziehen.«

Jetzt schüttelte Schwester Gertrud natürlich energisch den Kopf. »Kinder, nein. Wir können Ziega und seine Frau doch nicht aus ihrem Bus vertreiben. Wenn ihr alle kräftig mitbetet, wird Gott uns einen Wagen oder eine Hütte schenken. Da bin ich ganz sicher. Gott ist größer als unser Problem!«

Am Ende der heutigen Kinderstunde beteten tatsächlich einige Kinder mit schlichten Worten für einen Wagen als Ort für ihre künftigen Versammlungen. Hoffentlich wurde ihr Gebet bald erhört. Das wäre ein gutes Zeugnis des Glaubens.

Ihr gemeinsames Anliegen teilte Schwester Gertrud natürlich auch ihren Freunden am Holstenwall und in den anderen Hamburger Gemeinden mit, die sie inzwischen für sich gewonnen hatte. Und auch denen in der weiteren Umgebung. Es gab jetzt viele Beter, die das Anliegen ihrer Missionarin vor Gott brachten, in der festen Zuversicht, dass Gott ihre Gebete erhören würde.

Aber die kleinen und großen Beter wurden auf eine harte Geduldsprobe gestellt. Lange tat sich nichts. Es war kein Wagen irgendwo zu finden, den Schwester Gertrud bzw. ihre Mission hätte kaufen und auf den Platz stellen können. Und dann war es Ende 1955 doch Ziega, dessen Bus plötzlich zur Disposition stand. Der Sinto hatte sich tatsächlich entschlossen, mit seiner Familie zu seinen Verwandten nach Kiel umzusiedeln. Sein Bus sei für 175 Mark zu haben. Da hieß es zugreifen. Das war Gottes Gelegenheit.

Welche Vorplanung Gottes: Die Kaufsumme war sogar bereits zusammengelegt. Der Frauenkreis der Holstenwall-Gemeinde, den ein Fräulein von Scheve leitete, eine treue Missionsfreundin von Schwester Gertrud, hatte für dieses Projekt nicht nur gebetet, sondern auch gesammelt. In der Sammeldose befanden sich genau 175 Mark.

Gott, wie bist du so groß! War das eine Freude für die Missionarin und die Kinder an der »Alten Fähre«. Und auch für einige der Frauen. Wie die Männer über die Sache dachten, ließen sie sich zumindest nicht anmerken. Jedenfalls hatte Gott der Zigeunerarbeit die erste »Kirche« geschenkt. Halleluja!

In der Zwischenzeit hatte es am Holstenwall einen personellen Zuwachs gegeben. Johannes Lichtenberg, ein siebenundzwanzigjähriger junger Mann, war gekommen, um als Jugendpastor in den norddeutschen Freien evangelischen Gemeinden zu arbeiten. Für Schwester Gertrud war das die Gelegenheit, einen neuen Freund ihrer Arbeit zu gewinnen. Und wenn sie ihn gewonnen hatte, dann würden sicher nach dem Effekt der Vervielfältigung andere Freunde vor allem aus der Jugend nachkommen. Sie konnte ja unmöglich alle Arbeiten auf den vielen Plätzen und an den vielen Orten Norddeutschlands alleine bewältigen. Da mussten andere dazukommen und mit anfassen.

Schwester Gertrud rannte bei Johannes Lichtenberg sozusagen offene Türen ein. Er hatte an seinem vorigen Dienstort in Frankfurt bereits einmal mit einer Zigeunerfamilie zu tun gehabt. So war sein Herz vorgewärmt. Von Schwester Gertruds Arbeit in Hamburg hatte er bereits erfahren. Und so trafen sich Nachfrage und Angebot auf wunderbare Weise. Hier hatte der gute Gott offenbar schon wieder langfristig vorgesorgt.

Fortan konnte Schwester Gertrud die Sinti-Plätze Hamburgs immer wieder auch in Männerbegleitung besuchen. Die Einweihung des alten Postbusses auf der »Alten Fähre« sollte Johannes Lichtenbergs erster zigeuneröffentlicher Einsatz werden.

Zunächst gab es da natürlich noch einiges vorzubereiten. Der »Heilandsbus«, wie die Kinder vom Platz das räderlose Fahrzeug bald nannten, musste innen und außen hergerichtet werden. Die Wände brauchten neue Farbe. Die Kinder entschieden sich für leuchtendes Grün. Mit Begeisterung wurde die Außenwand gestrichen. Innen wurde der Ofen in Ordnung gebracht, wurden Einrichtungsteile entfernt, dafür mehr Sitzgelegenheiten geschaffen. Jede Bank bekam dabei einen eigenen farbigen Anstrich. Herrlich sah das aus. Möglichst viele Kinder sollten Platz finden

*Sinti-Kinder vor dem »Heilandsbus«*

können. Und nicht nur Kinder. Vielleicht gingen ja unter den neuen Versammlungsbedingungen Wunsch und Gebet in Erfüllung, dass auch Jugendliche und Erwachsene kamen und das Evangelium hörten …

Den Tag der geplanten festlichen Einweihung im Frühjahr 1956 konnten die Kinder vom Platz an der »Alten Fähre« kaum erwarten. Am Tag selbst stieg die Spannung von Straßenbahn zu Straßenbahn. Jede Bahn aus der Stadt erwarteten die Kinder an der Endstation an der Kornweide sehnsüchtig. Endlich wurde ihr Warten belohnt. Johlend und jauchzend nahmen sie Schwester Gertrud und ihre Begleiter in Empfang und geleiteten sie auf den Platz. Sogar aus der Missionszentrale in Geisweid war eine Mitarbeiterin gekommen, Martha Westermann, um das Fest mitzuerleben.

Der Heilandsbus war bald bis auf den letzten Platz gefüllt, und es wurde eng in der ersten »Zigeunerkirche« Hamburgs. Das störte allerdings niemanden. Johannes Lichtenberg geriet ganz schön ins Schwitzen, auch weil der Kanonenofen eine wohlige Wärme ausstrahlte, die bald zur schier unerträglichen Hitze wurde. Der junge Pastor sang mit den Kindern ein Lied nach dem anderen und wiederholte Chorusse, die sie bereits kannten. Damit hatte der »Neuling« die Herzen der Kinder rasch auf seiner Seite.

Im zweiten Teil der Einweihung entführte er die Kinder per Dia-Schau in die Schweiz. Solch großartige Bilder hatten die Jungen und Mädchen noch nie gesehen. Dass es so etwas gab in Gottes Welt! Immer wieder wurden »Schuka!«-Rufe laut angesichts der schneebedeckten Berge, der Almen mit den Kühen und ihren großen Glocken an den Hälsen und der Seen mit vielen großen und kleinen Booten. Dass es die auch in einem Land gab, das gar nicht an der Nordsee lag, schien manchen wie ein Wunder. Deshalb wohl fragte die kleine Meuni einmal dazwischen: »Sag mal, Onkel Lichtenberg, ist das alles richtige Wirklichkeit?« Der Onkel konnte es ihr natürlich bestätigen: »Ja, Kind, so schön ist Gottes Welt. So schön hat Gott die Welt geschaffen. Einfach zum Staunen und Freuen.«

Wer konnte heute ahnen, dass eine große Sinti-Gruppe wenige Jahre später diese Schönheiten mit eigenen Augen würde sehen können?

Geschickt ließ der junge Mann seine Reise mit dem Bild eines Gipfelkreuzes enden. Hier konnte er die Botschaft vom stellvertretenden Leiden und Sterben des Heilandes am Kreuz anhängen und in den Chorus einmünden lassen:

»Er hat mich so geliebt,
er starb für mich auf Golgata,
er hat mich so geliebt.«

Für den Abend war eine Einweihungsfeier mit den Erwachsenen vorgesehen. Freilich musste der Bus zunächst mit sanfter Gewalt geleert werden. Die Kinder wollten einfach nicht Platz machen. Dann aber gaben sie die Bänke doch frei. Aber würden die Älteren kommen? Wenigsten Einzelne? Frauen und Männer? Es wurde spannend.

Vom Holstenwall waren ein paar Posaunenbläser eingetroffen, die im Freien mit ihren Chorälen und Liedern zur Versammlung einluden, und eine kleine Gitarrengruppe war auch dabei, die während der Veranstaltung im Bus spielen sollte.

Die Blechmusik schien bei den Zigeunern nicht gut anzukommen. Die liebten mehr die Instrumente, mit denen man »schluchzen« und »weinen« und feurige Melodien spielen konnte, wie Geigen aller Größen und Klarinetten und Harmonikas. Auf ihrem Platz war schließlich das berühmteste deutsche und sogar durch einige Filme bekannt gewordene Zigeunerorchester »Charlos Weiß« zu Hause. Nein, Blech war nicht das Rechte für sie. Ob sich die Männer deshalb nicht einladen ließen?

Dennoch war der Bus am Abend tatsächlich gefüllt mit Jugendlichen und Frauen und mit einzelnen Männern, die hörten und sangen »Gott ist die Liebe, er liebt auch mich«, »Das Blut des Lammes reinigt uns und machet alles neu«, »Ja, das ist Gnade für mich, ja, das ist Gnade für dich: Jesus allein kann erretten, ja, das ist Gnade für dich.«

Dann erzählte Pastor Vachek als Verkündiger des Abends den Leuten die Botschaft vom guten Hirten, der sein Leben für die Schafe ließ. Das galt auch für die Männer und Frauen in den Wagen und Hütten.

Ein denkwürdiger Tag und ein Meilenstein in der Arbeit unter den Sinti war das geworden. Gott hatte eine »Kirche« geschenkt, in der sich die Gemeinde sammeln konnte. Und sie würde sich sammeln. Beinahe trotzig hielt Schwester Gertrud an den Verheißungen Gottes fest, obwohl nach fast drei Jahren des Bemühens immer noch kein Kind und kein Erwachsener wirklich zum Glauben gekommen war. Auf diesem Platz konnte sie jetzt jedenfalls nicht mehr aus irgendeinem Wagen hinausgeworfen werden. Sie hatte für ihre Arbeit nun den »Heilandsbus«.

Die Versammlung am Sonntag wurde nun zur festen Einrichtung. Die herzliche Einladung erging immer wieder an die Leute an der »Alten Fähre«. Sie alle konnten gerne kommen. Aber außer den Kindern kam niemand. An manchem Sonntagabend saß Schwester Gertrud sogar mit ihren Helferinnen und Helfern allein im Bus. Dann beteten sie und mussten, was die Sinti anging, unverrichteter Dinge den Heimweg antreten. Welch eine Probe der Geduld und des Glaubens!

An einem Sonntagabend war es wieder genauso. Niemand kam. Schwester Gertrud saß heute, was selten vorkam, allein im Bus, betete und wartete, wartete und betete. Auf dem Platz war es für die späte Stunde noch sehr laut und lebhaft. Kindergeschrei und Klappern von Kochgeschirr mischten sich mit Hundegebell und Leutepalaver und mit den Klängen verschiedener Musikinstrumente, die immer in oder bei irgendeinem Wagen gespielt wurden.

Etwa um zehn Uhr schickte sich die Missionarin an, nach wieder einmal vergeblichem Bemühen und Warten den Heimweg anzutreten, als plötzlich die Stimme von August Kalo Weiß alle Geräusche des Platzes übertönte. »Leute, nun geht schon hin in den Bus. Die Chali sitzt immer noch da und wartet auf euch!«

Das Wort des »Bürgermeisters« hatte Gewicht, wie das Wort der Alten übrigens immer Gewicht hatte gegenüber dem der Jungen. Und tatsächlich: Wenig später kamen ein paar Frauen, dann noch ein paar Jugendliche, zuletzt sogar ein, zwei Männer. Kalo selbst kam allerdings nicht. Noch nicht.

Schwester Gertruds Herz jubelte. Ein erster, wegen der späten Zeit aber nur noch kurzer Gottesdienst war möglich mit Jesusliedern, einfachen, eingängigen Chorussen und einer sehr schlicht vorgetragenen biblischen Botschaft vom Heiland Jesus Christus, der aus der Finsternis der Sünde und der Bindungen hineinführt in das Licht der Vergebung und der Befreiung.

An diesem Abend wäre die letzte Straßenbahn von der Kornweide beinahe ohne die Missionarin in die Stadt gefahren. Aber was hätte das an solch einem Tag schon bedeutet. Gott hatte Großes getan! Da hätte sie den Rückweg auch mit einem Taxi gerne auf sich genommen.

Wenn Schwester Gertrud seit jenem Tag gehofft hatte, dass es nun mit der Arbeit an der »Alten Fähre« deutlich aufwärts ging, dann täuschte sie sich leider. Die ersten Leute kamen zwar in die Versammlungen, aber sie blieben in ihrem Innersten weiterhin verschlossen. Es kamen auch die ersten Männer. Selbst Kesa, der Orchesterleiter, saß ab und an mit im Heilandsbus und begleitete sogar die Lieder mit den für ihn fremden Melodien auf seiner Geige, ähnlich wie schon vorher Hennas Mann Theo sie im Wagen mit seiner Gitarre begleitet hatte. Wenn Gott doch nur diesen Leuten die Herzen auftat!

Dadurch, dass die Frucht der Arbeit auszubleiben schien, gab es in Schwester Gertruds Arbeitstagen immer häufiger Momente, in denen sie verzagen wollte und in denen ein paar Tränen der

Enttäuschung rollten. Arbeitete sie nicht manchmal bis an den Rand der Erschöpfung? Und nichts rührte sich. Dann trieben solche Phasen der Niedergeschlagenheit die inzwischen bald Vierzigjährige umso mehr ins Gebet, allein und immer wieder mit anderen. Aber es kam auch immer wieder die Erinnerung ihres Gottes an seine Verheißungen, die er nun mal über der Zigeunerarbeit seiner Dienerin ausgesprochen hatte.

Dennoch – eines Tages stellte sie in einem Brief an die Missionsleitung ihre Kündigung in Aussicht. Postwendend kam die Antwort von Missionsinspektor Wißwede: »Liebe Schwester Gertrud! Im Blick auf Ihre bisher anscheinend vergebliche Arbeit stehen wir hier unter dem Eindruck des Wortes aus 1. Korinther 16,9: ›Ich habe vor dir gegeben eine offene Tür, die viel Frucht wirkt und sind viele Widersacher da.‹ Ich möchte Ihre Kündigung nicht annehmen. Machen Sie weiter. Gott wird segnen! Ihr Paul Wißwede.«

Das war eindeutig. Also nicht aufgeben, sondern weitermachen!

Vorerst ergab sich auf dem Platz in Wilhelmsburg aber eine neue Herausforderung, der sich die Missionarin nicht entziehen wollte. In der nationalsozialistischen Zeit war den Kindern von Zigeunern eine Schulbildung versagt worden. Diese »Vagabunden« und »Schädlinge« sollten nicht an deutscher Bildung teilhaben!

Im Nachkriegsdeutschland setzte sich in dieser Frage erst nach und nach eine neue Überzeugung durch. Wenn man das fahrende und unstete Volk für immer sesshaft machen und in die örtliche Bevölkerung integrieren wollte, dann durften seine Kinder nicht länger von den Bildungsmöglichkeiten ihrer deutschen Altersgenossen ausgeschlossen bleiben. Für Zigeunerkinder galt also hinfort auch die Schulpflicht.

Das konnte freilich etwas werden. Die Begeisterung über dieses Gesetz, das auch den Senat Hamburgs passiert hatte, hielt sich bei den meisten Sinti und Roma der Stadt in deutlichen Grenzen. Was sollte das? Ihre Kinder waren nie zur Schule gegangen. Die meisten Alten konnten doch auch nicht lesen und schreiben, und trotzdem hatte die Kommunikation untereinander und nach außen immer funktioniert. Die Angehörigen der Sippe Weiß waren schon seit Jahrhunderten im Umfeld von Hamburg sesshaft und bodenständig, abgesehen von jährlichen Reisezeiten. Ob hinter dieser neuen Regelung nicht wieder irgendeine raffinierte Bosheit des Staates stand?

Diese Einstellung vieler Sintifamilien war verständlich. Sie hatten zudem auch Bedenken, ob das überhaupt gehen würde, wenn Sintikinder neben deutschen Kindern die Schulbank drückten. Die bekannten Vorurteile gegen Zigeuner saßen doch tief im Bewusstsein der Bevölkerung und umgekehrt doch ähnlich. Die Rede von Integration und Eingliederung, um die sich die Sippe Weiß nachweislich seit vielen Jahrzehnten bemühte, war doch graue Theorie. Und das lag wahrhaftig nicht nur an den Zigeunern.

Dennoch gab es auch besonnene Leute auf den verschiedenen Plätzen, die die Vorteile der neuen Regelungen erkannten und ihre Kinder gerne zur Schule schickten, wenn die denn bereit waren zu gehen. Die etwa 35 schulpflichtigen Kinder an der »Alten Fähre« sollten nach Rönneburg eingeschult werden oder in die Schule mit dem schönen Namen »Licht Liebe Leben« am Kurdamm in Wilhelmsburg. Der Schulweg nach Rönneburg, jenseits der Süderelbe, war mehr als fünf Kilometer weit. Auf diesen Weg würde kein Sinto und keine Sintiza ihr Kind schicken. Das war viel zu gefährlich. Zur Schule mit dem wundersamen Namen war der Weg nicht ganz so weit. Dennoch weigerten sich manche Eltern auch hier, ihre Kinder in den Unterricht zu schicken.

So blieben es wenige, die in »Licht Liebe Leben« eingeschult wurden und mehr oder weniger regelmäßig den Unterricht dort auch tatsächlich besuchten. Kako und Lolo, Tutti und Hotti, Sonja und Sitta, Manno und Prinzo, Mäuschen, Trauba und Anni und noch ein paar andere Jungen und Mädchen ließen sich von ihren Eltern schicken oder wurden täglich gebracht und hielten auch mehr oder weniger ausdauernd durch. Dass es immer wieder einmal Schwierigkeiten mit Mitschülern und mit Lehrern gab, die auch nicht ohne Vorurteile waren, hatten sie fast erwartet.

Eltern, die ihre Kinder hätten schicken sollen, aber das nicht wollten, und manche Analphabeten unter den Erwachsenen wandten sich an Schwester Gertrud mit der Bitte, ihren Kindern und ihnen selbst einen Schulunterricht zu organisieren, damit sie auf dem Platz Lesen und Schreiben lernten. Tante Balla würde doch demnächst umziehen. Ihre Baracke könnte dann zum Unterrichtsraum werden.

Schwester Gertrud sah in der besonderen Bitte eine Chance der weiteren Vertrauensbildung und versprach, sich der Sache anzunehmen und sie mit ihren Freunden zu besprechen. Die Baracke wäre sicher eine Ergänzung zum Heilandsbus, der inzwischen für manche Veranstaltungen zu klein und zu eng geworden war. Willige Lehrer für einen Deutschunterricht ließen sich wohl unter den Freunden am Holstenwall oder auch in anderen Gemeinden finden. Auch hier würde Gott die Lösung des Problems zeigen.

Eines Tages kam die Missionarin wieder auf den Platz, um ihre Kinderstunde zu halten. Die Vorschläge zur Durchführung eines Lese- und Schreibunterrichts für die Kinder des Platzes hatte sie bei sich. Freunde hatten ein offenes Ohr für das Anliegen der Sinti von der »Alten Fähre« gehabt und auch ihre Bereitschaft zur Mitarbeit erklärt.

Als Schwester Gertrud den Weg von der Straßenbahnhaltestelle hinüberging, sah sie über dem Platz Rauch aufsteigen. Der konnte nicht von einem der häufigen offenen Feuer stammen, die immer mal wieder angezündet wurden, wie das halt bei Zigeunern so war. Da musste etwas anderes brennen, ging es ihr durch den Kopf. Dann hörte sie auch schon aufgeregtes Geschrei der Sinti, vor allem von Frauen, das sich mit den vielen anderen Geräuschen des Platzes mischte.

Und dann erschrak sie doch heftig. Tante Ballas Hütte, die der künftige Unterrichtsraum sein sollte, stand in hellen Flammen. Was war hier nur passiert?

Schwester Gertrud hatte den Platz kaum betreten, als eine Kinderschar sie schon bestürmte. »Tante Gertrud, Tante Gertrud, Tante Balla ist gestorben. Jetzt müssen ihre Sachen alle verbrannt werden.« Das war es also. Die harten Zigeunergesetze erforderten diese Handlung wegen ihres Totenkultes.

»Oh, ihr armen Leute«, ging es der Missionarin durch den Kopf, und ein paar Tränen des Schmerzes und der Enttäuschung rannen ihr über die Wangen, »wer hat euch bezaubert, dass ihr der Wahrheit nicht gehorcht? Mein Gott, wann öffnest du diesen Leuten die Augen für die Freiheit, die sie in dir gewinnen können?«

Was sollte nun aus dem Unterrichtsprojekt werden? Der Heilandsbus war zu klein, und die Baracke lag in Schutt und Asche, vorsätzlich angezündet, um den Sitten zu genügen und die Totengeister zu besänftigen.

Die Kinderstunde heute verlief sehr mühsam. Auf dem Platz war es unruhig wie selten. Die Kinder ließen sich immer wieder von dem Geschehen um die verbrannte Hütte ablenken. Schwester Gertrud selbst war mit ihren Gedanken nicht voll bei der Sache. So intensiv und hautnah wie heute hatte sie die abergläubische Gebundenheit ihrer Sinti noch nicht erlebt, und es trieb sie innerlich um. Trotz der hellen Tageszeit empfand sie eine große Dunkelheit über dem Platz, ähnlich, wie es ihr erster Eindruck damals im Mai 1953 gewesen war, und eine tiefe Traurigkeit breitete sich in ihr aus. Sie fühlte sich plötzlich müde, unendlich müde. War denn alles bisherige Bemühen wirklich ohne jede Folge geblieben?

»O Herr, schaffe Licht! Schaffe doch endlich Licht! Und gib Kraft, das hier auszuhalten!«, schrie sie in ihrem Herzen. Für den Bruchteil einer Sekunde schoss ihr der Gedanke durch den Kopf, das Handtuch zu werfen, aufzuhören und aufzugeben, nach Hause zu gehen und die Koffer zu packen.

Im selben Augenblick tauchte aber wieder das prophetische Bild des Hesekiel vom Totenfeld und der göttlichen Wiederbelebung der Gebeine vor ihren Augen auf. Das Zeichen war deutlich. Es hieß: Weitermachen! »Herr, danke für das Bild. Vergib mir meine Verzagtheit und meinen Kleinglauben!«

Schwester Gertrud riss sich zusammen, atmete tief durch, packte ihre Sachen, um »Bürgermeister« August Kalo Weiß an der verbrannten Hütte anzusprechen. Am liebsten hätte sie ihn auf dieses Geschehen, den finsteren, abergläubischen Hintergrund hingewiesen. Aber sie unterließ es. Sie war sich sicher, dass sie den Mann mit laut geäußerten kritischen Bemerkungen nicht gewinnen würde. Die notwendige, im Sinne des Wortes die Not wendende Kritik musste Gott selbst anbringen. Also fragte sie den Sinto lediglich: »Und was ist nun mit unserem Unterrichtsraum?«

»Weiß ich auch nicht, Schwester Gertrud. Das hier musste sein, und du musst dir was anderes einfallen lassen. Dein Gott weiß schon einen Weg.« Sprach's und ließ die Enttäuschte stehen.

Die machte sich alles andere als beschwingt auf den Heimweg. Aber sie wollte Gott vertrauen, dass er einen Weg in dieser Sache zeigte.

Und er tat es wie so oft. Der gewünschte Unterricht für die Sinti konnte beginnen. Jürgen Otte, ein Student, und Herr Wenske, ein älterer Lehrer, waren bereit, ihre Schülerinnen und Schüler in verschiedenen Wagen zu sammeln und sie in die Grundtechniken des Lesens und Schreibens einzuführen. Freilich war das Ganze für die beiden freiwilligen Helfer ein schwieriges und mühsames Unterfangen. Längere Konzentration auf eine Sache war nicht unbedingt ein Ding von Zigeunern. Sinti bei gutem Wetter im Wagen zu halten, damit sie die Kulturtechniken der Zivilisation lernten, war nicht einfach, und sie im Freien zu unterrichten, lenkte zu sehr ab.

Von irgendwoher bekam Schwester Gertrud eines Tages dann den Hinweis auf eine relativ geräumige Baubude, die übernommen werden könnte. Aber für ein »offizielles« Gebäude musste eine Baugenehmigung her. Das konnte man nicht einfach übernehmen und auf den Platz stellen. Das war ja kein Wagen, kein mobiles Gefährt.

Die Missionarin besorgte sich Zeichnungen und Pläne der Bauhütte, notwendige Antragsformulare, füllte die Papiere aus und trug das Paket zur zuständigen Baubehörde mit der Bitte, doch möglichst bald den Antrag auf Baugenehmigung zu genehmigen.

Viel schneller als erwartet wurde sie dann zur Behörde gebeten, um sich die Baugenehmigung und die damit verbundenen Auflagen persönlich anzuhören und abzuholen. Das war ja alles wunderbar! Die festgelegte Einschränkung des Baus, die Hütte müsse stehen bleiben, wenn der Platz an der »Alten Fähre« einmal umgesiedelt würde, es lägen tatsächlich entsprechende Pläne in den Schubladen, ließ sich heute ertragen. Wenn es so weit käme, würde Gott schon weiterhelfen, wie er bis hierher geholfen hatte.

Jetzt galt es, den Aufbau der neuen Hütte zu organisieren. Die Arbeit auf den anderen Plätzen in Hamburg und die Besuche auf weiter entfernt gelegenen Plätzen mit Kinderstunden und

Gottesdiensten in auch dort vereinzelt bereits aufgestellten Wagen sollten während der Bauzeit nicht zu kurz kommen. Auf dem Platz in Rothenburgsort stand zum Beispiel seit einiger Zeit ein ausrangierter Bauwagen, die »Gotteshütte«, und in Buxtehude gab es auf einem der beiden dortigen Plätze inzwischen die Hütte »Sonnenaufgang«.

Wie gut, dass es Johannes Lichtenberg gab. Der eifrige junge Pastor konnte Leute aus seinen Jugendkreisen vom Holstenwall motivieren, Zeit und Kraft zur Verfügung zu stellen, damit die Baubude am alten Standort abgebrochen und am neuen wieder aufgebaut wurde.

Beide Aktionen gelangen in einer Woche. Gott schenkte in seiner Gnade passendes Wetter und ein fröhliches Miteinander der Freiwilligen am Bau. Die Hütte sollte nicht unmittelbar auf dem Boden stehen, also wurde ein stabiler Untergrund gelegt. Dann wurden die Wände wieder aufgestellt und zusätzlich isoliert, damit im Sommer die Hitze draußen blieb und im Winter die Wärme drinnen.

Die Männer verlegten elektrische Leitungen, sie spachtelten, strichen und pinselten und dazwischen sangen sie immer wieder fröhliche Glaubenslieder. Das Miteinander am Bau war ein deutliches und sichtbares Zeugnis der Liebe der Bauleute zu den Sinti und der Liebe Gottes, von der alle lebten.

Dieser Baueinsatz imponierte den Leuten auf dem Platz durchaus. Er motivierte allerdings kaum jemanden, selbst einmal Hand anzulegen. Das Zuschauen war auch interessant, und das Kommentieren des Geschehens machte Spaß. Nach dem Motto »Mit Musik geht alles besser« verlegten Kapellmeister Kesa und seine Musiker des Charlos-Weiß-Orchesters immer wieder einmal ihre Proben in die Nähe der Baustelle, meist zur Freude der Bauleute.

Ein Problem gab es dann aber noch zu lösen, das einigen Sintifamilien Mühe machte. Auf dem Platz gab es seit längerer Zeit einen einzigen, zentralen Stromanschluss. In einigen Wagen und Hütten standen inzwischen aber die ersten Waschmaschinen und Radios, Plattenspieler und anderes elektrisches Gerät, die das schwache Stromnetz belasteten. Immer wieder knallten die drei vorhandenen 16-Ampère-Sicherungen durch, und prompt befanden sich alle Wohnungen auf dem Platz im Dunkeln. Was tun, um durch die Bauhütte das Netz nicht zusätzlich zu belasten? Es wäre nicht gut, wenn durch sie die Lebensqualität der Menschen in ihren Wagen beeinträchtigt würde. Sie würden das sicher übel nehmen und sich weiter verschließen.

Johannes Lichtenberg verhandelte mit Verantwortlichen der zuständigen »Hamburgischen Electricitätswerke« wegen der Verstärkung des Netzes. Keine Chance, wurde ihm geantwortet. Aber er solle doch einmal bei der Firma Robert Krebs hinter dem Deich vorsprechen, ob man dort nicht bereit sei, einen Anschluss zur Verfügung zu stellen, mit einem entsprechenden Zwischenzähler und so. Der Strom könne vielleicht durch ein Erdkabel in die Hütte geführt werden.

Das war ein ausgezeichneter Vorschlag, der bald erfolgreich in die Tat umgesetzt wurde. Jetzt hatte die Hütte Strom, und das Netz des Platzes wurde nicht belastet. Halleluja! Da bei der freundlichen Firma per Gewerbetarif bezahlt werden konnte, brauchte nicht einmal ein Abnahmevertrag mit den »Hamburgischen Electricitätswerken« abgeschlossen werden. Noch einmal ein Halleluja!

In der nächsten Zeit wunderten sich manche Sinti immer wieder, wieso in der Hütte immer noch Licht brannte, während der Platz wegen herausgeflogener Sicherungen wieder einmal im Dunkeln lag. »Das ist unser Geheimnis«, bekamen die Fragenden dann immer schmunzelnd zur Antwort und mussten sich zunächst einmal damit zufrieden geben.

Den Namen für die neue Missionshütte brachte Schwester Gertrud von einer ihrer Reisen durch die verschiedenen Gemeindekreise in Deutschland mit nach Hamburg. Am Freiburger Münster war ihr ein Plakat der Inneren Mission aufgefallen, auf dem eine Mutter ihr Kind in den Armen hielt. »Geborgenheit« stand unter dem Motiv. Das war's! Es ging doch bei der Zigeunerarbeit darum, den Menschen menschliche Geborgenheit zu bieten in einer Welt, die ihnen überwiegend mit Kälte, Misstrauen und Ablehnung begegnete. Vor allem aber sollten sie von der Geborgenheit erfahren, die sie in der Liebe Gottes finden konnten.

Hütte »Geborgenheit« – so hieß künftig der Gottesdienst-, Unterrichts- und Versammlungsraum für alle möglichen Aktivitäten, die erst noch zu wirklichen Gemeindeveranstaltungen werden sollten. In großen Buchstaben stand der Name einladend über dem Eingang. Auch die, die nicht lesen konnten, wussten bald, was die Schrift auf dem Schild bedeutete. Und sie wussten auch, dass die Geborgenheit, die hier gemeint war, etwas anderes war als die, die sie in ihrer Sippe und im Zusammenhalt ihrer großen Familienverbände erlebten.

Nachdem immer mehr Sinti eine Ahnung von dieser besonderen Geborgenheit bekamen und sich auch immer mehr deutsche Freunde zu den Gottesdiensten an der »Alten Fähre« einfanden, musste die Hütte sogar erweitert werden.

Nach einer vorsichtigen Anfrage bei der Baubehörde bekam Schwester Gertrud telefonisch Bescheid, sie solle einfach erweitern. Daraufhin verlängerten die jungen Leute die Hütte »Geborgenheit« auf 15 m Länge. Bald aber traf ein offizielles Schreiben ein: »Wir haben festgestellt, dass Sie ohne Baugenehmigung Ihre Hütte erweitert haben. Nach § ... müssen wir Sie auffordern, auf eigene Kosten den Anbau wieder abzureißen. Weil Sie aber für Ihre fürsorgliche und seelsorgliche Arbeit zurzeit keinen anderen Raum haben, befristen wir den Abriss auf unbestimmte Zeit. Überweisen Sie eine Gebühr von DM 5,– auf unser Konto ...!« Wie fein verstanden es die leitenden Herren, ihre Ordnungsgesetze zu wahren und doch das Werk der Mission an dem Zigeunervolk zu unterstützen!

Welch ein Bekenntnis Gottes zu der Arbeit an der »Alten Fähre« und zu den Leuten, die sie taten!

Eines Nachmittags im Juli 1959 kam Schwester Gertrud auf den Platz und fand eine merkwürdige Unruhe, Hektik und ein fast panisches Durcheinander vor. Sofort wurde sie von ihren Kindern und von einigen Müttern umringt und bestürmt. »Schwester Gertrud, sie haben uns wieder aufgeschrieben.« »Die haben Listen gemacht.« »Die wollen uns umsiedeln.« »Du musst uns helfen, Schwester Gertrud.« So und ähnlich ging es laut und aufgeregt durcheinander.

Die Missionarin konnte sich keinen Reim aus den aufgeregten Mitteilungen der Kinder und Erwachsenen machen. »Liebe Leute, lasst mich doch erst einmal ankommen und dann erzählt mir in Ruhe, was los ist. Oder ich spreche am besten gleich mit dem Bürgermeister. Ihr wartet auf mich bei der Hütte. Einverstanden?«

Sie fand August Kalo Weiß einigermaßen mürrisch bei seinem Wagen und erkundigte sich nach dem Grund der Aufregung. »Am Montag waren einige Leute des Ordnungsamtes hier auf dem Platz und haben alle Wohnwagen registriert und vermessen und Listen von ihren Bewohnern gemacht«, erfuhr Schwester Gertrud.

»Wozu soll das dienen?«, fragte sie ein wenig erschrocken.

»Die Behörden planen, uns demnächst wirklich umzusiedeln. Bisher war davon immer nur die Rede, aber jetzt wird es wohl wirklich so.«

»Macht das die Leute hier so unruhig?«

»In einigen von den Älteren kommen die alten Erinnerungen an diese Lolitschei hoch. Registrierung zur Abschiebung nach irgendwo mit anschließender Vernichtung.« August Kalo Weiß schüttelte sich ein wenig. Er hatte da auch so seine eigenen Erinnerungen.

»Aber darum kann es doch jetzt gar nicht gehen. Diese Zeiten sind doch nun endgültig vorbei«, bemühte sich Schwester Gertrud, ihn zu beruhigen.

»Ich habe damit ja auch kein Problem, Schwester Gertrud. Ich versuche nur schon seit Tagen, meinen Leuten das auch zu erklären. Aber hier ist etwas aufgewühlt, das schwer zu beruhigen ist.«

»Das ist sicher irgendwo verständlich«, gab Schwester Gertrud zu. »Haben die Behörden denn einen Ort genannt, wohin ihr umsiedeln sollt?«

»Haben sie. An die Hörstener Straße haben sie gedacht.«

»Auf den Aschenberg in den Moorwiesen etwa? Das wäre ja schlimm.«

»Ich habe mich auch schon energisch gegen diese Pläne ausgesprochen. Die Hörstener Straße können wir unmöglich akzeptieren. Dort werden unsere vielen Asthmatiker überhaupt nicht mehr gesund in dem Nebel und Dunst, der da ständig auf dem Gelände liegt.«

»Und für die Kinder gibt es doch auch keinerlei Spielgelände«, ergänzte die Missionarin. »Nein, Hörstener Straße darf nicht sein. Kann ich für euch etwas tun in dieser Sache?«

Der »Bürgermeister« blickte der Missionarin in die Augen, als wollte er fragen, ob sie denn dazu wirklich schon wieder bereit sei. Dann sagte er: »Schwester Gertrud, du kannst vielleicht aus der Sicht der Mission argumentieren, uns so ein bisschen offiziell und quasi amtlich unterstützen, nicht nur privat als unsere Missionarin.«

»Das will ich gerne tun, lieber Kalo. Ich mache mir Gedanken, wie das am besten gehen kann. Aber ihr seid doch nicht gegen eine grundsätzliche Umsiedlung?«

»Wenn uns die Stadt bessere Möglichkeiten bietet, als wir sie hier haben, sind wir sicher damit einverstanden. Wir würden am liebsten feste Wohnungen haben, also irgendwo eine eigene Siedlung bauen. Nur gegen die Hörstener Straße werden wir uns mit aller Macht wehren.«

»Und ich wehre mich mit, lieber August Kalo. Was ich tun kann, werde ich tun«, versprach sie, »und jetzt gehe ich zu den Kindern. Die wollen etwas vom Herrn Jesus hören.« Schwester Gertrud wandte sich zum Gehen und meinte dabei wie beiläufig: »Der wird dich übrigens auch noch einholen, Kalo. Jesus liebt dich wie alle Zigeuner.«

Der »Bürgermeister« reagierte nicht auf diese liebevoll, aber deutlich nachgeschobenen Worte und wandte sich wieder seiner Beschäftigung zu.

In den nächsten Wochen bemühte sich Schwester Gertrud immer wieder, die Umsiedlung zu verhindern. Sie holte sich dafür auch offizielle Rückendeckung bei der Missionsleitung. Papiere mit Stempeln darauf wirkten schon immer besser als solche ohne Stempel und schwungvolle Unterschrift. Sie wurde mehrmals bei Ämtern vorstellig und begleitete auch den »Bürgermeister« mehrfach bei seinen vielen Behördengängen.

Am Ende hatten die Bemühungen Erfolg. Das Projekt Hörstener Straße wurde gestoppt. Was blieb, waren die grundsätzlichen Überlegungen zu einer Umsiedlung der Bewohner des Platzes. Über die konnte ohne besondere Aufregung nachgedacht werden, zumal die Sinti von der »Alten Fähre« in die Vorüberlegungen einbezogen wurden.

Schwester Gertrud hatte ihren Kopf wieder frei für ihre eigentliche Arbeit in der Hütte »Geborgenheit« und anderswo in und um Hamburg. Gott sei Dank!

# Es geschehen Wunder

In manchen Herzen war die Sehnsucht nach der Geborgenheit längst erwacht, von der der Name der Hütte sprach. Die inzwischen über viele Jahre von Schwester Gertrud und ihren Helferinnen und Helfern ausgestreute Saat begann zu keimen. Zwei Kinder gehörten zu den Ersten, bei denen kleine grüne Spitzen aufwachsender Frucht aus dem Boden schauten. Anni, Tochter des Kapellmeisters Kesa, und Kako, sein Neffe, hatten ihre neunjährigen Herzen schon dem Heiland geöffnet. Später kamen Wildo und Lolo dazu. Schnulla, Annis Mutter, folgte irgendwann ihrer Tochter, dazu das Mädchen Gina und auch Marta, die so häufig während der Freiluft-Kinderstunden hatte Wache stehen müssen und später lange Abschnitte der Bibel auswendig lernte, darunter auch den Psalm 119 mit seinen 176 Versen.

Die beiden Frauen waren die ersten Erwachsenen, die auf dem Platz an der »Alten Fähre« zum Glauben kamen. Andere, die es konnten, lasen inzwischen die Bibeln, die sie von Schwester Gertrud erhalten hatten. Wieder andere ließen sich von ihren Kindern aus Gottes Wort vorlesen. Manche von ihnen zunächst heimlich. Öffentlich zu lesen wäre ja schon ein Bekenntnis gewesen. Das ließ ihr angeborener Stolz noch nicht zu.

Zunächst blieb es bei den wenigen Frauen und den paar Kindern. Aber wenigstens sie wurden zu ersten Mitstreitern und Mitbetern aus dem Volk der Sinti auf diesem Platz. Die Missionarin war nicht mehr allein in ihrem Bemühen um das Heil ihrer Zigeuner.

Danach dauerte es ein paar Jahre, bis sich weitere Herzen dem Glauben öffneten. Dazu musste es aber wohl erst zu einer Katastrophe kommen.

Auch an anderen Orten und auf anderen Plätzen zeigten sich erste Reaktionen auf das missionarische Bemühen der eifrigen Missionarin. In Jenfeld zum Beispiel bekehrte sich als Erster ein junger Mann: Fredy Braun. Er brach mit seinem alten, zwielichtigen Leben und begann, das Evangelium zu lieben und zu leben. Große Teile der Bibel lernte er mit der Zeit auswendig. Bald öffnete er auch seinen Wagen für Bibelstunden, damit die Leute seines Volkes die Botschaft von der rettenden Liebe Gottes erfuhren. Zum 1. Mai 1963, zu Schwester Gertruds zehnjährigem Dienstjubiläum in Hamburg, schrieb er ihr in großer Liebe und Dankbarkeit mit ungelenker Hand ein Gedicht:

Zehn Jahre hast du treu gedient,
du kleines, frommes Gotteskind.
Wir haben es dir oft so schwer gemacht
und manchmal auch noch ausgelacht.

Du gingst nicht vorbei an den Zigeunerwagen,
du hast Schuld und Leid mit uns getragen.
Du hast uns Jesu nah' gebracht,
und wir haben dann nicht mehr gelacht.

Denn in harter Lager Pein
wurde unser Herz zu Stein.
Doch die Jesusflamme, die du trägst,
selbst das stärkste Herz zerschlägt.

Aus den schwarzen Augen rannen Tränen.
Wir empfanden heißes Sehnen
nach dem Heiland Jesus Christ,
der für uns gestorben ist.

Wir danken dem Herrn, dass er uns schenkt
Geschwister und Brüder
und sie singen mit uns die heiligen Lieder.
Dank sei Gott Vater, Sohn und Heiliger Geist,
der uns für ewig zusammenschweißt.

Bemerkenswert war auch die Geschichte von Lieschen und Sohni Weiß, die ihren Wohnwagen in der Clemens-Schultz-Straße nahe der Reeperbahn im Stadtteil St. Pauli stehen hatten. Hier auf dem Kiez waren die beiden auch besser zu Hause als bei ihrer Sippe an der »Alten Fähre«. Dort hätten sie wegen ihrer Lebensweise gar nicht hingepasst. Denn Sohni war einer, der mit Haut und Haar in die Kategorie »Gauner« hineinpasste.

Sein Lieschen hatte in ihrem Leben noch nie viel zu lachen gehabt, als Mädchen nicht und als Ehefrau und Mutter auch nicht. Als Neunjährige kam auch sie mit ihrer Mutter ins KZ, nachdem der Vater bereits nach Unbekannt abtransportiert worden war. Fünf grauenvolle Jahre verbrachten Mutter und Tochter in zwei Konzentrationslagern in Polen. Dort sah Lieschen ihre Mutter sterben. Sie selbst entkam dem Tod durch ein Wunder.

Eines Tages wurden Kinder wie Ware auf einen Lastwagen geworfen. Lieschen merkte, dass sie und die anderen Kinder umgebracht werden sollten, und versteckte sich unter einer Baracke. Die SS-Frau, die sie fand, brachte sie zum Laster und fragte nach ihrer Nationalität. Als sie erfuhr, dass Lieschen ein Zigeunermädchen war, ließ sie sie mit den fünf Zigeunerkindern, die schon auf dem Lastwagen waren, ins Lager zurückgehen: »Heute werden nur Judenkinder abtransportiert.«

Als Lieschen mit den übrig gebliebenen Gefangenen des NS-Staates endlich befreit wurde, war sie ein herzkrankes und nierengeschädigtes Mädchen, das nicht lesen und nicht schreiben konnte und in dem sich der Hass und die Verachtung ihrer Peiniger tief eingegraben hatte. Mit siebzehn Jahren heiratete sie ihren Sohni, der nicht viel älter war als sie und der gerade erst über die grüne Grenze aus der damaligen DDR in den Westen nach Hamburg gekommen war.

Bei ihrem Mann kam sie aus dem Regen in die Traufe. Sohnis »Beruf« waren Einbruch und Diebstahl, wo immer sich die Gelegenheit bot. Der junge Sinto war als Fassadenkletterer ein wahrer Meister. Und er konnte alles gebrauchen, was er in fremden Wohnungen fand und sich irgendwie zu Geld machen ließ. Hehler gab es auf dem Kiez genug. Die wachsende Familie lebte nicht schlecht. Sie hätte besser leben können, wenn der Ehemann und Familienvater nicht den größten Teil des Einkommens wieder versoffen hätte. Im Suff traktierte er dann häufig seine Frau und die Kinder mit den Fäusten. »Lustig ist das Zigeunerleben …«

Allerdings waren die Weißens ständig auf der Flucht vor der Polizei. Wenn Sohni wieder einmal erwischt wurde, ergab er sich selten kampflos. Er war ein starker Kerl und ein brutaler Schläger. Mancher Polizist bekam von ihm eins auf die Nase. Das brachte ihm dann immer zu den Anklagepunkten Diebstahl, Einbruchdiebstahl, Raub, schwerer Raub noch den des Widerstands gegen die Staatsgewalt und Körperverletzung oder gar schwere Körperverletzung ein. Sohni kannte viele Gefängnisse von innen. Er hatte immer wieder Gelegenheit, ein weiteres Semester »Knastologie« zu studieren.

Einmal gelang ihm der Ausbruch. Danach war er fünf Jahre lang als »ziehender Gauner« mit Pferd und Wagen, Frau und Kind in ganz Deutschland unterwegs. Wo immer er hinkam, hinterließ er die Spuren seiner Einbrüche und Diebestouren. In Braunschweig wurde er schließlich erwischt und verhaftet. Die folgende Anklage lautete auf 48 Einbrüche und, wie gehabt, auf schwere Körperverletzung. Zu seiner Verteidigung gab es wenig vorzutragen. Sein Verteidiger hatte keine Argumente gegen das Urteil: Drei Jahre Zuchthaus in der berüchtigten und gefürchteten Strafanstalt »Santa Fu« in Hamburg-Fulsbüttel.

Den Aufenthalt dort verlängerte sich Sohni durch sein schlagkräftiges Verhalten selbst um ein weiteres halbes Jahr. Erst dann konnte er sein Lieschen und seine Kinder wieder in die Arme schließen. Aber Santa Fu hatte ihn ein Stück weit geheilt. Er hatte die Nase voll. Seine Einbruchs- und Diebestouren ließ er künftig sein. Er suchte und fand Arbeit im Hafen und diente sich bald zum Vorarbeiter hoch. Nur das Saufen behielt er bei. Und dann wehe seinem Lieschen und den Kindern, wenn er nach dem Heuerempfang am Wochenende nach Hause kam, das heißt, wenn er den Wohnwagen auf St. Pauli überhaupt gefunden hatte … Allerdings rührte er das Haushaltsgeld nicht an, das seine Frau bekam. Vorsichtshalber steckte Sohni es immer in einen Schuh, damit er es nicht auch versaufen konnte. Sein Lieschen musste ihn und die Kinder ja versorgen können.

In seinem Wohnwagen auf dem kleinen Platz in St. Pauli tauchte eines Tages die Missionarin Gertrud Wehl auf, die den Zigeunern der Stadt das Wort Gottes bringen wollte. Nur Lieschen und die Kinder waren zu Hause. Die Kinder waren es gewesen, die Schwester Gertrud aufmerksam gemacht hatten, dass hier Zigeuner lebten. Den Kindern sollte die fremde Frau auch gerne biblische Geschichten erzählen. Das konnte wohl nicht schaden. Lieschen, gastfrei, wie Zigeuner sind, öffnete ihren Wagen also für die erste christliche Kinderstunde auf dem Kiez, die künftig regelmäßig von Schwester Gertrud oder von einer weiteren Mitarbeiterin der Mission, Margitta Hermann, oder von beiden gemeinsam gehalten wurde.

Ihrem Sohni gefiel das gar nicht. Die »Betschwestern und Himmelsziegen« mit ihrem frommen Geschwätz mochte er nicht leiden. Wenn er die im Wagen antraf, schimpfte er wie ein Rohrspatz, verzog sich schnellstens wieder in irgendeine Kneipe, um erst zurückzukommen, wenn die »Heiligen« endlich verschwunden waren.

Lieschen war in den Kinderstunden im Wagen mal dabei, mal nicht. Sie mochte dieses fromme Gerede eigentlich auch nicht hören. Sie musste halt wegen der Kinder in der Nähe bleiben. Als Katholikin fühlte Lieschen sich als fromme Sintiza, die regelmäßig betete, zu den Toten, zu den Heiligen, zu Bildern, zu Maria, zum Kreuz ... Wozu brauchte sie diesen Jesus, von dem die Missionarinnen redeten? Und doch ließ sich die Sintiza ab und zu in die Bibelstunde am Holstenwall einladen, aber nur, um dadurch ihrem Sohni und den wieder einmal katastrophalen Zuständen in ihrem Wohnwagen zu entgehen.

Dennoch, Gottes Wort begann in Lieschen zu arbeiten und versetzte sie in wachsende innere Unruhe. Es brauchte aber noch etwa anderthalb Jahre, bis endlich die Saat des Wortes Gottes aufging. Die Missionarinnen hatten in der Passionszeit den Kindern die Geschichte vom Leiden und Sterben Jesu am Kreuz auf der Flanelltafel sehr eindrücklich vor Augen geführt. Die junge Sintiza war wegen des schlechten Wetters zwangsweise dabei gewesen und hatte mithören müssen. Sie begann angesichts dieser Geschichte zu fragen, was denn nun eigentlich Sünde sei. Sie war doch ein guter Mensch, der in seinem ganzen noch jungen Leben kaum jemandem ein Leid zugefügt hatte, der aber großes Leid ertragen und geduldet hatte. Sie war doch eine treue Ehefrau, die ihrem Mann auch in schlimmsten Zeiten nicht davongelaufen war. Sie war doch eine Mutter, die ihre Kinder liebte und oft unter eigenem Verzicht versorgt hatte. Sie eine Sünderin?

Die Frage begann, sie umzutreiben, bis sie eines Tages mitten im Gewühl der Menschen auf der Seilerstrasse, einer Parallelstraße zur Reeperbahn, unter dieser Frage förmlich zusammenbrach. Sie ging in einer Hausecke mit Schwester Margitta, die längst auch ihre Seelsorgerin geworden war, auf die Knie und übergab ihr Leben dem Heiland der Welt: »Herr Jesus, vergib mir meine Schuld. Ich habe geglaubt, ich bin in Ordnung. Aber jetzt weiß ich: Ich bin eine große Sünderin. Ich habe alle Gebote übertreten. Rette mich, komm in mein Herz!«

Als die siebenundzwanzigjährige Sintiza sich vom Straßen-pflaster erhob, war sie eine andere, eine neue Kreatur. »Ist jemand in Christus, so ist er eine neue Kreatur, das Alte ist vergangen, siehe, Neues ist geworden.«

Aber wie würde ihr Mann auf ihre Bekehrung reagieren? Würde Sohni bereit sein, in einem Wagen mit einer frommen Frau zusammenzuleben, die sich mit den »Himmelsziegen« verbündet hatte? Würde er sie wieder verprügeln? »Lieber Herr Jesus, halte doch Sohnis Hände fest, damit er mir nichts tun kann! Du kannst das doch, du hast die Kraft«, betete Lieschen noch einmal mit ihrer Begleiterin.

Wenige Minuten später erfuhr sie, dass ihr neuer Herr und Heiland dieses Gebet bereits erhört hatte. Sohni begegnete seiner Frau erstaunlich friedlich, sogar ein wenig liebevoll. Das hatte Gott bewirkt, war Lieschen sich sicher. Und fortan betete sie darum, dass auch ihrem Mann die Augen geöffnet würden für seine Verlorenheit in der Sünde.

Und Sohni? Er war vor dem KZ verschont geblieben. Seine Mutter hatte ihn in Berlin zuweilen in den Kindergottesdienst geschickt, um vor dem wilden Jungen Ruhe zu haben. Dort hatte er als Kind das Lied »Gott ist die Liebe, er liebt auch mich« gelernt und auch das Beten. Das hatte er beibehalten, sogar auf seinen Diebestouren. »Klauen und Beten« war der Zweiertakt seines Lebens geworden. Und er hatte das immer in Ordnung gefunden. Dass seine Frau jetzt auch fromm geworden war, störte ihn wenig, ihre positive Veränderung gefiel ihm sogar. Dass sie sich unter großem Energieaufwand bemühte, die Bibel lesen zu lernen, beeindruckte ihn. Dass die »Betschwestern und Himmelsziegen« immer wieder in den Wagen kamen, störte ihn aber auch weiterhin, und er verzog sich meistens schnell.

Dennoch ließ er sich im März 1958 von Schwester Gertrud einladen, wenigstens einmal ins Gemeindehaus am Holstenwall mitzukommen. Dort hielt in diesen Tagen Major Thomas von den englischen Fackelträgern eine Evangelisation.

Sohni war inzwischen doch neugierig geworden, was denn am Evangelium eigentlich dran war, von dem die frommen Frauen in seinem Wagen immer wieder geredet hatten. Auch wenn er selbst nie richtig zugehört hatte. Er ging tatsächlich mit in das fromme Haus, aber er fühlte sich gar nicht wohl dabei.

An diesem Sonntag hörte der Sinto zum ersten Mal in seinem Leben die klare Botschaft von der Sünde des Menschen und ihrer Vergebung durch Jesus Christus. Sohni wurde von der Botschaft gepackt. Sie riss ihn förmlich vom Stuhl. Dieses Angebot der Liebe Gottes für solch einen Dreckskerl wie ihn? Keine Sünde, keine Schandtat, kein Verbrechen war so groß, dass es nicht durch das Blut Jesu vergeben werden würde? Wenn das wahr war, dann wollte er dieses Angebot unbedingt annehmen. Er wollte raus aus dem Sumpf seines Lebens, raus aus allem Dreck, raus aus dem Suff, aus allem Zwielichtigen, raus aus der Finsternis. Er wollte Licht, Licht für sein finsteres Leben.

Als am Ende seiner Predigt Major Thomas zur Entscheidung für ein Leben mit Jesus aufrief, sprang Sohni von seinem Sitz und rief laut durch den Saal: »Ich will den Herrn Jesus annehmen!« Er lief nach vorne, als ob es jetzt um Sekunden ginge, und fiel mit dem Prediger auf die Knie. In einem Übergabegebet lieferte er Jesus sein ganzes verpfuschtes, sündiges Leben aus und tauschte es ein gegen ein reines, neues, herrliches Leben.

Als Sohni später nach Hause kam, brauchte er seiner Frau gar nichts von dem Ereignis zu sagen. Sie sah es ihm beim Reinkommen schon an: »Du hast Jesus angenommen, ich sehe es, ich weiß es. Gott hat mein Gebet erhört. Halleluja!«

Ja, Gott hatte gründlich erhört und verändert. Es dauerte gar nicht lange, da wusste es der Kiez, da wussten es viele seiner Knastbrüder, da wussten es viele Leute seines Volkes: Sohni ist wie sein Lieschen ein Kind Gottes. Er ist ein ganz anderer geworden. Kein Suff mehr, keine fragwürdigen Touren mehr, keine Schlägereien. »Ist jemand in Christus …«

Selten war die Erneuerung eines Menschen so deutlich wie bei diesem Sinto, der in seinem kleinen Wohnwagen bald für seine Verwandten Bibelstunden anbot und später sogar selbst hielt.

Jahre später nahm Sohni die Bibelstunden mit in seine Wohnung nach Billstedt und führte sie dort weiter. Dabei wusste er immer, dass ein leerer Magen keine Ohren hat. Das hatte er bei Schwester Gertrud gelernt: Leibsorge und Seelsorge gehörten zusammen. Vor der Wortverkündigung gab es also immer erst ein gutes Abendessen für die manchmal zwanzig Gäste. Die Kosten dafür erarbeitete sich der fromme Sinto häufig über Doppelschichten an seinem Arbeitsplatz. Welch ein Zeugnis des ehemaligen Verbrechers, Säufers und Schlägers!

Später pflegte Sohni lange Zeit liebevoll sein schwer krankes Lieschen, bis sie zu ihrem Heiland heimgehen durfte. Und auch allein, und inzwischen selbst ein kranker Mann, ist Sohni immer noch unterwegs, um seinen ehemaligen Knastbrüdern und den Menschen seines Volkes weit über Hamburg hinaus das befreiende Evangelium von der Liebe Gottes in seinem Sohn Jesus Christus zu bringen. Wie viele Frauen und Männer seines Volkes in der Folgezeit durch sein Zeugnis zum Glauben kamen, weiß wahrscheinlich nur der Himmel.

Immer wenn Schwester Gertrud wieder einmal verzagt werden wollte, weil die Frucht ihrer Arbeit so lange auf sich warten ließ, weil es so viele Widerstände gab, weil das Misstrauen der Leute nicht aufhören wollte, weil die Gleichgültigkeit immer noch Macht hatte, weil die Finsternis stärker zu sein schien als das Licht, weil ..., stellte sie sich selbst Sohni und sein Lieschen vor Augen und das Wunder, das Gott an den beiden Menschen getan hatte. Dann festigte sich die Gewissheit wieder, dass er weitere ähnliche Wunder tun würde.

## Die große Flut

Mit viel Liebe und Fantasie hatten Schwester Gertrud und die anderen Missionarinnen, Maria Mötzing, Maria Bergner und Alice Ludwig, die die Mission für Süd-Ost-Europa zu ihrer Unterstützung inzwischen nach Hamburg geschickt hatte, sich bei immer neuen Gelegenheiten bemüht, die Herzen der kleinen und großen Sinti für das Evangelium zu öffnen. Seit die Wohnung in der Schmilinskystraße zur Verfügung stand, gab es immer wieder Tee-Nachmittage und fröhliche Abende für die Zigeuner von den verschiedenen Orten und Plätzen und für deutsche Freunde aus den verschiedenen Gemeinden, immer unter dem Motto: »Wer liebt, wird Liebe haben – Wer schenkt, wird reich sein.«

*Hamburg, Schmilinskystraße 30*

Natürlich wurde das Zusammensein der jungen und älteren Sinti mit den Chale nicht nur mit Kuchen und Kakao gefüllt, sondern immer auch mit Liedern, Chorussen und biblischer Botschaft.

Schwester Gertrud hatte auch immer wieder Busse gemietet, hatte die Kinder dann an den Plätzen abgeholt und war mit ihnen zu irgendeinem schönen Ziel über Land gefahren. Sie hatte ihre kleinen Freunde auch in den Zug gesetzt, um ihnen einen schönen Ausflugstag zu gestalten. Sie hatte mit ihnen Bootsfahrten auf der Alster, im Hafen und auf der Elbe gemacht, Hagenbecks Tierpark besucht und ungezählte andere Dinge veranstaltet.

Die Eltern und Großeltern hatten gegen solche Aktionen nie Einwände gehabt, aber sie hatten natürlich immer ein paar Mütter mitgeschickt. Die mussten doch aufpassen, dass keins von ihren Kleinen verloren ging. Dabei hörten diese Frauen dann auch immer wieder die biblische Botschaft, mit der sie sich auseinander setzen mussten. Gottes Wort kam nicht leer zurück!

Dass sie alle Wege mit Bahn und Bus und auf den eigenen Füßen zurücklegen musste, wurde für Schwester Gertrud mit der Zeit immer lästiger. Wie viel Zeit ging dabei für die Arbeit verloren! Ein Auto müsste herbei, ging es ihr immer wieder durch den Sinn, und sie machte dieses Anliegen zu ihrem häufig wiederholten Gebet.

Zunächst musste sie freilich die Ausbildung und die Prüfung für den Führerschein hinter sich bringen. Aber erstens kostete das auch wieder Zeit, und zweitens kostete das Geld. Drittens würde ein Auto wohl auch nicht gerade als Geschenk vom Himmel fallen.

Aber gerade in diesen Überlegungen täuschte sich die Missionarin. Wie so oft erfuhr sie auch darin die Vorsorge Gottes.

Eines Tages ließ Pastor Hausen aus Wankendorf, einem Dorf am Westrand der Holsteinischen Schweiz, ihr seinen gut erhaltenen Volkswagen vors Haus stellen. Er habe sich ein neues Auto gekauft, und sie solle doch nicht mehr länger auf öffentliche Verkehrsmittel angewiesen sein. Jetzt war zwar ein Auto da, aber noch keine Fahrerlaubnis.

Wenig später drückte ihr eine Frau Wendt einen Umschlag in die Hand mit der Bemerkung: »Schwester Gertrud, Sie verbrauchen zu viel Zeit für Ihre vielen Wege. Sie sollten den Führerschein machen. Ich habe den Eindruck, ich sollte Ihnen die Ausbildung bezahlen. Bitte nehmen Sie das Geld.« Mit großer Dankbarkeit für diese unerwartete Hilfe der Spenderin und mit größerem Dank an Gott nahm die Missionarin den Umschlag an.

Da war also tatsächlich beides, Führerschein und Auto, wie ein Geschenk im Doppelpack vom Himmel gefallen. Gott hatte schneller erhört und gehandelt bzw. handeln lassen, als Schwester Gertrud es erwartet hatte.

Jetzt musste sie sich natürlich der Aufgabe stellen, möglichst bald Autofahren zu lernen. Sie tat es mit dem ihr eigenen Elan. Dank ihres Lerneifers in Theorie und Praxis konnte sie sich einige Wochen später ans Steuer ihres VW setzen und war dadurch jetzt wesentlich beweglicher. Herrlich, die Wegverkürzung und die Zeitvermehrung durch den netten Käfer, in den sie sich immer wieder Kinder zur Mitfahrt einladen konnte und mit dem sie fortan auch die eine oder andere Sintiza zu irgendeinem Bibelstundenort mitnehmen konnte. Gott, wie bist du groß!

Fortan brauchte sich die Missionarin übrigens kaum um neue Fahrzeuge zu kümmern, wenn das jeweils alte nicht mehr wollte oder konnte. Die Hilfe irgendwelcher ferner und naher Freunde für ein Ersatzfahrzeug war immer rechtzeitig da.

Am frühen Morgen des 17. Februar 1962, einem Samstag, wurde Schwester Gertrud sehr früh von Sohni Weiß aus dem Bett geklingelt. »Schwester Gertrud, du musst rasch aufstehen. Du musst mitkommen. Die Elbe ist über die Ufer. Die ›Alte Fähre‹ ist untergegangen.«

Die Missionarin erschrak bis ins Mark. Die »Alte Fähre« untergegangen? Das konnte doch wohl nicht wahr sein! Erst jetzt bemerkte sie, dass es draußen heftigst stürmte. Sie schaltete das Radio ein und hörte mit Sohni zusammen die Nachrichten von den schrecklichen Ereignissen der vergangenen Nacht: Eine schwere Sturmflut mit orkanartigen Winden hatte seit etwa Mitternacht die Wasser der Elbe landeinwärts gedrückt und viele Deiche bersten lassen. Breite Landstriche an der Unterelbe seien überschwemmt. In den Hamburger Stadtteilen Moorburg, Moorfleet, Finkenwerder und Wilhelmsburg stünden ganze Straßenzüge unter Wasser, und die unteren Stockwerke vieler Häuser seien überflutet. Die ersten Opfer seien zu beklagen. Die Stromversorgung sei zusammengebrochen. Polizei, Technisches Hilfswerk, Feuerwehr, Rotes Kreuz, Einheiten der Bundeswehr und andere Hilfsorganisationen seien schon seit Stunden im Einsatz, um zu retten, was noch zu retten sei, und um zu helfen, wo es eben ging. Ironie des Schicksals: Das Orkantief von Island her hieß »Vincinette«. Das hieß die »Siegreiche«.

Die Chali und der Sinto gerieten in Panik. »Junge, wir müssen beten und dann werden wir fahren. Wir müssen sehen, was mit dem Platz ist und was mit unseren Lieben ist.« Die beiden knieten für ein paar Minuten und beteten um die Rettung und Bewahrung des Platzes und seiner Bewohner. Dann machten sie sich in Regenkleidung und gummistiefelbewehrt auf den ungewissen Weg, um möglichst bald nach Wilhelmsburg zu kommen.

Das war freilich auch ein vergebliches Unterfangen. Nicht weil der rasende und tosende Sturm und der peitschende Regen an ihrem Käfer rüttelten. Die Wassermassen in den Straßen des Stadtteils hielten sie auf. Sie mussten den VW bald an einem sicheren Platz stehen lassen, um möglichst in ein Boot umzusteigen. Aber woher sollten sie ein solches Gefährt bekommen? In der Innenstadt gab es doch gar keine freien Boote mehr. Die waren alle irgendwie im Rettungseinsatz. Es gab so einfach kein Weiterkommen.

Die Sorge um die Leute auf dem Platz brachte die beiden Menschen schier um. Schwester Gertrud und Sohni versuchten, auf anderen Wegen voranzukommen. Aber überall dasselbe: Wasser, Wasser und wieder brodelndes, aufgepeitschtes Wasser, auf dem eine Menge Zeug herumschwamm, das von den Fluten irgendwo losgerissen worden war. Immer wieder Schlauchboote, Motorboote und Kähne mit Helfern, die einzelne stehende und schwimmende Häuser anfuhren und ihre menschlichen und tierischen Bewohner aufnahmen, um sie in Sicherheit zu bringen. Andere suchten wohl auch nach Opfern und fanden auch welche. In der Luft überdröhnten Hubschrauber das Sturmgeheul. Ihre Besatzungen versuchten, Leute von hoch gelegenen Balkonen und von Dächern aufzunehmen oder auch Eingeschlossene mit Lebensmitteln zu versorgen. Eine schlimme und irgendwie gespenstische Szene.

Für die beiden Missionsleute gab es auch auf Nebenwegen kein Durchkommen. Sie mussten ihre Versuche, den Platz an der »Alten Fähre« irgendwie zu erreichen, für heute aufgeben.

Müde, traurig, enttäuscht und niedergeschlagen kehrten Schwester Gertrud und Sohni schließlich in die Schmilinskystraße zurück. Unterwegs fiel ihnen zu allem Schreck noch die Überschrift einer Zeitung in die Augen: »Sturmflut – Zigeunerlager fortgeschwemmt.«

Das durfte doch nicht wahr sein! Das war doch wohl hoffentlich eine Ente, wenngleich eine sehr makabre. Dass sie diese Überschrift auch noch lesen mussten! Die Nachricht vermochte nicht, ihre Niedergeschlagenheit aufzuhellen. Aber sie trieb die beiden noch einmal ins Gebet.

Danach schickte sich Sohni zum Gehen an. »Vielleicht ist die Meldung ja doch falsch, Schwester Gertrud«, versuchte er seine Missionarin ein wenig zu trösten. Er spürte deutlich, wie diese Frau litt. »Gott kann doch Wasserfluten bändigen und aufhalten, wie damals bei Mose. Oder kann er das heute nicht mehr?«

»Er kann es, Sohni, er kann. Aber ob er es immer tut, wenn es uns recht ist?«, gab die Missionarin zurück. Ihre Stimme klang belegt.

Schwester Gertrud fühlte sich entsetzlich müde und innerlich völlig leer. Sie hatte das Empfinden, dass ihre Beine sie nicht mehr tragen wollten. Sie musste sich setzen. Am Tisch nahm sie ihren Kopf zwischen die Hände und schloss die Augen. Herr, was machst du hier? Warum dieses Unwetter? Weshalb müssen Menschen mit Leib und Leben, mit Hab und Gut in solche Not geraten? Weshalb? Wozu diese Flut? Was ist mit unseren Sinti? »Mandrenke – Zigeunerlager fortgeschwemmt.« Der Platz an der »Alten Fähre« fortgeschwemmt, womöglich mit Menschen, Vieh und allen Wagen und Hütten? Schwester Gertrud schüttelte sich vor Entsetzen bei diesem Gedanken. Kleinmut wollte sich ihrer bemächtigen.

Sie registrierte es kaum, dass Sohni sich verabschiedete: »Wenn es geht, bin ich morgen Früh wieder da, Schwester Gertrud. Vielleicht kommen wir dann durch. Gott macht es möglich.«

»Wir beten weiter, Sohni. Danke für deine Hilfe«, gab sie müde zurück, ohne den Kopf zu heben.

Dann riss sich die Missionarin doch wieder zusammen und versuchte per Telefon, bei der Polizei, den Rettungsdiensten und anderen Stellen irgendwelche Informationen über die Zustände auf dem Platz zu erhalten. Sie bekam keine verwertbaren Nachrichten. Entweder war die Leitung tot, oder sie erreichte niemanden, oder ihre Gesprächspartner wussten auch nichts Genaues. Also warten und beten, zittern und bangen, beten und warten …

Schwester Gertrud konnte sich nicht erinnern, jemals in einer solchen Spannung gewesen zu sein. –

Nach einer unruhigen Nacht mit wenig Schlaf und viel Gebet machte sie sich ohne Sohni, aber dafür mit Frau Moormann, einer Fürsorgerin, die sich für die Stadt um die Zigeuner in Wilhelmsburg kümmerte, wieder auf den Weg. Es war Sonntag, Tag des Herrn. In den tief gelegenen Stadtteilen tobte die Hölle. Dennoch: Die Losung des Tages gab Schwester Gertrud und ihrer Begleiterin Zuversicht. Sie hatten noch einmal gemeinsam die Prophetie des Jesaja gelesen: »Der Herr macht im Meer einen Weg und in starken Wassern Bahn.«

Wenn das keine Verheißung war! Die musste für diesen Tag einfach wörtlich genommen werden. Schwester Gertrud war sich sicher, dass sie heute an ihr Ziel kommen würden. Gott würde in den Wassern Bahn machen. Gott war größer als diese Katastrophe. Er war und ist größer als alles.

Der Sturm war über Nacht wesentlich schwächer geworden. Von oben her war es trocken, als die beiden in ihr Auto stiegen und losfuhren. Am Bahnhof Veddel wurden sie von der Polizei aber schon wieder aufgehalten. »Hier kommen Sie nicht weiter. Kehren Sie um!«, wurden sie angewiesen. Schwester Gertrud konnte den Beamten dennoch dazu bewegen, sie noch ein Stück weiterfahren zu lassen. An der »Wassergrenze« stellten sie den Wagen ab und gingen zu Fuß weiter. Dass ihnen das Wasser zuweilen in die Stiefel lief und sie nasse Füße bekamen, störte sie nicht. Sie kletterten auf den Bahndamm, um eine bessere Übersicht zu haben.

Was sie von hier oben zu sehen bekamen, ließ ihren Atem stocken: Wasser, nichts wie Wasser. Schreckliche Bilder von Zerstörungen, die die Fluten angerichtet hatten. Überall schwimmender Unrat und treibende Trümmer und dazwischen einzelne Tierkadaver und – wie furchtbar und entsetzlich – ums Leben gekommene Bewohner des Stadtteils. Aber auch überall Boote der Bundeswehr, der Feuerwehr und anderer Hilfskräfte. Hier wurde jemand aufgenommen, dort bekam jemand irgendwelche Hilfsgüter gereicht. Hier wurde ein Flutopfer geborgen, dort ein anderes. Wie viele Opfer hatte diese Flut wohl gefordert? Schlimm, das alles! O Herr, warum und wozu?

Und was war mit den Leuten von der »Alten Fähre«? Wenn doch von irgendwoher ein Signal käme, ob die schlimme Zeitungsnachricht von gestern stimmte oder vielleicht doch eine Falschmeldung war!

Schwester Gertrud begab sich mit Frau Moormann zurück zu ihrem Wagen. Es gab von hier aus keine Möglichkeit, in die Nähe des Platzes zu kommen. Sie mussten es auch heute auf anderen Wegen und Straßen versuchen. Auf Wegen und Straßen? Die waren doch alle in den Fluten versunken. Dennoch, wer nicht versucht, hat keinen Erfolg. Gottes Verheißung für den Tag galt. Er würde in den starken Wassern Bahn machen und einen Weg zeigen.

Auf dem Rückweg zum Auto holten die beiden einen alten Mann ein. Er machte einen zerbrochenen und hilfsbedürftigen Eindruck. Für den Moment vergaß Schwester Gertrud den Grund ihres Hierseins und sprach ihn an: »Kann ich Ihnen helfen?«

»Wie wollen Sie mir denn helfen?«, gab der Mann ungläubig und müde zurück. »Ich wollte nach Hause. War auf dem Bahndamm. Hatte gehofft, von hier in meine Wohnung zu kommen. Aber es geht nicht.«

»Kennen Sie denn einen anderen Weg?«

»Es geht vielleicht über die Ernst-August-Schleuse. Ich würde es gerne dort versuchen. Aber das ist weit für mich.«

»Kommen Sie mit uns. Wir fahren Sie hin. Wir möchten auch gerne nach Wilhelmsburg hinein«, bot die Missionarin dem alten Herrn an. Der stieg gerne mit in den VW und ließ sich ein paar tröstliche Worte sagen.

Zu dritt ging es dann hinüber zum angegebenen Platz. An der Ernst-August-Schleuse konnten sie ihr Fahrzeug auf trockenem Grund parken und zu Fuß weitergehen. Überall das gleiche Bild: Wasser, so weit das Auge blicken konnte. Und immer wieder Rettungsboote, Menschen, Zerstörungen, Schäden und auch immer wieder Opfer. Herr, erbarme dich!

Der alte Herr bedankte sich und suchte sich einen Weg zu seinem Zuhause. Schwester Gertrud und die Fürsorgerin fanden ihren Weg über trockenen Boden auf erhalten gebliebenen Deichen, auf angelegten Stegen und immer wieder durch Wasser. Es gelang ihnen, unter vielem Hin und Her und Rauf und Runter, sich bis zur Kornweide durchzuschlagen. Jetzt war der Platz nicht mehr weit.

Es war inzwischen Mittag geworden, als sie den Platz vor Augen hatten. In der Senke vor dem Deich, in der sich die Fabrik Krebs befand, stand relativ wenig Wasser. Dort kamen sie leicht durch. Das Wasser lief ihnen höchstens wieder in die Stiefel, und sie bekamen einmal mehr nasse Füße. Was machte das schon? Die waren doch sowieso schon lange nicht mehr trocken.

Jedenfalls stand das Wasser auf der Innenseite des Deiches nicht bis an die Krone. Also konnte es möglich sein, dass … Schwester Gertrud und Frau Moormann begannen zu laufen, so schnell es das Wasser in den Stiefeln und drum herum zuließ. Die Spannung, was sie dort auf der Deichkrone vorfinden würden, trieb sie vorwärts.

Und dann standen die beiden auf dem Wohnwagenplatz auf der Deichkrone und trauten ihren Augen und Ohren nicht. Im Nu waren sie umringt von jubelnden und jauchzenden Müttern und Kindern. Sie lagen sich in den Armen und weinten miteinander.

»Tante Gertrud, Tante Gertrud, wie schön, dass du kommst! Wir sind alle wieder hier. Und keinem ist was passiert.«

Das konnte doch nicht wahr sein!? War das eine Fata Morgana? Träumten sie? Schwester Gertrud und Frau Moormann rieben sich die Augen. Der Platz lag tatsächlich vollständig im Trockenen! Der ganze Platz lag trocken! Genau hinter dem Wohnwagenplatz begann die ruhig stehende Wasserwüste, die sich weit in den Hafen und in den Stadtteil Wilhelmsburg hinein fortsetzte. Die Baumkronen der tiefer stehenden Weiden schauten wie Besen heraus und bewegten sich kaum im nur noch flau wirkenden Wind.

Die Wagen und Hütten hier oben standen alle an ihren Plätzen, und keine Behausung schien beschädigt. Die Hütte »Geborgenheit« stand völlig unversehrt an ihrem Platz. Pferde, Schafe und Hühner liefen herum, als wäre es ein ganz normaler Tag. Eine Meute großer und kleiner gesunder und unversehrter Zigeunerkinder hing ihnen beiden an den Kleidern. Ihre Mütter kamen lachend oder auch vor Freude weinend und winkend auf sie zu. Die Männer gingen wie auf einem Kontrollgang in Gruppen von Wagen zu Wagen, von Hütte zu Hütte, umsprungen von ihren freudig kläffenden Hunden. Hier streichelte ein Sinto ein Pferd, dort kraulte ein anderer ein Schaf.

Das war einfach nicht zu fassen, was Gott hier getan hatte! Dafür konnte es nur ein einziges Wort als Erklärung geben: Wunder! Hier hatte Gott ein Wunder getan, ein großes Wunder! Unbegreiflich! Einfach unbegreiflich!

Schwester Gertrud konnte bald die Leute nicht mehr erkennen, die ihr die Hände reichten und ihr nacheinander um den Hals fielen. Tränen der Freude verschleierten ihr den Blick, die Stimme versagte ihr. Gott, wie bist du so groß! Halleluja!

Sie brauchte einige Minuten, um die Situation auf dem Platz zu realisieren. Erst dann konnte sie die vielen Hände bewusst drücken und die vielen Freudenumarmungen recht erwidern. Ganze Stadtteile von Hamburg standen unter Wasser, ein Sechstel des Stadtgebietes, und der Platz der Zigeuner lag trocken und war bewahrt geblieben! Wer konnte das fassen? – *Sturmflut* – viele Menschen in den tiefer gelegenen Straßen hinter den an 60 Stellen gebrochenen Deichen waren umgekommen, und die hier oben durften alle leben und waren alle unversehrt. Nicht einmal ein Schnupfen oder ein Husten schien sich bei jemandem eingestellt zu haben. Einfach unbegreiflich, das Ganze! Einfach unbegreiflich!

Wie würden die Sinti wohl auf dieses offenkundige Wunder Gottes reagieren? Würden sie es in ihrer stolzen Art als ein Stück Wiedergutmachung für vielfach erlittenes Leid empfinden? Würden sie es nach ein paar Tagen wegstecken unter dem Motto »Noch mal Schwein gehabt«? Oder würden sie es als Reden Gottes erkennen, auf das sie eine Antwort schuldig waren?

Diese Gedanken gingen der Missionarin für ein paar Augenblicke durch den Kopf. Sie hatte gar nicht recht gemerkt, dass Frau Moormann sich verabschiedet hatte. Aber dann wollte Schwester Gertrud doch auch wissen, wie denn die letzten beiden Tage für ihre Leute abgelaufen waren. Sie waren doch bei dem Sturm sicher nicht hier auf der Deichkrone geblieben.

»Kommt, wir setzen uns in die Hütte und ihr erzählt mir, was alles passiert ist. Hier ist es doch noch immer sehr windig«, forderte die Missionarin die Frauen und Kinder auf, die um sie herumstanden und sich immer wieder in ausgelassener Dankbarkeit in die Arme fielen.

Gesagt, getan. In der Hütte erfuhr Schwester Gertrud dann die erstaunliche Geschichte von der wunderbaren Bewahrung der Leute von der »Alten Fähre«.

Schon in den Zehn-Uhr-Nachrichten des 16. Februars hatte der Rundfunk eine Hochwassermeldung weitergegeben: »Von Island her bewegt sich das Sturmtief ›Vincinette‹ mit orkanartigen Böen über die Nordsee auf das Festland zu. Die Windgeschwindigkeiten können 160 Kilometer pro Stunde erreichen. Für die gesamte Nordseeküste besteht die Gefahr einer schweren Sturmflut. Nach Mitteilung des Deutschen Hydrographischen Instituts Hamburg wird das Nachmittagshochwasser in der Deutschen Bucht und der Unterelbe um voraussichtlich 2,5 bis 3 Meter höher eintreffen als das mittlere Hochwasser.«

Da es noch kaum ein Radio in den Wohnungen auf dem Zigeunerplatz gab, hatte niemand diese stündlich wiederholte Meldung gehört. Dass es an der »Alten Fähre« immer wieder einmal heftig wehte und stürmte, war den Sinti nichts Neues. Und dass das Wasser der Elbe auch gelegentlich der Deichkrone etwas näher kam, hatten sie auch schon häufig erlebt. Das waren sie auf ihrem Platz auf der Deichhöhe gewohnt. Wenn es draußen ungemütlich wurde, nahmen sie Bewegliches mit hinein oder banden es fest und hielten sich selbst eben in ihren Wagen und Hütten auf.

Dann hörte gegen Abend doch einer die Unwetterwarnung: »Der orkanartige Sturm ›Vincinette‹ drückt das Nordseewasser weiter in die Elbmündung hinein und verhindert heute Abend das Niedrigwasser. Auflaufendes Wasser der Elbe erhöht die Gefahr. Von der Unterelbe ist der Bruch des Oste-Deichs zu melden. Etwa 1000 Hektar Land stehen bereits unter Wasser. Die ersten Opfer sind zu beklagen. Nach letzten Berechnungen der Experten in der Bernhard-Nocht-Straße wird die erwartete Flut den bisher höchsten Stand aus dem Jahr 1825 wesentlich übersteigen. Es besteht die Gefahr, dass einzelne Deiche im Stadtbereich Hamburgs dem Wasserdruck nicht standhalten. Bewohner der tiefer liegenden Stadtteile Moorburg, Moorfleet, Finkenwerder und Wilhelmsburg werden dringend aufgefordert, entsprechende Vorkehrungen zu treffen. Innensenator Helmut Schmidt hat für Polizei, Feuerwehr, Rotes Kreuz und Technisches Hilfswerk Alarmstufe 3 angeordnet.«

In panischem Schrecken kämpfte sich der Sinto gegen Sturm, Regen und Dunkelheit hinüber zum Wagen des »Bürgermeisters« August Kalo Weiß, um ihn zu informieren. »Kalo, die Flut wird uns vom Platz wegschwemmen. Das Radio tut eine Sturmflut melden. Was machen wir nur?«

»Ruhe bewahren und erst mal bei der Polizei anrufen, was los ist«, gab sich der Mann äußerlich ruhig und besonnen.

Die Verbindung zur Polizeistation Wilhelmsburg war schnell hergestellt. Der Beamte am anderen Ende reagierte entsetzt: »Leute, ihr seid noch auf dem Platz? Ist das die Möglichkeit? Ihr müsst schnellstens zusehen, dass ihr euch in Sicherheit bringt. Sonst sauft ihr uns alle noch ab.«

»Wohin sollen wir?«, fragte Kalo zurück, äußerlich immer noch ruhig, aber innerlich aufs Höchste alarmiert.

»Versucht, die Schule am Kurdamm zu erreichen. Dort seid ihr sicher. Die Straßen dorthin sind noch frei.«

Der »Bürgermeister« bedankte sich, lief hinaus und gab in allen Ecken des Platzes sofort lautstark die Anweisung an seine Leute, unverzüglich aufzubrechen. Im Nu wurde es sehr lebendig auf dem dunklen Platz. Panikartig verließen die Bewohner an der »Alten Fähre« ihre Wohnungen. In das Geheul des Sturmes mischten sich Kommandorufe der Männer und das Geschrei der Mütter, der Kinder und der neun Säuglinge, die aus dem Schlaf gerissen werden mussten. Jeder wollte, sollte und musste ja auch einen Platz in den wenigen verfügbaren Autos haben. In der Finsternis des stürmischen Abends eine schwierige Sache. Erst als die ersten Autoscheinwerfer aufleuchteten und den Platz an verschiedenen Stellen ausleuchteten, verlief der Aufbruch besser.

»Frauen, Kinder und Kranke zuerst!«, ordnete der »Bürgermeister« an. Der letzte Teil der Anordnung bezog sich wohl auf Mutschi, die mit ihrem Gipsbein und den anderen Verletzungen, die sie vor kurzem bei einem Autounfall erlitten hatte, natürlich auch mitmusste. Es wurde eng in den einzelnen Fahrzeugen. Kalo selbst verließ den Platz erst mit dem letzten Auto, nachdem er sich vergewissert hatte, dass niemand zurückgeblieben war. Außer den Tieren. Aber die konnten leider nicht mitgenommen werden. Das arme Vieh. Hoffentlich … Aber jetzt waren die Menschen wichtiger. Die mussten gerettet werden, wenn das denn noch möglich war.

Jetzt wurde es auch zeitlich eng. Drei Kilometer waren ein langer Weg bis zur Schule am Kurdamm, und es ging bereits durch Wasser, das offenbar von unten aus der Kanalisation drückte. Das urplötzlich und mit solcher Macht, dass die letzten Autos den Schulhof nicht mehr erreichten. Sie mussten bereits um hoch gesprungene Kanaldeckel Slalom fahren und blieben schließlich doch stecken. Ihre Insassen mussten das letzte Stück Weg durchs Wasser zur Schule waten. Das Licht im Gebäude brannte noch und wies ihnen den Weg. Zusätzlich kam jetzt auch aus allen Ecken das Wasser in die Straße geströmt. Wo es herkam, war in der Dunkelheit nicht zu sehen. Irgendwo mussten wohl die Deiche gebrochen sein.

In der Schule atmeten die weit mehr als 100 Personen erst einmal auf. Hier waren sie wohl in Sicherheit. Doch nicht sehr lange. Das Wasser stieg unaufhörlich, drückte die Kellerfenster der Schule ein und drang auch bald ins Innere des Gebäudes. Es stieg draußen und drinnen weiter und erfasste auch das Erdgeschoss. Die verschreckten Sinti mussten in den oberen Stock ausweichen.

Dann fiel der Strom aus und damit Licht und Heizung. Es herrschte absolute Finsternis in dem Gebäude, und es wurde lausig kalt. In ihrer Panik hatte natürlich niemand daran gedacht, Decken und Kerzen mitzunehmen. Auch war es niemandem in den Sinn gekommen, Verpflegung mitzunehmen, die sie ja wohl alle brauchen würden. Vor allem die Kinder begannen bald, ihren Hunger anzumelden.

Es wurde eine schlimme Nacht in der Schule mit dem merkwürdigen Namen »Licht Liebe Leben«. Nur wenige Sinti vermochten zu schlafen. Panische Angst und tiefes Entsetzen machten sich breit.

Es wurde Morgen, Samstagmorgen. Es wurde hell, so dass auch die Flüchtlinge in der Schule das Ausmaß der Katastrophe sichtbar vor Augen hatten. Schulhof und Straße und anliegende Grundstücke standen tief unter Wasser. Unrat aller Art schwamm herum, abgerissene Äste, ganze Bäume, Hausteile und sogar ganze Häuschen aus den Kleingartenkolonien. Nur noch wenige ihrer Fahrzeuge schauten mit den Dächern aus den Fluten. Die anderen waren ganz verschwunden. Boote mit Hilfskräften waren unterwegs, Menschen von den Dächern ihrer schwimmenden Häuschen aufzunehmen, andere in ihren höher gelegenen Stockwerken zu versorgen, zu helfen, wo es notwendig und möglich war.

Aber die Menschen in der Schule wurden von ihnen nicht gesehen und beachtet. Ihr Rufen und Schreien wurde nicht gehört.

Es ging unter im Brodeln der Wasser und im Tosen des Sturmes. Die Ärmsten blieben unentdeckt. Und die Not wuchs von Stunde zu Stunde, vor allem die körperliche und damit die Angst um Leib und Leben. Die Kälte war den alten und jungen Sinti längst tief in die Knochen gestiegen. Sie vermochten kaum, sich ein wenig gegenseitig zu wärmen. Den Hunger konnten die Älteren wohl beherrschen. Den Jüngeren fiel das schon schwerer. Die vor Kälte und Hunger unaufhörlich schreienden Kleinkinder waren schließlich nicht mehr zu beruhigen.

Aber woher etwas für sie nehmen? Auf der anderen Straßenseite gab es ein Geschäft, das ebenfalls mit seinem Untergeschoss im Wasser stand. Ein paar jugendliche Sinti wagten sich watend und schwimmend durch die brodelnde Flut nach drüben, um hoffentlich wenigstens ein paar Tüten Milch für die Kleinsten zu bekommen. Das Unternehmen gelang, aber was sie von dem freundlichen Kaufmann bekamen und herüberbringen konnten, reichte nicht weit. Warum nur kam keine Hilfe? Warum nur fuhren die Hilfsboote alle vorbei?

Der Tag verging, ohne dass die Eingeschlossenen in ihrem Gefängnis entdeckt worden wären. Die Polizei hätte doch wissen müssen, dass sie hier waren. Sie hatte sie doch hierher geschickt. Warum hatte man sie vergessen?

Die Verzweiflung im Schulgebäude wuchs mit der wachsenden Dunkelheit des Samstagabends und nahm schließlich überhand. Die meisten Frauen schrien und weinten, die Männer fluchten oder schimpften durcheinander, wenige saßen apathisch auf dem Boden und stierten aus hohlen Augen ins Nichts. Was half es? Dadurch kam keine Hilfe, und ihre Lage wurde nicht besser.

Aber die Not machte einer der Frauen Mut, das elende und schier unerträgliche Verzweiflungsgeschrei zu übertönen. Schnulla, die Frau von Kesa, dem Kapellmeister des »Charlos-Weiß-Orchesters«, hatte in ihrer Ecke immer wieder still für sich gebetet und zum Vater im Himmel gefleht, er möge doch Hilfe schicken. Marta hatte sich zu ihr gehockt. Das Beten hatten sie doch bei Schwester Gertrud vor einiger Zeit gelernt.

Jetzt fasste Schnulla Mut und rief ihren Leuten zu: »Was schreit und flucht und schimpft ihr hier rum? Das hilft nicht. Betet! Betet doch zu Jesus Christus! Es wird sich zeigen, ob das wahr ist, was Schwester Gertrud uns immer wieder gesagt hat und was ihr immer nicht hören wolltet.«

Tatsächlich wurde es augenblicklich still in dem Klassenraum, und Schnulla begann, laut den Heiland Jesus Christus anzurufen und um Rettung zu beten. Marta tat es ihr nach. Andere, die bis zu diesem Augenblick nie gebetet hatten, wenigstens nicht laut und noch weniger öffentlich, folgten, ungeübt wie sie waren. Einige legten in ihren Gebeten sogar Gelübde ab: »Herr Jesus, wenn du uns hier rausholst, will ich dir mein Leben geben.« »Herr Jesus, wenn du uns rettest, will ich dir gehören.« »Jesus Christus, wenn du uns die Hilfe schickst, dann weiß ich, dass es dich wirklich gibt, und dann will ich dir in Zukunft dienen.« Die erste Sinti-Gebetsstunde, und das unter solchen Bedingungen!

Während die Leute noch beteten, stellte sich Nenne, der Onkel von Kako, mit seiner Taschenlampe wieder zur Straße hin ins geöffnete Fenster, wo er schon öfters gestanden hatte, und gab immer wieder Blinkzeichen in die Dunkelheit. Doch die Boote drüben, wo die Straße unter dem Wasser verlief, fuhren vorbei wie bisher. Ihre Besatzungen hörten auch nicht die lauten Hilferufe. Die waren wohl auch wegen der Motorgeräusche ihrer eigenen Fahrzeuge und wegen des immer noch um die Häuser tosenden Sturmes gar nicht zu hören.

Nennes Bemühen schien auch diesmal wieder vergeblich. Bald heulte draußen wieder nur der Sturm und die Wasser rauschten.

Der Sinto wollte sein Blinken schon aufgeben, als er noch einmal Motorengeräusch zu hören glaubte und einen Scheinwerfer auftauchen sah. Er blinkte wieder hinüber und rief laut in die Dunkelheit um Hilfe. Andere taten es ihm gleich, während hinter ihnen weiter gebetet wurde.

Und wirklich: Das Boot drehte bei und hielt auf die Schule zu. Sie waren entdeckt! Sie waren tatsächlich entdeckt! Endlich! Hatte Gott etwa so schnell ihre Gebete erhört?

Ein Sturmboot mit Soldaten der Bundeswehr kam auf das Schulgebäude zugefahren. Dabei blieb es zunächst am hohen Zaun auf der Schulhofmauer hängen. In mehreren Anläufen fuhren die Männer mit ihrem Boot schließlich den Zaun nieder, suchten sich im Licht des Scheinwerfers den Weg ans Gebäude, drehten unter dem Fenster bei, machten Halt und stoppten den Motor, damit die Verständigung möglich wurde.

»Habt ihr Brot und Milch für uns?«, rief einer der Sinti hinunter. »Wir haben Kinder und Kleinkinder hier oben und nichts zu essen und nichts zu trinken.«

»Wer seid ihr eigentlich?«, wurde von unten gefragt.

»Wir sind die Leute von der ›Alten Fähre‹.«

»Ach du Schreck; ihr Ärmsten. Wie viele seid ihr?«

»Mehr als hundert«, rief Nenne hinunter. »Bringt uns zu essen und Decken. Wir frieren uns noch tot, und unsere Kinder haben Hunger. Oder holt uns hier raus.«

»Dazu brauchen wir Verstärkung. Habt noch ein bisschen Geduld«, bekam er zur Antwort, »wir kommen bald zurück.«

»Beeilt euch!«, riefen die Sinti am Fenster dem abdrehenden Boot noch nach, »unsere Kinder kommen hier sonst um!«

Dann gab es die ersten Umarmungen und Freudentränen in der Dunkelheit des Klassenraumes. Die Hilfe kam! Und es gab die ersten Dankgebete. Gott hatte offenbar sofort auf die Gebete reagiert.

Wenige Minuten später waren wieder Motorengeräusche zu hören.

Den Eingeschlossenen war die Zeit dennoch wie Stunden erschienen. Jetzt blitzten gleichzeitig mehrere Scheinwerfer durch die Nacht. Mehrere Boote kamen auf die Schule zugefahren. Aber wie sollten die Menschen in der Dunkelheit aus dem zweiten Stockwerk in die schwankenden Rettungsfahrzeuge gelangen? Springen war doch wohl zu gefährlich. Der Abstand war zu hoch. Und die Scheinwerfer der Boote standen nicht ruhig, leuchteten die Szenerie also nicht gut aus.

»Keine Sorge, ihr Leute«, wurde von unten getröstet, »wir machen das schon.« Die Soldaten rammten mit einem der Boote einfach die Schultür ein und fuhren so nach innen bis an die Treppe heran. Mit einem Freudengeheul der Sinti, die ihnen auf der Treppe entgegenkamen, wurden die Retter begrüßt.

»Frauen und Kinder zuerst!«, hieß das Kommando eines der Bootsführer.

»Das ist doch wohl selbstverständlich«, lautete die Antwort.

»Wo fahrt ihr uns hin?«, fragte ein andrer.

»Zur Notversorgung an den Haulander Weg in die ›Linde‹. Da könnt ihr euch erst einmal aufwärmen und stärken. Danach wahrscheinlich weiter nach Harburg. Dann sehen wir weiter.«

Eine Stunde später war die Schule geräumt und die hungrigen, durstigen und frierenden Sinti saßen dicht gedrängt, in Decken gehüllt und mit dampfenden Teetassen in den Händen im Gastraum der »Linde« am Haulander Weg. Für die Kleinen gab es endlich die ersehnten Fläschchen und eine dringend notwendige Reinigung. Für die Erwachsenen gab es belegte Brote gegen den ersten Hunger. Auch konnten sie nasse Kleidung gegen trockene austauschen. Wie wohltuend war das alles!

Nach und nach entspannten sich die Züge der Männer, Frauen und Kinder, und über den Raum legte sich so etwas wie eine heitere Dankbarkeit gegenüber den Menschen, die sie endlich aus ihrem Wassergefängnis befreit hatten und die ihnen hier die erste Versorgung zuteil werden ließen. Aber auch gegenüber Gott, der ihre Gebete ganz offenbar erhört hatte. Wunderbar!

Aus der »Linde« wurden die Zigeuner dann zunächst wie angekündigt in die Schule in der Maretstraße in Harburg gebracht, wo sie sich auf richtigen Lagern bis zum nächsten Morgen ausruhen konnten. Hier erfuhren sie dann nach Tagesanbruch die unglaubliche Nachricht: Sie könnten auf ihren Platz zurückkehren, wurde ihnen gesagt. Er sei weitgehend unversehrt und liege völlig im Trockenen. Der Sturm habe ja wesentlich nachgelassen, und die größte Gefahr sei ohnehin vorbei.

Dann standen sie am Sonntag, den 18. Februar 1962 gegen Mittag tatsächlich wieder auf ihrem Platz und kamen aus dem Staunen nicht heraus. Lachend und weinend zugleich lagen sie sich immer wieder in den Armen. Was sie da erlebten, war einfach nur unbegreiflich, ein Wunder, wie es allein Gott bewirken konnte, auf dessen Stimme sie jahrelang nicht hatten hören wollen, der aber ihre Stimmen gehört und Mensch und Vieh, Hab und Gut so wunderbar bewahrt hatte, dass kaum irgendwo auch nur ein geringer Schaden zu entdecken war.

»Wenn jetzt Schwester Gertrud hier sein könnte und das erleben, was wir hier erleben«, meinte jemand. Er konnte dabei nicht ahnen, dass sie bereits auf dem Weg zu ihnen war und bald ebenso staunen würde, wie sie alle immer noch und immer wieder staunten und sich wunderten.

# Folgen der großen Flut

Dann kam der Augenblick, in dem Schwester Gertrud nach der freudigen Begrüßung auf dem Platz sich in der dicht gefüllten Hütte mit ihren Zigeunern so freute über das Wunder an der »Alten Fähre«. Sie verlangte nach einer Gitarre, damit sie mit ihren Leuten singen konnte. Sofort sprang einer der Jungen, um ein Instrument zu holen. Vorher aber griff die glückliche Missionarin nach ihrer Bibel, die sie natürlich auch heute in ihrer Tasche hatte. Sie schlug Jesaja 43 auf, das Kapitel, aus dem die Losung des Tages genommen war. Am liebsten hätte sie alle 28 Verse gelesen. Sie beschränkte sich aber auf einige besonders markante:

»Fürchte dich nicht, denn ich habe dich erlöst; ich habe dich bei deinem Namen gerufen; du bist mein!«
»... weil du in meinen Augen so wert geachtet und auch herrlich bist, und weil ich dich lieb habe. Ich gebe Menschen an deiner statt und Völker für dein Leben. So fürchte dich nun nicht, denn ich bin bei dir.«
»Ich, ich bin der Herr, und außer mir ist kein Heiland.«
»Aber mir hast du Arbeit gemacht mit deinen Sünden und hast mir Mühe gemacht mit deinen Missetaten. Ich, ich tilge deine Übertretungen um meinetwillen und gedenke deiner Sünden nicht.«

Zu jedem der gelesenen Verse sagte sie ein paar Gedanken und las dann abschließend die Verse, die heute eine besondere Bedeutung haben sollten:

»Ich bin der Herr, euer Heiliger, der ich Israel geschaffen habe, euer König.
So spricht der Herr, der im Meer einen Weg und
in starken Wassern Bahn macht,
der ausziehen lässt Wagen und Rosse, Heer und Macht,
dass sie auf einem Haufen daliegen und nicht aufstehen,
dass sie verlöschen, wie ein Docht verlischt:
Gedenkt nicht an das Frühere und achtet nicht auf das Vorige!
Denn siehe, ich will Neues schaffen, jetzt wächst es auf,
erkennt ihr's denn nicht?

Ich mache einen Weg in der Wüste
und Wasserströme in der Einöde.
Das Wild des Feldes preist mich, die Schakale und Strauße;
denn ich will in der Wüste Wasser und
in der Einöde Ströme geben,
zu tränken mein Volk, meine Auserwählten;
das Volk, das ich mir bereitet habe,
soll meinen Ruhm verkündigen.«

In der Hütte herrschte eine tiefe, andächtige Stille, als wagte keiner, auch nur zu atmen. Schwester Gertrud ließ den Text einfach ein paar Augenblicke wirken. Dann sagte sie nur einen Satz: »Merkt ihr, dass hier von euch die Rede ist?« Anschließend dankte sie mit bewegten Worten für die Bewahrung und Rettung bei dieser großen und verheerenden Flut, ergriff die inzwischen eingetroffene Gitarre und sang mit den Frauen und Kindern im dicht gefüllten Bus das Lied:

»Ich hab einen herrlichen König,
den einzig erkenne ich an;
ich will keinen andern auf Erden,
und stünd ich allein auf dem Plan.

Ich stell zur Verfügung mich gerne
dem König, der königlich liebt,
und tue mit Wonne den Willen
des Königs, der königlich gibt.

Ich traue den Worten des Königs
und richte mich immer danach
und folg seiner siegenden Fahne,
und geht's auch durch Schmerzen und Schmach.

Ich will, dass mein Alles im Leben
dem König sei untertan,
und sehe mit sehnender Seele
sein ewiges Königreich nah'n.

Jesus, mein Stolz, meine tiefe Ruh,
Jesus, dir jauchze ich selig zu!
Ich hab einen herrlichen König,
o Jesus, Jesus nur du!«

*»Bürgermeister« Kalo Weiß und Schwester Gertrud – Flutgedenktag 1967*

Beim letzten Chorus sangen einige der Kinder und Frauen bereits mit. Von der Bustür her hörte Schwester Gertrud jemanden sagen: »Welch ein schönes Lied!« Die Stimme hätte die von Kesa sein können, schoss es der Sängerin durch den Kopf. Sie konnte dem Gedanken aber jetzt nicht weiter nachgehen.

»Und jetzt möchte ich jede Wohnung besuchen und mit allen Bewohnern unserem treuen Gott danken für seine Bewahrung und Errettung. Und ich möchte darum beten, dass Gott uns allen die Augen öffnet, warum er gerade an den Zigeunern dieses Wunder getan hat.« Schwester Gertrud machte sich auf ihren Rundgang.

Heute blieb kein Wagen und keine Hütte für sie verschlossen. Bei jeder Familie konnte sie ein paar geistliche Gedanken zu der besonderen Situation sagen und alle hörten zu. In jeder Wohnung konnte sie mit den Menschen und für die Menschen beten. Das Staunen über die unbegreifliche Güte Gottes brachte sie alle zum Schweigen und zur Anbetung. Würde es auch ihre harten und verschlossenen Herzen öffnen?

Selten hatte Schwester Gertrud eine so große Dankbarkeit empfunden wie am Abend dieses denkwürdigen Tages. Gott hatte Wort gehalten. Er hatte in starken Wassern Bahn gemacht und ihre Sinti in dieser Sturmflut vor bösem Schaden bewahrt. Und er würde in ihren Herzen Bahn machen. Mehr denn je war die Missionarin davon überzeugt. Sie war gespannt, was die nächsten Wochen bringen würden. Diese besondere Situation galt es jetzt zu nutzen.

Das weitere Abflauen des Sturmes und der allmähliche Rückfluss der Wassermassen offenbarte in den nächsten Tagen erst so richtig die verheerenden Folgen der Jahrhundertflut. Zerstörte Schrebergartenhäuschen, abgedeckte Dächer, eingedrückte Fenster, beschädigte Häuserwände, aufgerissene und geborstene Straßen, zerstörte Autos, Unrat in Massen, Tierkadaver und, was am schlimmsten war: Mehr als 360 Tote, die vorübergehend in verschiedenen Kirchen aufgebahrt wurden, ehe sie ordentlich beerdigt werden konnten. Welches Leid, welche Trauer in vielen Familien und Häusern! Es war alles einfach entsetzlich und schlimm, sehr schlimm.

Aber diese traurige Bilanz der Sturmflut ließ das Wunder von der »Alten Fähre« nur umso heller erstrahlen. Alle Sinti lebten! Alle ihre Tiere lebten! Alle ihre Wohnungen standen! Nicht einer hatte sich auch nur eine Erkältung geholt! Da tat es schon ein bisschen weh, dass gerade dieses besondere Ereignis bei manchen Menschen in Stadt und Land die alten Vorurteile gegen die Zigeuner erneut hochkommen ließ. »So viele Menschen mussten sterben, aber dieses Unkraut lebt noch!«, mussten sich Kalo Weiß und andere Sinti von Passanten einmal anhören. Warum nur konnten sich Menschen nicht einfach auch freuen über ein solches wunderbares Ereignis? Warum konnten sie nicht dafür danken?

Da machten es die Männer von der Bundeswehr doch anders. Sie besuchten die Sinti, die sie aus der Schule gerettet hatten, um sich mit ihnen über die Unversehrtheit des Platzes und seiner Menschen zu freuen, mit ihnen einen Kaffee zu trinken und sich ein bisschen zu unterhalten.

Es erschien wie ein Geschenk Gottes, dass für den März eine Woche der besonderen Evangelisation in der Hütte »Geborgenheit« vorgesehen war. Pastor Rudolf Ahrens aus Lüdenscheid im

Sauerland und zwei andere Brüder, alles Freunde ihrer Arbeit, die Schwester Gertrud bei ihren häufigen Besuchen in verschiedensten Gemeinden innerhalb der Evangelischen Allianz für ihre Anliegen unter den Hamburger und norddeutschen Sinti gewonnen hatte, hatten ihre Beteiligung zugesagt. Was sich geändert hatte, war die Voraussetzung der Arbeit: Die schrecklichen, notvollen und doch so merkwürdig wunderbaren Ereignisse des Flutwochenendes hatten den Boden für die besondere Saat des Evangeliums bereitet.

Die Hütte »Geborgenheit« war in den Kinderstunden an den Nachmittagen bis auf den letzten Platz gefüllt, und an den Abenden war es nicht anders. Kleine und Große, Junge und Alte drängten sich in der Hütte, waren begierig und offen, das Evangelium von dem Gott, der allein Wunder tut, und von seiner befreienden Liebe zu hören. Sie saugten die Geschichten von Jesus, dem Sünderheiland, und die Nachricht seiner rettenden Liebe in sich auf wie ausgetrocknete Schwämme. Die bunten Flanellbilder und die fröhlichen, einprägsamen Lieder, die die gesprochene Botschaft unterstützten, halfen ihnen zu verstehen. In diesen Tagen öffneten sich auch die letzten Wagen für persönliche Evangelisation und Seelsorge.

Und es öffneten sich Herzen. Viele waren bereit und kamen, Jungen und Mädchen, Frauen und Männer, um »sich bekehren zu lassen«, wie sie sagten, ihr Leben vor Gott in Ordnung zu bringen, ihre Sünde des Lebens ohne Gott in zwielichtigem und zweideutigem Handeln zu bekennen und den Zuspruch aus dem 1. Johannesbrief ganz persönlich zu hören und seine Wahrheit zu erfahren: »So wir aber unsere Sünden bekennen, so ist er treu und gerecht, dass er uns die Sünden vergibt und reinigt uns von aller Untugend.«

Pastor Ahrens, Schwester Gertrud, Johannes Lichtenberg und andere Helfer hatten alle Hände voll zu tun, jeden bußfertigen Sinto und jede bekehrungswillige Sintiza geduldig anzuhören und ihnen ihre Befreiung von Sünde und Schuld zuzusprechen. Die Gespräche in der Hütte »Geborgenheit« oder in den Wagen gingen oft bis in die tiefe Nacht.

Einerseits waren das so viele erfreuliche Ereignisse, denen sich jeder Seelsorger gerne aussetzte. Andererseits musste das auch alles verarbeitet werden, was der Einzelne da zu hören bekam über kleinere und größere Unredlichkeiten, über Lug und Betrug, über

Wahrsagerei und Geschäfte damit. Die Männer und Frauen packten aus und luden ab, was ihnen an Sünden ins Bewusstsein gekommen und zur Last geworden war. Und viele gaben ab, was ihnen bisher an »Arbeitsutensilien« heilig gewesen war wie Pendel, Tarotkarten, Glaskugeln, an Gegenständen wie Marienstatuen und Rosenkränzen, heiligen Bildern und Dingen, die sie zur Verehrung ihrer Toten gebraucht hatten. Das konsequente Loslassen dieser Bindungen machte viele frei und glücklich, wenn auch unter schwersten Kämpfen.

Die Freude der erfahrenen Erlösung und Rettung sprang über von Wagen zu Wagen und erfasste nahezu den ganzen Platz an der »Alten Fähre«.

Und sie sprang in den folgenden Wochen vereinzelt auch über auf Wagen und Wohnungen in anderen Stadtteilen. Die Bekehrungen der Menschen auf dem Platz an der Elbe sprach sich herum bis in alle Stadtteile, und der Geist Gottes ergriff auch dort einzelne Sinti, um sie aus der Finsternis eines verdorbenen Lebens hineinzustellen in das Licht einer vom Evangelium geprägten Lebensweise.

Wenn die Freude im Himmel schon groß war »über einen Sünder, der Buße tut«, dann musste die Freude an diesem besonderen Ort in diesen Wochen besonders groß sein. Das Fest nahm schier kein Ende. Der treue und gütige Gott hatte seine Verheißung wahr gemacht und Totengebeine zum Leben erweckt …

## Lebensveränderungen

Aber wo Licht ist, ist auch Schatten. In die Freude über die geschenkte Befreiung von Sünde und Schuld und über die gewonnenen Ewigkeitsrechte mischte sich bei manchem Sinto und mancher Sintiza bald die Sorge um das tägliche Brot. Wovon sollten sie denn nun leben, wenn der Unterhalt nicht mehr auf krummen Wegen beschafft werden konnte? Die Leute an den Haustüren und auf der Straße übers Ohr hauen und über den Tisch ziehen, das ging nun nicht mehr. Das wollten die neuen Sintichristen auch nicht mehr. Das vertrug sich nicht mit ihrem neuen Leben. »Ist jemand in Christus, so ist er eine neue Kreatur, das Alte ist vergangen, Neues ist geworden.« Das galt, da gab es keine Kompromisse. Aber die Mägen wollten gefüllt werden, Kleidung musste sein, die Wohnungen sollten warm sein, neue Fahrzeuge wurden gebraucht, da die meisten alten seit der großen Flut und der Flucht in die Schule am Kurdamm nur noch Schrottwert hatten.

Schwester Gertrud und ihre Mitstreiter hatten alle Hände voll zu tun, um Hilfe zu organisieren, Behördengänge zu machen oder zu begleiten, für Schreibunkundige Briefe zu schreiben, als Bittsteller aufzutreten und neue Freunde zu gewinnen, die bereit waren, den Sintichristen in dieser ersten materiellen Not beizustehen, bis sie sich arbeits- und einkommensmäßig neu orientiert hatten.

Manche Frauen behielten ihre Haustürgeschäfte bei, wickelten sie aber nun redlich ab. Andere blieben künftig auch zu Hause, um sich besser um die Kinder kümmern zu können. Die sollten doch auch einen neuen Lebensstil kennen lernen, und der bedeutete zum Beispiel, regelmäßig zur Schule zu gehen und anderes zu lernen als die bisherigen fragwürdigen Geschäfte ihrer Eltern.

Manche Männer ordneten ihre alten Tätigkeiten nach christlichen Grundsätzen, oder sie suchten sich andere Betätigungsfelder im Handel mit Schrott, mit Tieren, Textilien, Autos und Ersatzteilen, Musikinstrumenten, Antiquitäten und mit diesem und jenem, was in Ehrlichkeit angefasst werden konnte.

Wenn Schwester Gertrud in diesem Umstellungsprozess Hilfe leisten konnte, tat sie es selbstverständlich. War das nicht auch eine Art von Seelsorge? Seelsorge, die die Leibsorge vergaß, leistete nur einen Teil der erforderlichen Hilfe. Davon war die Missionarin zutiefst überzeugt, und davon war ihr Verhalten gegenüber den ihr anvertrauten Menschen wesentlich bestimmt. Die jeweilige Situation musste vorgeben, was zunächst notwendiger war, Hilfe für den Leib oder für die Seele.

Da gab es zum Beispiel eine Sintiza, der eine Zeit nach ihrer Bekehrung plötzlich aufging, dass sie als Frau, die nicht standesamtlich, sondern nur nach Sitte der Zigeuner verheiratet war, eigentlich kein Recht hatte, für sich selbst Sozialhilfe zu bekommen. Ihr Mann hatte doch Einkommen, wenngleich nur ein Geringes. Das unrechtmäßig erhaltene Geld begann ihr in den Händen zu brennen. Es wurde ihr zur Anfechtung und zur Not.

Als sie es nicht mehr aushielt, wandte sie sich an Schwester Gertrud. »Du musst mit mir zum Sozialamt, Schwester Gertrud. Ich will die Stütze nicht mehr.«

Die Missionarin holte tief Luft: »Weißt du, was das für dich und deine Familie bedeutet?«

»Ich kann zwar nicht lesen und schreiben, Schwester Gertrud, aber ich kann rechnen. Und dann weiß ich, dass es eng werden tut mit dem Geld«, gab die Sintiza zurück. »Ich will es trotzdem nicht mehr.«

»Gut, wenn du überzeugt bist, dass du deine Lage beim Sozialamt klären solltest, dann geh und tu, was dein Gewissen dir sagt. Ich gehe gerne mit dir hin.«

»Du tust wirklich mit mir hingehen?«

»Natürlich gehe ich mit. Ich will doch erleben, was unser Gott aus der Sache macht.«

Die Sintiza wurde neugierig: »Wie meinst du das, Schwester Gertrud?«

»Na, du hast gesagt, du kannst rechnen. Vielleicht doch nicht so richtig.«

»Wieso?«, wurde die Frau ein wenig ungeduldig.

»Na, vielleicht wollen die ja von dir das zu viel gezahlte Geld zurückhaben.«

»Nein, das darf nicht sein, Schwester Gertrud! Das Geld habe ich doch gar nicht. Und mein Mann hat es auch nicht.« Die Sintiza war richtig erschrocken.

»Siehst du? Dann wollen wir Gott bitten, dass das Sozialamt gnädig mit deinem Bekenntnis umgeht. Oder willst du lieber doch nicht …?«

»Doch, doch! Ich bleibe dabei. Ich will das Geld nicht, weil es mir nicht zustehen tut.«

»Also gut, beten wir, dass Gott es gut macht«, meinte die Missionarin.

Das taten die beiden Frauen jetzt sofort und in den nächsten Tagen mehrfach einzeln und gemeinsam. Als sie dann einige Tage später der zuständigen Sachbearbeiterin gegenübersaßen und ihre Sache vorbrachten, sahen sie in ein erstauntes Gesicht und hörten nach einer Weile des Gesprächs und des Überlegens eine erstaunliche Antwort. »Wissen Sie, so ein Fall ist mir in meinem Dienst noch nicht vorgekommen. Bei mir hat noch nie jemand aus

Glaubensgründen und wegen eines schlechten Gewissens auf Zahlungen verzichtet. Aber ich muss die Sache ja nun aufnehmen. Ich möchte aber doch nicht erwarten oder gar anordnen, dass die unrechtmäßig gezahlten bzw. erhaltenen Beträge erstattet werden müssen.«

Dass die Frau ihre Rede unterbrach und nachdachte, erhöhte die Spannung und wandelte sich bald in überraschte Freude. Denn die Angestellte fuhr fort: »Ich werde es so machen, dass ich Ihre Meldung als Abmeldung registriere und ab dem nächsten Ersten die Zahlungen schlicht einstelle. Können Sie mit dieser Lösung einverstanden sein?«

Das war nun eine Frage, über die sich nicht nachzudenken lohnte. Dazu musste man Ja sagen! Welch eine Güte Gottes sprach aus dieser Lösung des Problems! Die Sintiza fiel Schwester Gertrud vor Freude um den Hals, und beide waren voll des Lobes und des Dankes, und das nicht nur gegenüber der Dame vom Sozialamt.

Dass ungläubige Zigeuner die Missionarin und andere mit ähnlichem Verhalten für dumm und verrückt erklärten, war nicht verwunderlich. Diese Leute hatten bei ihren Geschäften weiterhin wenig Skrupel und verstanden ohnehin nicht, wie sich die fromm gewordenen Leute ihrer Sippe jetzt verhielten. Bei denen waren auf irgendeine merkwürdige und unerklärliche Weise offenbar die Sicherungen durchgebrannt. Selbst schuld, wenn sie jetzt mit ihren Mitteln nicht mehr zurechtkamen.

Ihre Hilfsbereitschaft auch in ganz anderen Dingen wurde für Schwester Gertrud zuweilen zu einem spannenden Geschäft, das sie ab und an sogar selbst in Bedrängnis brachte.

Da kam doch eines Tages im April 1962 ein namhafter Sinto in die Schmilinskystraße und legte der Missionarin eine großkalibrige Armeepistole auf den Tisch, geladen mit 18 Schuss Munition. Wie erleichtert ließ sich der Mann auf einen Stuhl fallen: »Schwester Gertrud, ich gehöre doch jetzt Jesus. Da brauche ich die Pistole nicht mehr. Und ich will sie auch nicht länger in meinem Wagen versteckt halten. Sie ist mir zu heiß geworden.«

Die Missionarin erschrak heftig, als sie das gefährliche Ding auf ihrem Tisch liegen sah. Welches Unheil mochte mit dieser Waffe angerichtet worden sein? »Was soll ich damit? Ist die auch gesichert? Hast du sie jemals ...?«, fragte sie ein wenig ängstlich den Sinto, der ihr mit flehenden Augen und bittender Geste gegenübersaß.

»Keine Bange, Schwester Gertrud, die Waffe ist gesichert. Und sie ist unbenutzt«, ergänzte er, als hätte er den angedeuteten Gedanken gelesen. »Kannst du die Waffe bitte für mich bei der Polizei abliefern?«

Schwester Gertrud atmete tief durch: »Möchtest du das nicht lieber selber tun?«

Jetzt war das Erschrecken auf der Seite des Sinto. »Schwester Gertrud, das kann ich nicht. Für die bin ich ein Zigeuner. Was werden die mit mir machen? Die werden fragen, wo ich die Waffe herhabe. Das weiß ich doch selbst nicht mehr. Da wird mir auch keiner glauben, dass ich die Waffe nie benutzt habe. Und die nehmen mir doch auch nicht ab, was ich erzählen muss von Bekehrung und Leben mit Jesus und so. Die verstehen doch davon nichts.« Der starke Sinto geriet in spürbare innere Not. »Bitte, Schwester Gertrud, ich kann das nicht. Du musst für mich gehen. Bitte!«

»Gut«, gestand die Missionarin nach ein paar Momenten des Nachdenkens zu. »Ich übernehme das für dich. Es könnte dich wirklich in Bedrängnis bringen. Und das möchte ich nicht. Sei ganz beruhigt. Das wird in Ordnung gehen.«

Dabei konnte sie nicht ahnen, welche Konsequenzen diese Hilfe für sie selber haben würde. »Ich gehe nachher gleich hinüber in die Bülaustraße und liefere das gefährliche Ding ab. Aber vorher reden wir mit Jesus darüber.«

»Machen wir, Schwester Gertrud, danke. Gerne beten wir. Jesus wird dir helfen, dass das alles richtig wird.«

Dem Sinto schien eine große Last vom Herzen genommen, als die beiden miteinander die Hände gefaltet und die Angelegenheit zum Gebet gemacht hatten. Sein Gesicht hatte sich wieder aufgehellt. Fest drückte er der Missionarin beide Hände: »Danke, Schwester Gertrud, danke! Jetzt geht es mir wieder gut. Die Sache hatte mich zuletzt sehr belastet.«

Kurze Zeit später stand Schwester Gertrud in der Revierwache 122 in der Bülaustraße einem erstaunten jüngeren Polizeibeamten gegenüber, der seinen Augen nicht trauen wollte. »Was bringen Sie mir denn da? Wo haben Sie das Ding denn her?«

»Mein Name ist Gertrud Wehl«, stellte sie sich vor. »Ich bin Missionarin, Herr Wachtmeister. Das müssen Sie wissen, um mich zu verstehen.«

»Und weiter?« Der Beamte schaute sie erwartungsvoll an.

»Da ist ein Mann, der sein Leben mit Gott in Ordnung gebracht hat. Er ist Christ geworden. Er gab mir diese Waffe und bat mich, sie bei der Polizei abzuliefern.«

»Lobenswert, dass Sie das auch tun, Frau Wehl«, bestätigte der Mann, nahm die Pistole vorsichtig in die Hand und verschwand damit in einem Nebenraum. »Warten Sie bitte einen Moment. Ich bin gleich zurück.«

Bald tauchte er wieder auf, jetzt in Begleitung eines älteren Polizisten, wohl des Dienststellenleiters. Der stellte sich mit seinem Namen vor: »Schön, Frau Wehl, dass Sie uns diese russische Waffe samt der Munition abliefern. Nicht ausdenkbar, was die anrichten kann, wenn sie in den falschen Händen ist.«

»Da bin ich ganz Ihrer Meinung, Herr Waluks. Deshalb bin ich ja hier«, bestätigte Schwester Gertrud. »Stellen Sie mir bitte eine Quittung aus?«

»Gerne, aber vorher müssen wir schon wissen, wer Ihnen den Auftrag gegeben hat, die Pistole …«

»Das werden Sie von mir sicher nicht erfahren«, unterbrach die Missionarin den Beamten sofort, und das klang fest und bestimmt.

»So geht das aber nicht, Frau Wehl«, wurde der Mann ein wenig ungehalten. »Bitte bedenken Sie, dass Sie sich möglicherweise wegen Mitwisserschaft von Straftaten verdächtig machen, wenn Sie sich nicht gar strafbar machen.«

»Mag sein, dass Sie das so sehen müssen, Herr Waluks«, gestand Schwester Gertrud zu. »Aber ich kann Ihnen die Auskunft trotzdem nicht geben. Ich bin als Seelsorgerin dem Beichtgeheimnis verpflichtet.«

Die beiden Beamten schauten sich gegenseitig an und dann wieder ihr Gegenüber, offenbar unsicher geworden, wie sie mit dieser Angelegenheit umgehen sollten. »Gut«, meinte dann der ältere der beiden, »wir nehmen jetzt Ihre Personalien auf und machen ein Protokoll. Dann bescheinigen wir Ihnen den Empfang der Pistole und der Munition, und dann werden Sie mit Sicherheit irgendwann wieder von uns hören. Also halten wir fest: Sie liefern uns diese Waffe ab, weigern sich aber, uns die Herkunft preiszugeben.«

»Machen Sie es so«, war Schwester Gertrud einverstanden. »Ich habe damit keine Probleme.«

»Aber was schreibe ich?«, fragte der jüngere Beamte, der sich inzwischen an die Schreibmaschine gesetzt hatte. »Ich kann doch nichts von Gott und so ins Protokoll schreiben.«

»Warum nicht?«, lachte die Missionarin und bot an, den Text zu diktieren. Die Beamten nahmen das Angebot gerne an. Schwester Gertrud diktierte also einen Text, der einem Zeugnis der Liebe Jesu gleichkam und den sie schließlich gerne unterschrieb. Ein solches Schriftstück war wohl in einer Polizei-Dienststelle noch nie verfasst worden: Rückgabe einer russischen Armeepistole aus den Händen eines ungenannten Vorbesitzers, der sich aus Glaubensüberzeugung und Gewissensnot von der Waffe getrennt und befreit hatte.

Die Bescheinigung, die der Polizist ausstellte, war dagegen sehr knapp gehalten.

> »Frau W e h l hat am 15. 4. 1962 auf der PRW 122
> eine Armeepistole mit 18 Schuss Munition abgeliefert.
> Die Pistole hat die Nr. RT 886, Baujahr 1938.
> Waluks, PHW 12695«

Schwester Gertrud steckte das Papier ein und verabschiedete sich von den beiden Männern, denen die Verwunderung immer noch anzusehen war. Die Beamten gaben ihr pflichtgemäß noch einmal den Hinweis mit, dass die Angelegenheit durchaus nicht abgeschlossen sei. Sie müsse damit rechnen, dass sie Besuch bekäme oder auch vorgeladen würde, denn das Geheimnis um die Waffe müsse schon gelüftet werden. Vielleicht wäre es sinnvoll, ihre Tätigkeit als Seelsorgerin unter dem Schutz des Beichtgeheimnisses von irgendwoher bestätigen zu lassen. Diese Bestätigungen würde sie sicher bekommen.

Einige Zeit später bekam Schwester Gertrud tatsächlich Besuch von einem Kriminalbeamten, der sich alle Mühe gab, den Vorbesitzer der Waffe in Erfahrung zu bringen. Die Missionarin ihrerseits wich keinen Jota von ihrer Position, was den Beamten sehr beeindruckte. Die Bestätigungen ihres Seelsorgedienstes mit der selbstverständlichen Wahrung des Beichtgeheimnisses durch die Missionsleitung in Geisweid und die Hamburger Evangelische Allianz halfen, den Mann davon zu überzeugen, dass er die Akte wohl schließen müsse.

Schwester Gertrud konnte aufatmen, denn die Angelegenheit hatte sie schon ein wenig unter Spannung gehalten. Mit ihr atmete auch der Sinto auf, dem es zuletzt doch Mühe gemacht hatte, dass seine Seelsorgerin durch seine Angelegenheit belastet wurde.

Dieser Fall war bei weitem nicht der Einzige, den Schwester Gertrud für ihr geliebtes Volk zu klären hatte. Immer wieder einmal machte sie stellvertretende Besuche bei irgendeiner Polizeistation, um Gegenstände abzuliefern, die den gläubig gewordenen Sinti plötzlich in den Händen brannten und deren Besitzer nicht mehr zu ermitteln waren. Mal war es wieder eine Schusswaffe, mal waren es gestohlene Damen-Fahrräder, Einrichtungsgegenstände oder Textilien.

Mit der Zeit war die Missionarin bei der Polizeibehörde bekannt. Mal glaubte man ihr die Redlichkeit ihres Handelns und den von ihr immer wieder angeführten Schutz des § 53 der Strafprozessordnung, ohne weiter nachzufragen. Mal stellte man sie in Frage. Irgendwann war sie es dann auch einmal leid, sich bei solchen Aktionen rechtfertigen zu müssen. Sie ging in der Dunkelheit eines späten Abends mit einem Sinto einfach auf eine der Elbbrücken und versenkte alles unrechte Gut, das ihm in den Händen brannte, in den Fluten. Darunter befand sich übrigens auch wieder eine Pistole. Gott würde diese Aktion schon recht verstehen.

Auch vor Gericht wurde Schwester Gertrud bald bekannt als eine Frau, die sich eifrig für ihre schuldig gewordenen Schützlinge einsetzte. Immer wieder einmal wurde sie als Zeugin geladen, um in Strafverfahren für einen Sinto oder eine Sintiza auszusagen und sich für diese Leute zu verwenden, die sich in der Konsequenz ihrer Bekehrung freiwillig den Behörden gestellt hatten. Diese Gelegenheiten nutzte die Missionarin gerne, um von der lebensverändernden Gnade Gottes zu erzählen. Immer wieder durfte sie dann auch die Erfahrung machen, dass die Behörden sich in der Lage zeigten, Gnade vor Recht ergehen zu lassen, auf Rückzahlungen und Erstattungen von Kosten zu verzichten, Strafmaße zu begrenzen oder Strafen auch gleich zur Bewährung auszusetzen.

Eine besondere Geschichte war die eines jungen Deutschen, der mit einer Sintiza verheiratet war. Er fand mehr als zwei Jahre nach einer schweren Tat keine Ruhe mehr, nachdem ihn inzwischen das Evangelium erreicht hatte.

»Hast du Zeit für mich, Schwester Gertrud, ich muss mit dir reden?«, sprach er nach einer Bibelstunde die Missionarin an. In solchen Fällen hatte Schwester Gertrud immer Zeit.

»Komm, sag mir, was dich bedrückt«, ermunterte sie den jungen Mann, als die beiden sich in einem stillen Raum gegenübersaßen.

Nach einer Weile des Schweigens und innerlichen Kämpfens brach das ganze Elend aus dem Mann heraus, das er unter dem Einfluss des Evangeliums nicht länger zu tragen vermochte. Einbrüche, Diebstähle, Betrügereien, Alkoholexzesse, Ausflüge in die Drogenszene … Die Liste der Einzelheiten seines verfehlten Lebens war lang, die die Seelsorgerin unter Tränen vorgelegt bekam.

Das folgende Gespräch wurde noch länger, aber am Ende konnten die beiden miteinander beten, und der junge Mann lieferte sein Leben dem Herrn Jesus aus und bekam die Vergebung seiner Schuld zugesprochen. Zwei dankbare Menschen erhoben sich von den Knien in dem Bewusstsein, dass es im Himmel wieder etwas zu feiern gab.

Dennoch hatte Schwester Gertrud das Empfinden, dass der junge Mann irgendetwas zurückbehalten hatte, das er auch noch hätte preisgeben müssen, um wirklich ganz frei zu sein. Aber sie mochte ihn jetzt nicht auf ihr Empfinden ansprechen. Hier galt es wohl zu warten und zu beten, dranzubleiben und sich in Geduld zu üben.

Es dauerte einige Monate, bis der junge Deutsche der Missionarin wieder gegenübersaß, blass und zitternd. Er hatte heftige Gewissenskämpfe hinter sich. Zweimal hatte er versucht, seinem Leben ein Ende zu machen, weil er den wachsenden inneren Druck nicht mehr aushalten konnte. Seine Frau, eine junge Sintiza, hatte ihn immer wieder aufzufangen vermocht. Sie hatte ihren Mann schließlich dazu bewegen können, sich auch mit dem letzten notwendigen Bekenntnis an Schwester Gertrud zu wenden.

Bruchstückhaft und stockend kam es dann heraus. Vor mehr als zwei Jahren noch hatte er eine ungute Bindung an einem dreiundvierzigjährigen Hamburger gehabt, bei der viel Alkohol geflossen war. Immer wieder hatten die beiden miteinander gezecht. Mehr und mehr war dabei deutlich geworden, dass der Zechkumpan homosexuell war. Lange hatte sich der junge Mann gegen eindeutige Annäherungen wehren können. Er vermochte sich aber nicht von dem Mann zu trennen. Bis es an einem Januarabend zum letzten und entscheidenden Exzess gekommen war. Der Mann war so zudringlich geworden, dass sich sein Opfer in hochgradiger Erregung nur mit Gewalt der Zudringlichkeiten erwehren konnte. Der junge Mann hatte in seiner Not einen Kochtopf vom Herd gegriffen und heftigst zugeschlagen. Danach hatte er die Wohnung in Brand gesteckt, um seine Spuren zu verwischen. Was auch gelungen war, denn er war nie zum Kreis der Verdächtigen gezählt worden.

»Ich bin ein Mörder, Schwester Gertrud, verstehst du, ich bin ein Mörder. Ich habe einen Menschen auf dem Gewissen. Und ich bin doch Christ geworden. Ich kann mit dieser Schuld nicht mehr leben, Schwester Gertrud. Vergibt Jesus mir auch diese Schuld? Tut er das? Sag es mir, Schwester Gertrud! Ich muss das wissen, oder ich will nicht mehr leben.«

Die letzten Sätze schrie der Gequälte schier, dann brach er schluchzend zusammen, am ganzen Körper zitternd. Die Seelsorgerin setzte sich neben ihn und hielt den Mann einfach nur fest. In ihren Gedanken schrie sie zu Gott um das rechte Verhalten in dieser schlimmen und doch eigentlich erfreulichen Situation.

Es dauerte eine Weile, bis der Mann sich beruhigt hatte und sie ihn endlich ansprechen konnte: »Glaub mir, Lieber, auch für diese Schuld ist Jesus gestorben, und er vergibt sie dir, wie er dir alles andere auch vergeben hat. Das Wort Gottes gilt: ›Wenn eure Sünde gleich blutrot ist, soll sie doch schneeweiß werden.‹«

»Darf ich das denn so einfach annehmen, Schwester Gertrud?«, fragte der junge Mann mit gebrochener Stimme zweifelnd zurück. »Hier geht es um Mord, Schwester Gertrud, nicht um Diebstahl und Drogenmissbrauch. Um Mord, verstehst du?«

»Da darfst du völlig ruhig sein. Sünde ist Sünde. Vor Gott gibt es keine kleinen und großen Sünden. Da gibt es auch keine

Abstufung in der Vergebung. Gott vergibt ganz, wenn jemand die Vergebung sucht, oder er vergibt gar nicht, wenn jemand keine Vergebung seiner Schuld braucht.«

»Ich brauche sie, Schwester Gertrud, ich brauche sie nötiger als alles.« Es schrie fast wieder aus dem Mann heraus.

»Sei ganz sicher, du darfst es annehmen. Ich sage es dir im Namen Jesu. Er vergibt dir auch diesen Mord.«

Der junge Mann hörte diesen Zuspruch mit gesenktem Kopf und geschlossenen Augen, schwer atmend, die Hände ineinander gelegt, so dass die Knöchel weiß hervorstanden. Schließlich ging ein Ruck durch seinen Körper. Er richtete sich auf und sah mit immer noch tränenverschleiertem Blick der Seelsorgerin in die Augen. »Sag das bitte noch einmal, Schwester Gertrud.«

»Du hast richtig gehört. Jesus vergibt dir auch diesen Mord.«

»Das ist gut, Schwester Gertrud, das ist gut.« Der junge Mann atmete hörbar auf, und wie ein schwerer Felsbrocken fiel es von seinem Herzen. »Jetzt geht es mir besser, viel besser. Du musst mit mir beten, Schwester Gertrud. Wir müssen das mit Jesus in Ordnung bringen, jetzt sofort.«

Nichts lieber als das, ging es der Missionarin durch den Kopf. Und diesmal erhob sich ein wirklich freier Mensch von seinen Knien. Diesmal war nichts Unausgesprochenes zurückgeblieben. Diesmal konnte ohne Einschränkungen im Himmel gefeiert werden. Gott sei's gelobt!

Beim Verabschieden musste die Seelsorgerin noch eine Frage loswerden: »Du weißt, was du jetzt tun musst?«

Der junge Mann senkte für einen Moment den Blick. Dann blickte er wieder auf und bestätigte ihren Gedanken: »Ich weiß, Schwester Gertrud, ich muss mich stellen. Aber noch kann ich es nicht. Da brauche ich noch ein bisschen Zeit. Bitte versteh mich.« Nach einem Moment gemeinsamen Schweigens über der angesprochenen Frage fügte er an: »Wenn ich mich stelle, gehst du dann mit aufs Revier, Schwester Gertrud?«

Die Missionarin atmete tief durch. Sie hatte die Frage erwartet und sie antwortete: »Ich werde dich begleiten. Ich warte auf dein Signal. Und ich bete um Kraft für dich.«

Schon nach kurzer Zeit war der Mörder stark genug und bereit, vor den Beamten der Mordkommission im Polizeipräsidium am

Berliner Tor seine Tat zu bekennen und die Konsequenzen der Selbstanzeige auf sich zu nehmen.

Danach dauerte es wieder Monate, bis der Mordprozess vor der Großen Strafkammer 21 angesetzt wurde. Schwester Gertrud war mit anderen als Zeugin geladen. Nach ihrem Aufruf in den Zeugenstand wurde sie nach ihrem Verhältnis zu dem Angeklagten gefragt und danach, ob sie ihn zu seiner Selbstanzeige gedrängt habe.

»Gedrängt dazu habe ich ihn nicht, hohes Gericht.« Dabei warf sie dem blassen jungen Mann auf der Anklagebank einen Mut machenden Blick zu. »Ich war seine Seelsorgerin und habe ihn aufgrund biblischer Aussagen darin bestärkt, seine Sache nicht nur vor Gott in Ordnung zu bringen, sondern auch vor den Menschen. Er hat die Entscheidung zur Selbstanzeige völlig allein getroffen.«

Bei diesen Worten der Missionarin erscholl aus den Zuschauerbänken ein zorniges, protestierendes Pfeifen und Buh-Rufen, so dass der leitende Richter Ruhe gebieten musste. Nach Meinung der zahlreichen Prozessbeobachter aus der früheren Umgebung des Angeklagten und auch mancher Sinti war Schwester Gertrud eine Verräterin, die den Täter einfach den Justizbehörden ausgeliefert hatte. Die Tat wäre doch nie bekannt geworden, wenn sie nicht …

Aber sie bekam doch die Gelegenheit, die Anwesenden vom Gegenteil zu überzeugen und auch davon, dass das Verhalten des Angeklagten nur die logische Folge seiner Hinwendung zum Glauben an Jesus Christus gewesen war.

Der junge Mann bestätigte auf Befragen des Richters genau dies. »Ich bin zum Glauben an Jesus Christus gekommen. Seitdem weiß ich, dass ich mit so was nicht leben kann und auch nicht leben will. Nur deshalb bin ich jetzt hier.«

Der vorsitzende Richter Schenck verhehlte sein Erstaunen nicht: »Eine solche Haltung habe ich in meiner Arbeit noch nicht erlebt. Die Sitzung wird für heute geschlossen und morgen mit der Urteilsverkündung fortgesetzt.«

Am nächsten Tag gab es dann eine Überraschung, die Schwester Gertruds kühnste Erwartungen und intensiven Gebete übertraf.

> »Im Namen des Volkes ergeht in der hier verhandelten Mordsache folgendes Urteil: Der Angeklagte wird aufgrund seiner Tat zu zwei Jahren Freiheitsstrafe verurteilt. Die Strafe wird zur Bewährung ausgesetzt.«

Aus den Besucherbänken kam diesmal anerkennender Beifall für die Entscheidung des Gerichts. Schwester Gertruds Herz jubelte, und von ihrem Herzen fiel eine große Last. Der junge Mann konnte den Gerichtssaal als freier Mann verlassen. Gott hatte offenbar die Herzen der Richter und Schöffen bewegt, ein solch gnädiges Urteil zum Wohl des Angeklagten festzulegen. Und auch der wusste kaum, wie ihm geschah. Auch von seinem Herzen fiel eine Zentnerlast. Wenn er gekonnt hätte, wäre er seiner Seelsorgerin wohl um den Hals gefallen vor Freude und Dankbarkeit und natürlich auch seiner Frau. Wenn die beiden nicht zu ihm gestanden hätten, wer weiß, was geworden wäre!

## Neue Lieder auf alten Saiten

Als Schwester Gertrud am Anfang ihres Hamburger Dienstes Informationen über die Zigeunerplätze der Stadt eingeholt hatte, war sie bereits auf das »Charlos-Weiß-Orchester« aufmerksam gemacht worden, das sein Zuhause auf dem Platz an der »Alten Fähre« hatte. Seine Musiker gehörten alle zu Familien aus der Sippe Weiß, und sie waren allesamt hervorragende Künstler. Jeder war mit seinem Instrument ein guter Solist und in der Formation ein exzellenter Orchestermusiker. Die meisten von ihnen waren Naturtalente, hatten ihren Unterricht bei den eigenen Leuten erfahren oder waren aufgrund ihrer besonderen Musikalität auch auf dem Konservatorium gewesen und hatten dabei klassisches Instrumentalspiel gelernt. Ihr Orchesterleiter Kesa konnte stolz auf seine Truppe sein, die weit über Hamburg hinaus durch Rundfunk und Schallplatten, durch Film und Fernsehen bekannt geworden war. Ungezählte Zuschauer in den deutschsprachigen Ländern und darüber hinaus hatten die Zigeunermusiker in Filmen wie »Gräfin Maritza«, »Die schöne Lügnerin«, »Die große Starparade«, »Drei Birken auf der Heide« zusammen mit namhaften Schauspielern und Sängern wie Romy Schneider und Rudolf Schock gesehen, gehört und bewundert. Das »Charlos-Weiß-Orchester« hatte Konzertsäle gefüllt und die Zuhörer begeistert. Mit manchem Hamburger Lokal, vor allem in St. Pauli, hatten die Musiker feste Verträge für regelmäßige Auftritte, die natürlich auch ein gutes Einkommen sicherten. Zigeunermusiker litten in der Regel keine materielle Not, wenn sie nur recht mit ihrem Einkommen umgehen konnten.

Gerne hatte Schwester Gertrud der Musik der Sinti zugehört, wenn sie auf den Platz gekommen war und die Musiker einzeln und gemeinsam ihre Proben abhielten. Die Zigeunermusik war so anders als das, was gemeinhin im Rundfunk und von Schallplatten zu hören war. Die Sintimusiker spielten ihre Geigen und Gitarren, ihre Klarinetten, Akkordeons, Bandoneons und Knopfharmonikas so ganz anders, als deutsche oder ausländische klassische Musiker die gleichen Instrumente spielten. Da war viel mehr Seele drin, viel mehr Gefühl. Die Palette reichte von wild rhythmisch in rasendem Fortissimo bis gefühlvoll getragen in flüsterndem Pianissimo, alles überwiegend in Moll, von jubelnd und jauchzend bis weinend und schluchzend, einfach in besonderer Weise faszinierend. Zigeunermusik eben.

Bei all ihrem Musizieren brauchten diese Künstler nie Noten. Manche konnten nicht einmal Noten lesen, geschweige denn nach diesen schwarzen Punkten auf, unter und über den fünf Linien spielen. Sie lernten vom Hören, sie spielten auswendig und nach Gefühl und harmonierten doch einer mit dem anderen.

Wenn diese prachtvollen Männer doch ihre Musik auch zur Ehre Gottes spielen würden, ging es der Missionarin gelegentlich durch den Kopf, wenn sie mal wieder einem von ihnen zuhörte oder wenn die Zeitungen mal wieder eine Reportage über das Charlos-Weiß-Orchester und eins seiner viel beachteten Konzerte veröffentlichten.

Aber auch darin brauchte Schwester Gertrud einige Jahre Geduld. Und zur Erhörung ihrer Gebete musste erst die große Flut über Hamburg hereinbrechen und das Wunder an der »Alten Fähre« passieren.

Natürlich hatten auch die Musiker des Zigeunerorchesters seit Jahren immer wieder Gottes Wort gehört. Einige von ihnen waren auch immer wieder einmal dabeigeblieben, wenn Schwester Gertrud in ihren Wagen mit den Frauen und Kindern in der Bibel las und von Jesus sprach. Einige hatten sich vereinzelt in den »Heilandsbus« oder die Hütte »Geborgenheit« einladen lassen, um das Evangelium zu hören. Dabei hatten sie natürlich auch die ein und andere Melodie der Evangeliumslieder aufgenommen und vielleicht sogar mehr oder weniger heimlich nachgespielt. Dass einer einmal die geistlichen Lieder sogar begleitet hätte, war kaum vorgekommen. Der Orchesterleiter Kesa hatte sich einige Male einladen lassen. Aber diese fromme Musik war nichts für einen großen und berühmten Musiker. Kleine Kinder und weniger musikalische Leute konnten solche Musik machen. Doch nicht er und seine Leute!

Das sollte sich aber in der »neuen Zeit« an der »Alten Fähre« bald ändern, nachdem zunächst ein gewisser Schock für die Beteiligten überwunden war.

Die Ereignisse des Flutwochenendes vom Februar 1962 hatten auch die Musiker des »Charlos-Weiß-Orchesters« zutiefst getroffen und beeindruckt. Sie ließen sich fast alle einladen, in der folgenden Evangelisationswoche im März Abend für Abend in der Hütte »Geborgenheit« dabei zu sein und auf die Verkündigung der frohen Botschaft zu hören. Und einer nach dem anderen kam in die Aussprache, um sein sündiges Leben mit Gott in Ordnung zu bringen und sich von Jesus Christus als seinem Retter neu zu orientieren. Einer der Letzten von ihnen war Kesa.

Die Veranstaltung war lange vorbei, als der Sinto in die Hütte zurückkam, wo er Schwester Gertrud noch fand. »Kesa? Du noch? Was führt dich denn noch so spät hierher?«, fragte die Missionarin erstaunt.

»Schwester Gertrud, ich muss mein Gelübde einlösen.«

»Welches Gelübde, Kesa?«

»Neulich bei der Flut in der Schule habe ich in der Not der Nacht gebetet: ›Gott, wenn du uns hier rausholst, dann will ich mein Leben ändern.‹«

»Und du musst dieses Gelübde jetzt einlösen?«

»Nein, nicht muss, Schwester Gertrud, ich will es einlösen. Ich brauche Vergebung meiner Sünde.«

Diesem Bekenntnis schloss sich ein langes Nachtgespräch an, in dem der bekannteste Zigeunermusiker Deutschlands sein Leben ordnete und unter die Herrschaft eines neuen Herrn stellte. Er gab gewissermaßen den Dirigentenstab seines Lebens ab, den er bisher selbst in den Händen gehalten hatte.

Am nächsten Tag wusste es bald der letzte Sinto und die letzte

Sintiza auf dem Platz, dass Kesa Weiß sich bekehrt hatte und fortan seinem neuen Herrn dienen wollte.

Das hatte Konsequenzen, die in ihrer Radikalität sogar die Missionarin und ihre deutschen Mitstreiter erschreckte: Das »Charlos-Weiß-Orchester« sollte aufhören zu existieren! Musste das tatsächlich die Folge der Bekehrung der Musiker und ihres Leiters sein? War das wirklich notwendig, die schicken farbigen Kostüme in den Schränken zu verbergen und die wertvollen Instrumente künftig in ihren Koffern zu lassen? Nein, nein, nein, das konnte Gott nicht wollen, dass solche Talente künftig vergraben wurden!

Schwester Gertrud besprach sich mit Johannes Lichtenberg und anderen über diese Frage. Sie waren sich alle darin einig, dass die Musiker vom Platz an der »Alten Fähre« nicht einfach aufhören durften zu spielen. Dass sie nicht mehr zu Festen und Feiern, nicht mehr für Film und Fernsehen, nicht mehr zu Lustbarkeiten und in öffentlichen Lokalen auftreten wollten, das war ja verständlich. Musik für die gottlose Welt wollten sie nicht mehr machen. Das war verständlich und sicher lobenswert. Aber dann sollten sie doch Musik für ihren neuen Herrn machen! Die Bibel sprach doch immer wieder vom Musizieren zur Ehre Gottes.

Schwester Gertrud musste möglichst bald das Gespräch darüber mit Kesa suchen. Er selbst musste gewonnen werden; er würde den entsprechenden Einfluss auf seine Musiker haben.

Mit Kesa zu reden war zunächst nicht leicht. Schwester Gertrud und Johannes Lichtenberg gaben sich alle Mühe, dem begnadeten Menschen deutlich zu machen, dass mit seiner Bekehrung seine Begabung auch unter der Gnade Gottes stand und geheiligt war und er sein Talent nicht vergraben durfte.

»Die Musik ist vom Teufel! Wir wollen damit nichts mehr zu tun haben!«, war das Argument, das Kesa mehrfach wiederholte. »Wir haben mit unserem Spielen Menschen zur Sünde verführt. Das können wir nicht mehr tun, und das wollen wir nicht mehr tun.«

»Das sollt ihr auch nicht mehr, lieber Kesa«, versuchte Schwester Gertrud den Mann zum Nachdenken zu bewegen. »Aber ihr könnt doch ganz neue Melodien in euer Repertoire nehmen.«

»So ähnlich, wie es David im Psalm 40 singt«, ergänzte Johannes Lichtenberg. »Auch David wusste sich von Gott aus einer grausigen Grube gezogen und aus dem Schlamm; genau wie du dich aus dem Schlamm deiner Sünde gezogen weißt. Und dann bekennt David, dass Gott ihm ein neues Lied in seinen Mund gegeben hat, um ihn zu loben, damit es viele sehen und den Herrn fürchten. Genau so hat Gott dir ein neues Lied auf deine Saiten gegeben, um ihn zu loben, damit andere davon erfahren, die es bisher nicht wissen. Kesa, kannst du dich dem wirklich entziehen?«

Diese Worte schienen Eindruck zu machen. Kesa schien nachzudenken.

Schwester Gertrud nutzte die Gelegenheit und ergänzte die Aufforderung des 98. Psalms: »Hör, Kesa, was hier steht: ›Singt dem Herrn ein neues Lied, denn er tut Wunder.‹ Dass Gott hier an der ›Alten Fähre‹ ein Wunder getan hat, bestreitet sogar die Welt nicht.«

Kesa nickte bei diesen Worten. Er schien zu verstehen.

»Und hier steht noch was, Kesa«, fuhr die Missionarin fort. »›Jauchzt dem Herrn, alle Welt, singet, rühmt und lobt. Lobt den Herrn mit Harfen und Saitenspiel. Mit Trompeten und Posaunen jauchzt vor dem Herrn, dem König.‹ Ihr Sinti liebt das Blech nicht unbedingt. Aber hier können ebenso gut Geigen, Celli, Klarinetten, Akkordeons und so weiter eingesetzt werden. Die Hauptsache ist doch, dass Gott mit den Instrumenten die Ehre gegeben wird.«

»Übrigens erwähnt der Letzte der Psalmen ausdrücklich die Saiteninstrumente«, ergänzte Johannes Lichtenberg und fuhr fort: »Gebt dem Teufel ja nicht die Ehre, eure Instrumente wegzuschließen, lieber Kesa. Das Lob Gottes unter den Sinti verkünden könnt ihr mit eurem Musikstil viel besser, als wir Chale das mit unserem können. Wir treffen doch gar nicht eure Harmonien und musikalischen Empfindungen.«

Der bekehrte Zigeunermusiker hatte aufmerksam zugehört. Jetzt ging es wie ein Leuchten über sein Gesicht: »Ihr habt Recht, Schwester Gertrud und Bruder Johannes. Ich muss es einsehen. Spielen wir also in Zukunft zur Ehre Gottes. Meine Leute werden dabei sein.«

»Und der Herr wird euren Dienst segnen. Ihr werdet es erfahren, lieber Kesa.« Schwester Gertrud faltete die Hände zum Beten.

Vor dem Angesicht Gottes machten die drei Menschen den neuen Auftrag für das ehemalige »Charlos-Weiß-Orchester« fest:

*Freiluft-Probe des »Charlos-Weiß-Orchester«*

Musik zur Ehre Gottes hieß dieser Auftrag und zur Erbauung der Gemeinde, die freilich noch im Entstehen war, aber sich bereits mehr und mehr abzeichnete.

»Ach, übrigens, Kesa«, meinte Schwester Gertrud beim Verabschieden zu dem Sinto, »im nächsten Gottesdienst spielst du uns dein neues Lieblingslied. Abgemacht?«

»Abgemacht, Schwester Gertrud«, bestätigte Kesa und spielte gleich die Melodie des Refrains an:

»Jesus, mein Stolz, meine tiefe Ruh,
Jesus, dir jauchze ich selig zu!
Ich hab einen herrlichen König,
o Jesus, Jesus nur du!«

Ab dem nächsten Gottesdienst konnte Schwester Gertrud ihre Gitarre in der Hülle lassen. Von jetzt an begleitete das alte, jetzt aber erneuerte Zigeunerorchester die Lieder und Chorusse der Gläubigen in den Gottesdiensten und Zusammenkünften. Und das bald nicht nur in der Hütte an der »Alten Fähre«.

Hier hatte Gott also wieder einen neuen Sieg errungen, dessen Auswirkungen nicht auf den Platz begrenzt blieben, sondern sich im Laufe der Zeit über Hamburg, das umliegende Land und weit über Norddeutschland hinaus verbreiteten.

Auf das, was an der »Alten Fähre« geistlich geschehen war und auf die Konsequenzen, die das Geschehen hatte, wurde bald die Presse aufmerksam, die christliche und auch die weltliche. Der Evangeliums-Rundfunk in Wetzlar brachte immer wieder Sendungen über die Sinti-Arbeit in Hamburg, wobei Lieder und Glaubenszeugnisse zum Inhalt gehörten. Manche Mitarbeiter dieses privaten Rundfunks wurden treue Freunde der Arbeit.

Die Nachricht von der Erweckung unter den Zigeunern verbreitete sich somit rasch über ganz Deutschland und in die Nachbarländer. Echos auf Sendungen und Artikel zeigten, dass viele vom »Wunder an der ›Alten Fähre‹« gehört hatten.

Schwester Gertrud leitete ihre Sinti-Geschwister sehr bald an, von ihrem Erleben mit Gott während der großen Flut zu erzählen und Zeugnis von ihren Bekehrungen und ihrem jungen Glauben zu geben. Diese Wundertaten Gottes mussten von den Betroffenen selbst unter die eigenen Leute gebracht werden und auch unter andere. Das wirkte wesentlich besser, als wenn sie, die Missionarin, bei ihren Berichtsdiensten und in ihren Rundschreiben quasi von außen von den Ereignissen berichtete. Das tat sie natürlich auch, und sie erfuhr viele Antworten ungeteilter Mitfreude und Dankbarkeit gegen Gott. Aber die »Originaltexte« kamen doch besser an. Wer also schreiben konnte, schrieb sein Zeugnis auf, wer nicht schreiben konnte, diktierte es einem anderen.

Künftig reiste Schwester Gertrud deshalb auch seltener allein, wenn sie in Gemeinden unterwegs war oder zu Konferenzen eingeladen wurde. In ihrem Auto war ja für mehrere Leute Platz. Ihre Leute hatten sich auch selbst bald wieder neue Fahrzeuge beschafft. So waren sie wieder mobil und konnten zu mehreren mit ihrer Missionarin unterwegs sein.

Sie erzählten meist mit Worten und Liedern von ihrer Lebenswende und hinterließen in den verschiedenen Gemeinden tiefe Eindrücke. Sogar Papo Rudolf Weiß, mit seinen fünfundsiebzig Jahren der Senior der Sippe, ließ sich dazu bewegen, auf dem Katheder vor vielen zu stehen und mit bewegenden Worten sein von Jesus geschenktes Anrecht auf die Ewigkeit in Herrlichkeit zu bezeugen. Kaum ein Auge blieb trocken, wenn der alte Sinto seinen Zuhörern fröhlich die Wichtigkeit seines neuen Lebensmottos deutlich machte: »Wir haben hier keine bleibende Statt, sondern die zukünftige suchen wir.« Warum nur hatte er so alt werden müssen, bis diese Botschaft ihn und sein Volk erreichte?

Noch dreizehn Jahre waren ihm vergönnt, seinen Glauben zu leben und zu bezeugen und sein geliebtes Cello zur Ehre des Herrn zu spielen.

Papo Weiß hatte sein Zeugnis übrigens zuvor im Pferdestall geübt. »Du machst mir noch zum Prediger, und ich übe mir schon darin«, hatte er zu Schwester Gertrud einmal gesagt, als sie ihn um seine Mitarbeit gebeten hatte. Damit hatte er nicht einmal Unrecht. Die in schlichten Worten und zuweilen in holprigem Deutsch vorgetragenen Zeugnisse der Zigeuner wirkten oft mehr als ausgefeilte Predigten von theologischen Profis.

Aber auch die kamen in der kommenden Zeit immer häufiger in die Hütte, um den Sinti das Wort Gottes zu predigen. Die Liste der bekannten Evangelisten und Prediger aus den verschiedenen Gegenden und geistlichen Lagern Deutschlands, die zu Freunden der Sinti und der missionarischen Arbeit unter ihnen geworden waren, wurde im Laufe der Zeit lang und länger. Schwester Gertrud hatte in ihrer Arbeit viele Verbindungen geknüpft und damit auch manchen persönlichen Freund gewonnen.

Dabei musste freilich der eine oder andere Prediger lernen, seine Sprache ein wenig anzupassen. Theologische Wahrheiten in dogmatischer Sprache kam bei den Zigeunern nicht an. Da strahlte keine Wärme heraus. Die musste aber sein. Die Sinti selbst sprachen in schlichter, bilderreicher und blumiger Weise, wenn sie die deutsche Sprache benutzten. So wollten sie es auch hören. Also mussten sich die Redner darauf einstellen. Wem es gelang, der hatte gewonnen. Wer seine Liebe zu dem dunkelhaarigen Volk nicht nur in der Zuwendung, sondern auch in seiner Sprache deutlich machen konnte, dem wurde gerne und lange zugehört.

Die jungen Gläubigen konnten nicht genug biblische Botschaft hören. Sie wollten lernen, was das Wort Gottes zu sagen hatte und welche Lebenskraft und Sterbenshoffnung in ihm wohnte. Und sie konnten nicht genug davon bekommen. Was sie dann gehört hatten, vertieften sie in ihren Bibelstunden, Frauenstunden, Männertreffen, Jugendstunden und Hauskreisen, die nach und nach eingerichtet wurden und immer gut besucht waren. Wer nicht lesen konnte, hörte umso besser zu und lernte die Texte und Bibelstellen auswendig. Kassettentechnik machte es zusätzlich möglich, getreu dem Rat des weisen Salomo: »Schreibe die Gebote auf die Tafel deines Herzens.«

Welch ein geistlicher Aufbruch als Antwort Gottes auf ungezählte Gebete während neun Jahren anscheinend vergeblicher Arbeit! Wie konnte Schwester Gertrud jetzt loben und dafür danken, dass Gott sie auf diese Weise erfahren ließ: Seine Verheißungen galten und fanden in Jesus Erfüllung.

Nicht zuletzt wurde die Hamburger Entwicklung auch durch Schwester Gertruds Zugehörigkeit zur »Internationalen Zigeuner-Missions-Konferenz« bekannt, die sich alle zwei Jahre in irgendeinem europäischen Land zusammenfand, um über die Arbeit unter Sinti und Roma zu beraten und Erfahrungen auszutauschen.

Immer wieder wurden auch die Musiker zu Konzerten und Konferenzen eingeladen, um ihr musikalisches Zeugnis vor vielen Menschen abzugeben. Füllte das »Charlos-Weiß-Orchester« vormals weltliche Konzertsäle, so füllten die Männer in ihren schmucken neuen Anzügen, die ihnen ein frommer Textilfabrikant geschenkt hatte, jetzt Gemeindesäle. So kam das Wirken Gottes auf besondere Weise unter die Leute. Und die Zigeuner reisten ja ohnehin gerne.

Aufmerksam auf die neu gestaltete musikalische Arbeit der Zigeuner-Musiker wurden auch verschiedene christliche Schallplattenproduzenten. So blieb es nicht aus, dass in den nächsten Jahren eine ganze Reihe Schallplatten entstanden, mit einer Auswahl beliebter geistlicher Lieder in Deutsch und in Romani. Denn die Sinti sangen inzwischen auch Lieder in ihrer eigenen Sprache. Schwester Gertrud förderte diese Entwicklung, wo immer sie konnte. Die meisten Kontakte liefen ohnehin über sie und ihren eigentlich gar nicht so sehr geliebten Schreibtisch. Die Zeit, die sie dort verbringen musste, fehlte ihr für ihre stillen Vorbereitungen im Bibelstudieren vor den missionarischen Aktionen in und um Hamburg und für die Seelsorge, die jetzt einen breiten Raum in ihrer Arbeit einnahm. Gut, dass sie inzwischen durch weitere Mitarbeiterinnen ihrer Mission und manchen freiwilligen Helfer aus Hamburger Gemeinden und der Umgebung ein wenig entlastet war. Sie musste längst nicht mehr ständig selbst auf allen Zigeunerplätzen Hamburgs, Schleswig-Holsteins und Niedersachsens präsent sein. Sie konnte sich mehr auf die Gemeinde an der »Alten Fähre« konzentrieren und auf die Leute, die sich hierher orientierten. Und das war ihr auch lieb so.

Schwester Gertrud griff also die Anfrage des »Missionstrupps Frohe Botschaft« in Großalmerode auf. Sein Leiter Wolfgang Heiner war einer der Ersten, der sich auf die Ereignisse um die Sturmflut und ihre Folgen für die Sinti gemeldet hatte. Zu ihm vermittelte sie die Zigeunermusiker zur Plattenaufnahme ins Studio. Oder sie holte ein Studio samt dem Pianisten Peter van Woerden nach Hamburg. Später veröffentlichte der Verlag Hermann Schulte Aufnahmen, die weite Verbreitung fanden.

Dass aber ein Tonträger mit Liedern und Zeugnissen der Zigeuner in die Hände eines großen Politikers geraten würde, hatten Schwester Gertrud und ihre Leute der Initiative von Pastor Hermann Reske zu verdanken, der seit 1961 als ehrenamtlicher Vorsitzender der Mission für Süd-Ost-Europa und als hauptamtlicher Leiter der Lobetalarbeit in Celle die Hamburger Sinti-Arbeit aufmerksam begleitete und unterstützte.

»Schwester Gertrud, möchten Sie einmal dem deutschen Außenminister begegnen?«, fragte er am Telefon.

»Ich verstehe nicht, Bruder Reske«, gab die Missionarin verwundert zurück.

»Nun, liebe Schwester, ich lade Sie nach Celle ein. Wir bekommen Besuch aus Bonn. Der Außenminister Willy Brandt kommt am 1. Juni hierher. Er will unsere Einrichtung kennen lernen und sich ansehen, was wir hier so machen. Da hatte ich gedacht, das wäre eine gute Gelegenheit für Sie, auf Ihre Arbeit unter den Sinti hinzuweisen.«

»Aber wird das denn gehen? Ihr Programm ist doch sicher sehr gefüllt.«

»Das werden wir schon arrangieren, Schwester Gertrud«, beruhigte sie Pastor Reske.

»Ob ich dem Herrn Außenminister dann wohl eine unserer

Schallplatten überreichen darf?«, hatte sie sofort einen bestimmten Gedanken.

»Warum denn nicht? Das ist eine großartige Idee. Tun Sie das ruhig, Schwester Gertrud. Sie kommen also?«

»Gerne komme ich, Bruder Reske.«

Am 1. Juni in Celle war Schwester Gertrud schon ein wenig nervös vor der Begegnung mit einem der wichtigsten deutschen Politiker. Dann kam der große Moment. Der Fahrzeugkonvoi war unter Blaulichtblitzen und flankiert von »Weißen Mäusen« auf das Gelände gefahren; die würdigen Herren aus Bonn in Begleitung weniger Damen waren ausgestiegen und vom Leiter der Lobetalarbeit gebührend begrüßt worden.

Pastor Reske stellte Willy Brandt verschiedene leitende Mitarbeiter seines Werkes vor und kam dann auf Schwester Gertrud zu, um seinen großen Gast mit der Missionarin bekannt zu machen.

»Herr Außenminister, diese Frau ist eine besondere Frau und sie tut eine besondere Arbeit. Frau Wehl arbeitet seit 1953 als Missionarin unter den Sinti und Roma in Hamburg.«

Der hohe Herr reichte Schwester Gertrud freundlich die Hand und gab ihr die Gelegenheit, ihm die Schallplatte »Wir singen von Jesus« mit dem »Tatsachenbericht von Gottes Wirken heute unter den Zigeunern« zu überreichen.

»Herr Außenminister, wir haben in Hamburg aus großer Not heraus eine tief greifende Erweckung erlebt. Davon berichtet diese Schallplatte. Ich möchte sie Ihnen überreichen mit herzlichen Grüßen der Zigeunergemeinde und mit dem Wunsch, dass Gott Sie segnet.«

Der Außenminister reichte Schwester Gertrud noch einmal die Hand: »Vielen Dank, Frau Wehl, ich werde Gelegenheit suchen, die Platte anzuhören. Vielen Dank. Grüßen Sie die Männer und Frauen und auch die jungen Leute Ihrer Gemeinde herzlich.«

Damit war die kurze Begegnung auch schon vorbei. Dass sie Auswirkungen haben möge für den Minister selbst und für andere, die die Platte vielleicht anhören würden, ging der Missionarin betend durch den Kopf. Gott konnte auch durch ein solches Mittel wirken.

Dass der Inhalt der schwarzen Scheibe nicht ohne Wirkung geblieben war, sah Schwester Gertrud an zwei Dankesbriefen, die sie aus dem Außenministerium erhielt. Gott wirkte auch hier auf seine Weise, indem das Glaubenszeugnis der Zigeuner einzelne Menschen beeindruckte. Und Jahre später setzte sich Willy Brandt als Bundeskanzler im Zusammenhang mit der geplanten Auflösung des Platzes am Georgswerder Bogen dafür ein, den Hamburger Sinti würdige Wohnplätze zu schaffen.

Durch die Zigeunermusik wirkte Gott jedenfalls immer wieder, ob nun bei direkten Auftritten des Orchesters oder auch über die Schallplatten. Meistens still und eher unbemerkt, indem er durch die Musik und die Lieder der Männer Menschen im Glauben stärkte und Mut machte, auf dem Weg mit Jesus zu bleiben oder auch diesen Weg erst zu betreten. Zuweilen aber auch mit deutlich sichtbarem Ergebnis.

So jedenfalls hatte Goldschawi, ein schon älterer Sinto aus Finkenwerder in Hamburg den Einsatz der Musiker erfahren. Die Veränderung dieser Männer faszinierte ihn. Er war selbst hoch musikalisch und spielte vorzüglich Gitarre. Bisher hatte er ein eher unruhiges und unstetes Leben geführt. Der Alkohol und seine unguten Einflüsse hatten sein Leben bestimmt. Im Suff tat der Mensch manches, was ihm im nüchternen Zustand nicht in den Sinn gekommen wäre. Goldschawis Leben war verpfuscht, und er empfand es seit langem schon so. Seine Suche nach Harmonie und Frieden für seine Seele war bisher noch ohne Ergebnis geblieben.

Diese veränderten Musiker vom Platz an der »Alten Fähre« aber hatten etwas, was er brauchte. Das spürte er. Er ließ sich zu den Gottesdiensten in die Hütte einladen und hörte zum ersten Mal die Botschaft von der heilenden und rettenden Kraft des Evangeliums. Der Sinto öffnete sein Herz für die Einladung, wie sie der Kerkermeister damals in Philippi aus dem Mund des Paulus gehört hatte: »Glaube an den Herrn Jesus Christus, so wirst du und dein Haus selig.«

Mit der Antwort Goldschawis war eine Seele für den Himmel gewonnen und zugleich ein treues Glied der Gemeinde, das seine musikalischen und sprachlichen Gaben gerne einsetzte. Nur das mit dem »Haus« blieb vorläufig sein Gebetsanliegen, wenngleich seine Familie in den Gottesdiensten meistens dabei war. Goldschawis Platz jedenfalls war künftig unter den Musikern, sein Gitarrenspiel gehörte zum Programm. Sein Bekenntnis wird in den Gottesdiensten der Sinti immer noch gerne gesungen:

U Truschel zickerell men u Drom kehri,
U Rei Jesus Pinela, kon ap Miro Lab patzela,
Djiwela, wehl Djujo annu Djie,
an leskro Wast schipp tiro Jiepen.
Drum Penja un Prala awen schunen dicken,
Jesuszestro Ratt Krehl men Piro!
Newo Djie, newo Djiepen, und Kamlapen,
dehl Joop, dehl Joop, awen schunen.

Das Kreuz zeigt uns den Weg nach Haus.
Der Herr Jesus spricht:
Wer an meine Worte glaubt, wird leben,
bekommt ein reines Herz.
In seine Hand leg du dein Leben!
Drum Schwestern und Brüder, kommt und hört
und seht: Jesu Blut macht uns frei.
Neues Herz, neues Leben und Liebe
gibt er, gibt er. Kommt, hört und seht!

## Umzugsprobleme

Schwester Gertrud hatte sich in letzter Zeit immer wieder einmal für ein paar Tage zurückziehen müssen, weil ihre Reserven einfach erschöpft waren. Diese merkwürdige körperliche Schwäche, die sich gelegentlich zeigte, hatte sie inzwischen auch mehrmals zu kurzzeitigen Aufenthalten im Krankenhaus Elim gezwungen. Hier kümmerte sich Dr. Heitmüller, Sohn des Direktors Friedrich Heitmüller, jeweils persönlich liebevoll um die Patientin, bis er seine »Zickzack«, wie er Schwester Gertrud gerne nannte, mit Vitaminspritzen wieder auf die Beine gestellt hatte.

Die große Flut vom Februar 1962 hatte auch Folgen, die Schwester Gertrud, ihren deutschen Freunden und vor allem den Sinti Kopfzerbrechen und sehr viel Mühe machten.

Im Frühjahr 1964 saßen die Missionarin, »Bürgermeister« August Kalo Weiß und Pastor Johannes Lichtenberg im Wilhelmsburger Rathaus drei Herren der Stadtverwaltung, der städtischen Finanzbehörden und des Amtes für »Strom- und Hafenbau« gegenüber. Thema der Verhandlung war die notwendige Verlegung des Zigeunerplatzes vom Platz an der »Alten Fähre« an einen neuen Ort. Im Zuge der Deicherneuerungen sollte und musste auch an der »Alten Fähre« gebaut werden. Der Platz musste also geräumt werden. Diese Notwendigkeit sahen inzwischen nach vielen Diskussionen unter den Sinti die meisten von ihnen ein. Schwester Gertrud, Bruder Johannes, wie die Sinti den Jugendpastor vom Holstenwall und freien Mitarbeiter in der Arbeit inzwischen nannten, der »Bürgermeister« und andere einsichtige Männer aus den eigenen Reihen hatten schwierige Überzeugungsarbeit leisten müssen.

Also umziehen. Aber wohin nur?

»Meine Dame und meine Herren. Die Lage ist sehr schwierig, wenn nicht gar verzweifelt«, begann einer der Vertreter der Stadt, Herr Westphal, das Gespräch. Er schien selbst ein wenig bedrückt. Mindestens drei Augenpaare schauten ihn fragend an. Was würde jetzt kommen? Hoffentlich kam die Hörstener Straße nicht wieder ins Gespräch. An jeden anderen Ort, aber nicht auf die alte Kippe, nicht auf diesen Aschenberg in den Moorwiesen!

»Wir haben uns sehr bemüht, ein geeignetes Gelände für die Sintifamilien zu finden. Leider bisher vergeblich.« Der Beamte seufzte leicht auf. »Kein Landwirt ist bereit, auch nur einen Quadratmeter Land herzugeben. Auch die Bundesbahn zeigt keine Neigung, von ihren Grundstücken hinter dem Deich eine ausreichende Parzelle zur Verfügung zu stellen.« Als müsse er sich für diese Aussage entschuldigen, schaute er seine Gesprächspartner einen nach dem anderen Verständnis heischend an.

»Und was soll nun werden?«, fragte Schwester Gertrud ein wenig erschrocken.

»Tja, Frau Wehl«, Herr Westphal musste sich sichtlich überwinden, um die folgende Antwort zu geben. »Wir sehen keine andere Möglichkeit, als Ihnen das Grundstück im Gleisdreieck an der Kornweide zu überlassen. Das gehört der Stadt, darüber können wir verfügen.«

»Nein, doch nicht das!«, kam es wie aus einem Munde von den drei Vertretern der Sinti.

»Der Platz ist doch viel zu klein«, ergänzte Kalo Weiß. »Wie sollen denn dreiundvierzig Familien mit ihren Wagen und Hütten in der Enge dort unterkommen? Und dann unsere Hütte ›Geborgenheit‹, die muss doch auch mit.«

»Ich weiß, ich weiß, Herr Weiß«, räumte der Amtsleiter ein. »Es wird sehr eng werden. Der Platz entspricht etwa einem Drittel des jetzigen. Aber wir sehen einfach keine andere Lösung.«

»Und was ist mit der großen Weidekoppel im Dreieck?«, warf Johannes Lichtenberg ein.

»An die können wir nicht ran. Der Besitzer lässt sich auf kein Gespräch ein. Den müssen Sie als Nachbarn ertragen, und seine Pferde und Kühe, die dort weiden, müssen die Sinti ertragen«, meinte einer der anderen Herren.

Für einige Sekunden herrschte betretenes Schweigen, bis der Sinti-Bürgermeister es brach: »Und wie hatten Sie sich die Umsiedlung vorgestellt?«

»Ich lese Ihnen etwas vor«, antwortete Herr Westphal und nahm die Wohnwagenplatz-Verordnung von 1905 in die Hand. »Hier steht: ›Bei Verlegung eines Wohnwagenplatzes hat jeder Teilnehmer das Recht, dass sein Wohnwagen auf Stadtkosten auf einen anderen Platz gezogen wird.‹«

»Das hört sich gut an. Aber was ist, wenn sich ein Wagen gar nicht mehr ziehen lässt, weil er einfach schon zu lange steht? Und was ist mit den Anbauten und mit den Hütten, die gebaut werden mussten, weil die Familien gewachsen sind und die Wagen zu klein wurden?«

Die Frage des »Bürgermeisters« war nur zu berechtigt. Sie entlockte den Gesprächsteilnehmer sogar ein leichtes Lächeln.

»Sehr kurzsichtig von unseren Amtsvätern«, gestand Herr Westphal zu. »Die haben damals nicht daran gedacht, dass sich eine Familie auch einmal vergrößert.«

Dann verkündete der Mann von der Finanzbehörde die nächste Hiobsbotschaft: »Wir haben auch leider bisher keine Firma gefunden, die den Umzug kostengünstig durchführen würde.«

»Wieso das?«, fragte Schwester Gertrud erstaunt.

»Tja, die Firmen haben Angst, es ginge zu viel dabei zu Bruch, und die Schäden müssten übernommen und ersetzt werden.«

Wieder betretenes Schweigen und fragendes Herumschauen von einem zum anderen.

Dann machte Johannes Lichtenberg einen mutigen Vorschlag:

»Ich biete an, dass unser Jugendkreis vom Holstenwall den Umzug übernimmt. Dann entstehen dafür gar keine Kosten.«

»Und das werden die jungen Leute machen?«, fragte Herr Westphal erstaunt zurück.

»Ich bin davon überzeugt, dass das klappt«, bestätigte der Pastor. »Aber ich schlage vor, jede Familie bekommt dafür einen bestimmten Betrag als Ausgleichszahlung. Die Sinti sind findige Leute. Die bauen sich von dem Geld neu, was kaputtgeht.«

Die drei Vertreter der Stadt schauten sich an, als wollte einer den anderen ermuntern, die Zustimmung zu dem Vorschlag zu geben. Dann war es Herr Westphal, der Johannes Lichtenbergs finanziellen Gedanken sogar noch erweiterte. An seinen Finanzkollegen gewandt sagte er: »Das hört sich gut an. Ich beantrage zusätzlich einen Fond von 3000 DM für eventuelle Härtefälle. Außerdem schlage ich vor, dass die Stadt eine Firma mit der Umsetzung der Gottesdiensthütte beauftragt und die Kosten dafür übernimmt. Wäre das eine Lösung, Frau Wehl und meine Herren?«

Den Angesprochenen verschlug es für einen Moment die Sprache. Welch ein Entgegenkommen! Schwester Gertrud fragte aber dann doch noch einmal vorsichtig zurück: »Und Sie können das gegen die bestehenden Vorschriften …?«

»Ich denke, wir können das. Sie können uns beim Wort nehmen, Frau Wehl«, bestätigte Herr Westphal. Die beiden anderen Herren zeigten durch ihr Kopfnicken ihr Einverständnis.

»Und wann, denken Sie …?«, fragte Kalo Weiß.

»Das wäre auch für mich wichtig zu wissen«, ergänzte der Jugendpastor vom Holstenwall, »denn ich müsste mit meinen jungen Leuten planen können.«

Jetzt antwortete der Herr vom »Strom- und Hafenbau«: »Ich denke, bis Mitte Mai ist der Platz vorbereitet und Sie können ans Werk gehen.« Wie zur Entschuldigung der städtischen Behörden ergänzte er: »Es tut uns Leid, dass es sehr eng werden wird. Aber wir sehen wirklich keine andere Möglichkeit. Und wir danken Ihnen sehr für Ihre erfreuliche Bereitschaft zur Zusammenarbeit. Ich will heute schon hoffen, dass es langfristig eine bessere Lösung Ihrer Wohnprobleme geben wird.«

Sehr dankbar und zufrieden verließen die drei Vertreter der Sinti das Rathaus. Und doch erfüllte sie ein wenig Bangigkeit.

Würde das alles so klappen? Waren genug junge Leute bereit, Hand anzulegen? Wie würden die Sintifamilien reagieren, die sich nicht zur Gemeinde hielten? Die hatten sich vorher schon quer gestellt und mit einer Klage gegen die Stadt gedroht.

Schwester Gertrud verabschiedete sich von den beiden Männern: »Das ist wieder einmal ein Fall, ihr lieben Brüder, in dem wir beten müssen, als würde alles Arbeiten nicht helfen ...«

»... und in dem wir arbeiten müssen, als würde alles Beten nicht helfen«, ergänze Johannes Lichtenberg.

»Und der Heiland wird bei beidem helfen«, war »Bürger-meister« Kalo sich sicher.

Am Freitag des vorletzten Maiwochenendes schien herrlich die Sonne. Die Vögel zwitscherten fröhlich in den frischen grünen Zweigen der Weiden und Erlen am Rande des Platzes. Unter einem blauen, mit wenigen Schönwetterwölkchen verzierten Frühlingshimmel herrschte geschäftiges Treiben an der »Alten Fähre«. Leider hatte niemand Zeit, auf die Schönheiten dieses Spätfrühlings-Tages zu achten.

Rund 50 junge Leute aus verschiedenen Jugendkreisen in Hamburg hatten sich eingefunden, um gemeinsam mit den Sinti den Umzug auf das Gleisdreieck zwischen den Dämmen der Hohe-Schaar-Bahn zu bewerkstelligen. Die Mädchen sollten beim Aus- und Einräumen der Wohnungen helfen, die Jungen beim eigentlichen Umzug der Wagen und Hütten. Ein kleiner und ein größerer Traktor standen zur Verfügung. Johannes Lichtenberg hatte eigens einen Traktor mit Hänger vom Hof seines Schwiegervaters mehr als siebzig Kilometer über Land hierher gebracht. Einer der Jungen hatte von einem Ort jenseits der alten Süderelbe sogar einen langen Tieflader-Anhänger herbeigeschafft, und mehrere Werkzeugkisten waren auch vorhanden. Die Stadt Hamburg stellte zusätzlich einen Kranwagen zur Verfügung, der sich aber später auf dem sandigen Gelände an der »Alten Fähre« als unbrauchbar erwies.

Nach einer Kurzandacht von Bruder Johannes zum Psalm 127 »Wo der Herr nicht das Haus baut, da bauen die Bauleute umsonst ...«, nach einer kräftigen Gebetsgemeinschaft der Truppe und nach der Lagebesprechung mit Aufgabenverteilung konnte das Volksfest losgehen. Zu dem wurde die Aktion nämlich vor

*Umzug: schwere Arbeit, aber fröhliche Männer*

allem für die Kinder, die zuweilen dadurch helfen mussten, dass sie sich vorne auf den leichteren Traktor setzten, damit das Fahrzeug auch mit den Vorderrädern auf der Straße blieb, wenn die hinten anhängende Last die Zugmaschine vorne anhob.

In den nächsten drei Tagen wurde ein Wohnwagen nach dem anderen auf den knapp zwei Kilometer entfernten neuen Platz gezogen, wenn er denn wirklich zu ziehen war und nicht erst einmal provisorische Achsen erhalten musste. Die jungen Leute und die Bewohner vom Platz an der »Alten Fähre« wussten sich zu helfen.

Mehrere Behausungen mussten ausgeräumt und zerlegt werden, um in Einzelteilen transportiert, wieder zusammengebaut und neu eingerichtet zu werden. Wie befürchtet ging dabei manches zu Bruch, weil es im Laufe der Zeit morsch und faul geworden war. Manche Hauswand und mancher Fußboden musste neu hergestellt werden, und manche Hütte brauchte dann doch ein neues Dach.

Dennoch hielt sich die Aufregung, die mit dem allen verbunden war, in Grenzen. Dafür sorgte auch Schwester Gertrud, die mehrmals zwischen den beiden Plätzen pendelte und sich zwischendrin immer wieder um die Kinder und die älteren Leute kümmerte, hier jemanden besänftigte, dort aufgeregte Herzen beruhigte und vereinzelt schlichtete, wenn es um die Platzvergabe Unstimmigkeiten gab. Ein Streifen von lediglich drei mal zwölf Meter stand jedem Wohnungsinhaber zu. Da war das Zuweisen der Parzellen nicht immer einfach. Es sollte ja auch niemand bevorzugt oder benachteiligt werden.

Während der Arbeit kam dann irgendjemand auf die Idee zu überlegen, ob nicht die kleinen Häuschen komplett auf den Tieflader gehievt werden könnten. Nach dem Motto »Wer nicht wagt, der nicht gewinnt« wurde diese Verladetechnik probiert, und bei einigen Wohnungen funktionierte sie sogar. Das vereinfachte und beschleunigte den Umzug erheblich. Zudem gab es jeweils erheiternde Bilder, wenn das Gefährt, von einer Meute kläffender Hunde umsprungen, mit seiner Last durch die Straßen zuckelte und die Hausbewohner aus den Fenstern heraus den erstaunten Passanten zuwinkten.

Einer der Höhepunkte war der, als eine der Hütten transportiert wurde und Kako den Transport auf dem mit verladenen Klavier fröhlich musikalisch begleitete. Sogar vorbeifahrende Polizisten hatten ihre Freude daran. Die Beamten bestanden ausnahmsweise einmal nicht auf der Einhaltung der Bestimmungen der Straßenverkehrsordnung, sondern winkten den Schleppzug-Besatzungen fröhlich und anerkennend zu.

Ein wenig Unruhe entstand bei der Aktion, als die widerspenstigen und klagewilligen Sinti, die immer noch auf dem alten Platz saßen, allmählich befürchten mussten, auf dem neuen Gelände keine Parzelle mehr zu bekommen. Allein an der »Alten Fähre« zurückbleiben wollten sie dann doch nicht.

Schwester Gertrud vermochte auch hier zu beruhigen. Dass die Familien, die sich bisher nicht zur Gemeinde gehalten hatten, in die Umzugsaktion einbezogen wurde, war ein gutes Zeugnis für die Christen und schuf neues Vertrauen. Vielleicht öffnete sich ja auch im Zuge dieser Ereignisse das ein oder andere Herz …

Am Ende des mehrtägigen Umzugs gab es eine Menge erschöpfte, aber fast nur dankbare und zufriedene Leute. Auch Nennes Taubenschlag war mit umgezogen, wie der Werkstattwagen eines Sinto, der auf Eisenrollen über das Pflaster gerattert war, die gerade mal einen Durchmesser von acht Zentimetern hatten. Für den alten und kranken Steppchen war sogar ein noch relativ brauchbarer alter Bauwagen weit über Land herbeigeholt worden, weil sein maroder Wohnwagen beim Transportversuch völlig auseinander gebrochen war. Da war nichts mehr zu reparieren oder zu flicken gewesen.

Allerdings waren 700 Mark aus dem besonderen Fond für Härtefälle zu bezahlen. Am nächsten Tag gab es Ärger. Der Beamte im Finanzamt wollte dieses Geld für den Bauwagen nicht bewilligen. Aber Johannes Lichtenberg konnte ganz gefasst sagen: »Mein Herr, ich finde Ihre Auffassung traurig, wo es um einen wirklich armen und hilflosen alten Mann geht. Aber dann werden unsere jungen Mädchen und jungen Männer zu ihrem kostenlosen Einsatz auch noch die 700 Mark zusammenlegen. Den kranken Mann lassen wir nicht im Stich!« In dem Augenblick kam der leitende Herr vom »Strom- und Hafenbau« dazu und sagte ganz trocken: »Kommt überhaupt nicht in Frage, den Bauwagen schiebe ich unter meinen neuen Deich.« Er brauchte dann aber seinen Deichbau doch nicht um 700 Mark höher zu berechnen. Gott bewog den Finanzbeamten, aus dem Fond für Härtefälle das Geld doch zur Verfügung zu stellen.

Verhungert war in diesen Tagen auch niemand. Frieda Weiß hatte einen großen Topf Erbsensuppe gekocht, und die alte Tante Fina – noch hatte sie dem Evangelium ihr Herz nicht geöffnet – hatte gar ihre sämtlichen Hühner geschlachtet und weiteres Fleisch dazugekauft, um die fleißigen Arbeiter bei Kräften und bei Laune zu halten.

Was aber für alle noch wichtiger war: Es war auch niemand in irgendeiner Weise zu Schaden gekommen. Beim Auf- und Abladen hatte es wahrhaftig die eine oder andere brenzlige und gefährliche Situation gegeben, glücklicherweise aber immer ohne Folgen. Ein besonderer Grund zur Dankbarkeit!

Als dann auch die Hütte »Geborgenheit« ihren Platz in der Enge an der »Kornweide« gefunden hatte, nachdem die von der Stadt beauftragte Baufirma sie am alten Platz abgebaut und am neuen sogar vergrößert und mit einigen Veränderungen wieder aufgebaut hatte, konnte bereits am Abend des 7. Juni ein Lob- und Dankgottesdienst gefeiert werden; freilich zunächst bei Gasbeleuchtung, denn die elektrischen Anschlüsse fehlten noch.

»Am Sonntagabend wurde in einer ungewöhnlichen Feierstunde auf dem Wohnwagenplatz an der Kornweide die Kirchenbaracke der Süd-Osteuropa-Mission der evangelischen Kirche eingeweiht. Diese kleine Feierstunde, an der viele Mitglieder der Zigeunerfamilie Weiß teilnahmen, war so recht dazu angetan, Vorurteile, die viele unserer Mitbürger gegenüber den Zigeunern oft heute noch empfinden, endgültig abzubauen … Ortsamtsleiter Westphal dankte den Zigeunern der Sippe Weiß für die Disziplin und Geduld, die sie bei dem kürzlich erfolgten Umzug gezeigt hätten … Westphals besonderer Dank galt der Schwester Gertrud Wehl für ihre aufopfernde Hilfe für die Zigeuner, ganz besonders bei dem Umzug. Er überreichte ihr einen Blumenstrauß und Hans Lichtenberg und seinen Helfern von der evangelischen Jugend aus Hamburg und aus Toppenstedt – die sich ebenfalls tatkräftig eingesetzt hatten – ein Aquarell unserer verstorbenen Heimatmalerin Dora Gartmann, das sie von den Wohnwagen bei der Alten Fähre gemalt hatte …«

So stand es am folgenden Dienstag in der Zeitung. Welch schönes Zeugnis vor der Öffentlichkeit Hamburgs und der Region für Schwester Gertrud, ihre Mitarbeiter, für die freiwilligen Helfer, vor allem aber für das Wirken Gottes unter den Sinti. Auch vor den bisherigen Glaubensskeptikern des Platzes, von denen zum ersten Mal einige am Gottesdienst teilnahmen. Ob Gott an ihnen arbeitete?

Freilich wusste an diesem schönen Tag niemand der vielen Beteiligten, dass zwei Jahre später wieder eine Einweihung einer Hütte »Geborgenheit« gefeiert werden konnte. Allerdings wusste jeder Platzbewohner bei aller Freude über die Veränderungen, dass die Enge hier nicht lange zu ertragen war. Die Bewohner konnten sich bei geöffneten Fenstern gegenseitig die Hände reichen. Wäsche war schwierig zu waschen und noch schwieriger aufzuhängen. Für die Kinder gab es nur wenig Spielplatz, und das Kleinvieh wusste auch kaum, wo es denn picken und scharren konnte. Zudem hatten sich die sanitären Bedingungen gegenüber dem alten Platz noch erheblich verschlechtert. Es gab viel zu wenig Wasserstellen und nur ein kleines, völlig unzureichendes Toilettenhäuschen. Ein besonderes Ärgernis entstand noch dadurch, dass mancher Lokomotivführer sich offenbar einen Spaß daraus machte, gerade dann die Pfeife seiner Maschine zu betätigen, wenn er am Gleisdreieck vorbeifuhr. Und zwar überwiegend nachts. Nein, lange würde das Leben hier nicht auszuhalten sein.

Ein Lichtblick war, dass der Besitzer der Wiese nebenan bald einsehen musste, dass er seinem Vieh keinen Gefallen tat, es auf der Weide in unmittelbarer Nachbarschaft zu den Wohnungen der Zigeuner weiden zu lassen. Die armen Tiere hatten viel unter den Kindern zu leiden, die trotz Verbot in der Koppel mit Pferden und Kühen immer wieder Fangen spielten. Der Bauer brachte seine Tiere auf andere Weideplätze. So vergrößerte sich wenigstens der Aktionsradius der Kinder und auch des Kleinviehs.

Drei Jahre währte die Enge auf der Kornweide, die bald tatsächlich dazu führte, dass Aggressionen entstanden und wuchsen und sich immer wieder untereinander und gegenüber der Bevölkerung in der Nachbarschaft auf unschöne Weise entluden. Die Gläubigen waren auf engstem Raum umgeben von Ungläubigen. Licht war umgeben von Finsternis. Die so unterschiedlichen Lebensweisen der Menschen vertrugen sich nicht und rieben sich hart aneinander. Immer wieder gab es Auseinandersetzungen, Streit, Wunden und Tränen. Den Kindern machten die engen Verhältnisse noch nicht sehr viel aus. Die Erwachsenen konnten teilweise damit umgehen. Die Jugendlichen hatten es am schwersten, und sie machten die meisten Probleme.

Immer häufiger musste »Bürgermeister« Kalo Weiß Halbwüchsige aus der Sippe vom Polizeirevier abholen, die sich dort die ersten scharfen Verwarnungen einholten, ehe sie von ihm in quasi zweiter Instanz gemaßregelt wurden.

Immer wieder musste auch Schwester Gertrud vermittelnd eingreifen, um Verständnis werben, zurechtweisen, helfen und trösten. Das raubte ihr zuweilen die letzten Kräfte und machte sie müde und mutlos.

Zunehmend verließen einzelne Familien den Platz, weil sie irgendwo eine feste Wohnung gefunden hatten. Die Gefahr zeichnete sich immer deutlicher ab, dass der Sippenverband auseinander brechen konnte, wenn nicht in absehbarer Zeit eine andere Wohnlösung gefunden wurde.

Schwester Gertrud und ihre Freunde lagen den Behörden ständig in den Ohren, die Bedingungen zu verbessern. Am meisten aber lagen sie Gott in den Ohren, der am ehesten dafür sorgen konnte, dass sich irgendwo Neues auftat. Die Missionarin machte die Not ihrer Leute auch mit Rundbriefen und in persönlichen

Berichten im Land bekannt, damit die Last auf viele Seelen und Schultern verteilt wurde.

Auch jetzt erhörte Gott die vielen Gebete um eine Verbesserung der Wohnverhältnisse oder um neuen, besseren Wohnraum. Die Stadt Hamburg eröffnete den Sinti die Möglichkeit, familienweise nach Georgswerder umzuziehen und dort die Plattenhäuschen einer Arbeitersiedlung am Georgswerder Bogen zu beziehen, sobald wieder eins der Häuschen frei wurde. Die bisherigen deutschen Bewohner zogen nach und nach in andere Stadtgebiete um. Sie taten es sogar beschleunigt, seitdem eine Zigeunerfamilie nach der anderen in ihre Nachbarschaft zog. Wer konnte, machte schnellstens von der Möglichkeit Gebrauch und siedelte um.

Die Bedingungen in dieser Plattensiedlung waren zwar auch nicht ideal, aber doch wesentlich besser als in der Enge des Gleisdreiecks auf der Kornweide. Auf dem Gelände war ausreichend Platz, und man saß sich nicht gegenseitig auf der Pelle. Die sanitären Bedingungen waren in Ordnung, jeder hatte seine eigenen Anschlüsse für Wasser und Kanalisation. Nur mussten die Häuschen renoviert werden, um eine schöne Wohnung beziehen zu können.

Als es sich dann abzeichnete, dass bald die ganze Siedlung von Sinti bewohnt werden konnte, begannen auch die Überlegungen zur Umsetzung der Gottesdiensthütte. Ein entsprechender Antrag bei der zuständigen Behörde wurde bald gestellt. Deren grundsätzliche Genehmigung ließ nicht einmal lange auf sich warten. Es ging nur noch um den genauen Standort.

An einem Sonntagabend im Frühjahr 1966 schlug Schwester Gertrud nach dem Gottesdienst auf der Kornweide vor, noch gemeinsam an den Georgswerder Bogen zu fahren. Sie hatte das starke Empfinden, Gott gebe an diesem Abend ein Signal für den Standort seines Hauses am neuen Platz. Und wenn Gott sprach, sollte der Mensch gehorchen.

So stand denn die Missionarin mit ihren Mitarbeitern und einigen Sinti-Brüdern wenig später unter sternklarem Himmel im hellen Schein des vollen Mondes auf dem Platz, den sie sich für die Hütte vorstellen konnte. Das Gespräch um das gemeinsame Anliegen ging für ein paar Minuten hin und her. Schwester Gertruds Eindruck, dass genau dieses Geländestück der richtige Platz war, übertrug sich auf die anderen, und sie kamen überein, die entsprechende Zuweisung zu beantragen. Dann stellten sie sich in einen Kreis, sagten sich gegenseitig Mut machende Gottesworte und gingen auf die Knie, um ihr Anliegen bei der höchsten zuständigen Instanz vorzubringen. Mit einem in die klare Nacht hineingesungenen »Großer Gott, wir loben dich« ging dieser denkwürdige Abend zu Ende.

Und es war wieder sehr bemerkenswert: Drei Wochen später wurde genau dieser Platz zu Errichtung der neuen Hütte »Geborgenheit« freigegeben. So erhörte Gott Gebet! Halleluja!

Am 17. Mai begann bereits der Abriss der Hütte an der Kornweide und der Transport der Einzelteile an den Georgswerder Bogen. Wenige Tage später begann der Aufbau am neuen Ort.

Fast genau zwei Jahre nach der letzten Einweihung gab es dann bereits die nächste Feier zur Einweihung einer neuen, größeren und schöneren Hütte »Geborgenheit«. Viele Freiwillige hatten geholfen, die Baugrube auszuheben, die Fundamente zu legen, die Wände aufzurichten, das Dach aufzubringen, Fenster und Türen einzusetzen und die Inneneinrichtung zu erstellen. Sogar von der Lobetalarbeit in Celle hatte Pastor Reske ein paar Handwerker geschickt. Und von Hohenlockstedt bei Itzehoe war Otto Schäfer gekommen, ein Bruder, der die Zigeunerarbeit bei einem Missionseinsatz kennen gelernt hatte und sie für lange Zeit begleitete. Der stille Mann richtete in liebevoller Kleinarbeit das Gelände her, pflanzte Sträucher, zimmerte Bänke, umgab das ganze Grundstück mit einem wunderschönen Jägerzaun und verstand es dabei geschickt, Sinti in die Arbeit einzuspannen.

Herrlich, wie sie alle mit Begeisterung am Haus des Herrn bauten. Am 26. Juni, dem Einweihungstag, war zwar längst nicht alles fertig, aber das Ende war abzusehen. Gottes Wirken ließ sich nicht aufhalten.

Das üble Werk der Finsternis allerdings auch nicht. »Euer Widersacher, der Teufel, geht umher wie ein brüllender Löwe und sucht, welchen er verschlinge.« Das war zu Zeiten des Apostels Petrus so, und das hatte sich über die Jahrtausende nicht geändert. Er brüllte immer wieder lautstark und entsetzlich; auch hier und heute in der Plattensiedlung, wie er auf den anderen Plätzen auch immer wieder gebrüllt hatte. Manchmal schlich er aber auch auf

Samtpfoten auf dem Gelände zwischen den Menschen herum und schlug unangemeldet und unerwartet zu. Immer wieder kam es vor, dass während der Gottesdienste in der Hütte die Reifen der geparkten Fahrzeuge zerstochen wurden. Irgendwann ging ein PKW in Flammen auf. Immer wieder flogen Steine und klirrten Fensterscheiben. Dann wurden Kabel zerschnitten und andere Zerstörungen angerichtet. Die Übeltäter blieben in der Regel unerkannt.

Diesem Treiben galt es zu widerstehen, festen Glauben dagegenzusetzen. Das bedeutete freilich nicht, dass die Fenster nicht auch durch Schlagläden gesichert und andere Schutzmaßnahmen ergriffen wurden. Johannes Lichtenberg brachte an einzelnen Häusern Schutzvorrichtungen an, damit die Bewohner einigermaßen sicher leben konnten. Aber die Unberechenbarkeit der Lage ging den gläubigen Sinti ganz schön an die Nerven, kam doch der Widerstand auch aus den Reihen der eigenen ungläubigen Verwandtschaft. Das brachte andererseits die Leute zusammen und trieb sie ins Gebet: »Hilf, o Herr, und werde deinen Widersachern zu stark!«

Auch Schwester Gertrud und die Mitarbeiter schickten manchen Seufzer gen Himmel. Dennoch: Vor dem Bösen durfte nicht das Feld geräumt werden. Die Steine, die immer wieder durch die Fenster flogen, wurden gesammelt. Beschriftet mit Aussprüchen des Sieges Gottes und seines Christus und mit erlebten Glaubenserfahrungen, wurden sie der Gemeinde eine ständige Mahnung zum Durchhalten. »Dass Jesus siegt, bleibt ewig ausgemacht!« »Es ist Kraft und Sieg in dem Blut des Heilandes!« »Jesus kommt wieder!« »Darum wachet!« »Jesus spricht: Die Pforten der Hölle sollen meine Gemeinde nicht überwältigen!«

Aber allen Widerständen zum Trotz: Die mit der großen Flut begonnene Erweckung setzte sich auch in der Plattensiedlung fort. Der unermüdliche Einsatz von Schwester Gertrud und ihren verschiedenen Mitarbeiterinnen aus dem eigenen Werk wie Alice Ludwig und Maria Mötzing trug Früchte. Die beiden verstärkten inzwischen die Arbeit unter Hamburgs Zigeunern in anderen Stadtteilen, ehe sie 1970 in die Region Bremen und nach Bad Hersfeld umsiedelten.

Die Arbeit ihrer wechselnden Praktikantinnen und Praktikanten und ihrer vielen freiwilligen Helfer aus den Gemeinden tat das ihre dazu und bereitete so eine ganze Reihe besonderer Feste vor.

Noch einer wirkte treu bei der Arbeit mit und verbreitete Licht: Der frühere Gastwirt Hermann Krause, im Alter erst zum Glauben gekommen, hatte die Arbeit kennen gelernt und lieb gewonnen. Er wurde den Zigeunern ein Zigeuner, nahm sich zuletzt sogar eine Wohnung in der Plattensiedlung und half, wo er helfen konnte. Er legte Hand an, besuchte die Kranken, verteilte Schriften, las den Unkundigen vor und tat insgesamt siebzehn Jahre lang einen stillen, aber sehr wirksamen Dienst. Wenn es solche treuen Diener doch nur mehr gäbe, war immer wieder Schwester Gertruds Gebet.

Im Februar 1967 begingen die Hamburger Sinti-Christen den ersten Flutgedenktag und setzten das jeweils im Fünfjahresabstand über viele Jahre fort. Erinnerung musste sein. »Lobe den Herrn, meine Seele, und vergiss nicht, was er dir Gutes getan hat …« Gottes große Tat von 1962 musste immer wieder ins Bewusstsein der Sinti und der Missionsfreunde gerückt und wach gehalten werden. Die Sturmflut »Vincinette« hatte doch den Aufbruch unter dem dunkelhaarigen Volk ausgelöst. Das Wunder an der »Alten Fähre« war doch die Erhörung ungezählter Gebete durch neun Jahre vermeintlich vergeblicher Arbeit der Missionarin. Da war fröhliches und dankbares Feiern angesagt. Nicht zur eigenen Ehre! Ein solcher Gedanke lag Schwester Gertrud so fern wie irgendwelche Galaxien. Die Güte Gottes musste gelobt, das Erbarmen des Retters Jesus Christus musste geehrt werden zur Förderung des Glaubens der Erweckten und zur Erwärmung der Herzen derer, die es noch nicht waren.

Um dieses Anliegen zu unterstützen, kamen immer wieder Freunde und Förderer der Hamburger Missionsarbeit von weither in die Hütte »Geborgenheit.« Missionsleiter Ernst Fehler, Nachfolger des 1963 verstorbenen Paul Wißwede, kam regelmäßig als gern gesehener Gast aus der neuen Missionszentrale in Geisweid; die Pastoren Heitmüller und Laubach und Professor Thielicke kamen aus Hamburg ebenso wie der Wissenschaftler Immanuel Sücker. Pastor Arno Pagel kam aus dem Bergischen Land, Evangelist Anton Schulte vom Westerwald, Missionsleiter Lienhard Pflaum aus dem Schwarzwald, Hans-Ulrich Linke aus dem Frankenland, Pastor Gustav Kemper aus Detmold, Richard Straube aus Hessen, die Pastoren Heinrich Kemner und Klaus Vollmer aus der Heide, Friedrich Hänssler aus dem Schwabenland …

Die Liste der namhaften und weniger bekannten Gäste ließe sich unendlich fortsetzen. In allen Gegenden Deutschlands hatte die Sinti-Mission inzwischen wachsende Freundeskreise, die ihre Mitarbeiter nach Hamburg schickten und die Abordnungen der jungen Gemeinde gerne bei sich aufnahmen, wenn diese bei ihnen die frohe Botschaft verkündigten und von ihrem Glauben Zeugnis gaben. Dass immer wieder Brüder und Schwestern aus der Leitung, dem Vorstand und anderen Arbeitszweigen der Mission nach Hamburg kamen, Anteil nahmen und mitarbeiteten, versteht sich von selbst. Vor allem, wenn Schwester Berta Isselmann zu Hilfe kam, die einen erstaunlichen Zugang zu ungeliebten und vergessenen Menschen an den Rändern der Gesellschaft hatte, war in Hamburg jeweils Besonderes im Gange. War das eine begnadete Frau; ein besonderes Original Gottes!

Für Schwester Gertrud waren das immer erfreuliche Begegnungen und gemeinsame Wegstrecken, die ihrer Seele wohltaten, wenn sie wieder müde zu werden drohte. Die Last der Arbeit mit all ihren dunklen Begleiterscheinungen war in der Regel viel schwerer, als es nach außen hin erschien. Viele Sinti hielten an alten Volkssitten fest, Gläubige heirateten Ungläubige, jemand verlor den Partner durch Tod oder auch Verlassen, die begabten Musiker mussten mit lukrativen Angeboten der Unterhaltungsindustrie zurechtkommen, von irgendwoher flossen falsche Lehren ein. Dies alles konnte sehr bedrängend sein. Da waren Lastenträger nach Galater 6,2 immer gerne willkommen: »Einer trage des anderen Last, so werdet ihr das Gesetz Christi erfüllen.«

Eine andere regelmäßige Veranstaltung mit vielen unterschiedlichen Helfern als Organisatoren und Verkündiger hatte ihre Anfänge bereits im Jahr 1954. Sie wurde seitdem jährlich wiederholt und vereinigte jeweils eine große Zahl Zigeunerfamilien, unter denen sich einige der biblischen Botschaft noch nicht geöffnet hatten: das Weihnachtsfest. Es hatte unter den Sinti im Jahresablauf schon immer einen besonderen Platz. Darin waren sie nicht anders als ihre deutschen Nachbarn. Wie konnte diese missionarische Chance genutzt werden?

Schwester Gertrud machte sich bald Gedanken darüber, wie sie dieser besonderen Situation gerecht werden konnte, nachdem sie auf den verschiedenen Plätzen des dunkelhaarigen Volkes wenigstens schon den Zugang zu den Kindern hatte. Von den Kleinen würden sich ihr zu Weihnachten viele, sehr viele leere und bittende Hände entgegenstrecken, um ein Geschenk zu empfangen. In Gedanken addierte die Missionarin die Kinderscharen der verschiedenen Orte. Sie kam auf etwa 150 Jungen und Mädchen, die zu beschenken waren.

Und was war mit den Erwachsenen? Würden die nicht auch mehr oder weniger offen ihre Hände hinhalten? Geistliche Gaben zu empfangen waren sie noch kaum bereit, aber materielle würden sie schon gerne nehmen. Es musste eine Möglichkeit geben, beides zu verbinden. Mit der Fantasie der Liebe fand Schwester Gertrud immer wieder die richtigen Dinge. Und die Zeit, sich hinzusetzen, Briefe zu schreiben und ins Land zu schicken.

Die Antwort war überwältigend. Der Paketdienst der Deutschen Post bekam in der Vorweihnachtszeit viel zu tun. Bald stapelten sich in der Schmilinskystraße 30 zum ersten Mal Pakete und Päckchen mit Kleidungsstücken, Spielsachen, Lebensmitteln und Süßigkeiten. Welch ein Echo aus den Reihen ihres noch relativ kleinen Freundeskreises!

Viele Stunden mussten investiert werden, um die Dinge zu sortieren. Schwester Gertrud, Hedwig Ryll – die beiden hatten schon vor der Hamburger Zeit für »Displaced Persons« zusammengearbeitet –, und andere Helferinnen, vor allem vom Holstenwall, hatten in den Adventswochen alle Hände voll zu tun, die vielen Gaben aufzuteilen und weihnachtlich zu verpacken, damit sie später auf den einzelnen Plätzen verteilt werden konnten.

Die erste »Weihnachtsfeier« an der »Alten Fähre« hatte eine ganz besondere Romantik. Am 3. Advent war zwar noch kein Schnee gefallen, aber es war trocken. Die Veranstaltung musste nämlich noch weitgehend im Freien stattfinden. Hedwig Ryll begleitete Schwester Gertrud. Beide waren über und über mit Weihnachtspäckchen beladen, dazu mit Taschen voller Kerzen. Zur Begleitung der Weihnachtslieder musste die Gitarre natürlich auch mit. Eins kannten die Kinder ja bereits: »Gott ist die Liebe« hatten sie seit langem in den Köpfen. Oder war das kein Weihnachtslied?

Die beiden Frauen wurden an diesem besonderen Tag an der »Alten Fähre« heiß erwartet. Eine große Schar kleiner, temperamentvoller, schwarzäugiger Kinder kam ihnen schon auf der Zufahrt entgegen, jauchzend vor Freude. Das konnte ein Fest werden!

Ein Fest? Nein, viele kleine Feste. Die beiden bepackten Weihnachtsbotinnen gingen von Wagen zu Wagen, zündeten jeweils Lichter an, sangen ein, zwei Weihnachtslieder und gaben die Botschaft von der Menschwerdung des Gottessohnes in den ärmlichen Verhältnissen des Stalles von Bethlehem weiter. Das wurde von Alt und Jung verstanden, brachten diese Sinti ihre Kinder doch auch immer noch in ähnlichen Verhältnissen zur Welt, im Stall oder unter freiem Himmel, niemals aber im Wagen oder in der Wohnung. Der eine oder andere fiel beim Hören der Weihnachtsgeschichte sogar auf die Knie, und die innere Bewegung der Männer und Frauen ging bei einigen so tief, dass ihnen die Tränen über die Wangen liefen. Bei den Gebeten, die die einzelnen kleinen Feiern jeweils abschlossen, wurde es immer sehr still. Hier wehte nicht nur die leichte Brise von der Elbe her. Hier wehte der Geist Gottes. Und er würde zu seiner Zeit seine Wirkung haben.

Sehr spät am Abend brachte die letzte Straßenbahn zwei sehr erschöpfte, aber unendlich glückliche und dankbare Missionarinnen zurück in die Stadt. Sie waren sich sicher, dass in den Wagen auf dem Wilhelmsburger Platz noch lange über diese besondere Weihnachtsüberraschung gesprochen würde. Die zurückgelassenen Geschenke waren handgreifliche Erinnerungen an die Botschaft von der Geburt des Heilandes auch für sie.

Auf anderen Plätzen und in den Wohnungen einzeln wohnender Familien erging es Schwester Gertrud und ihren jeweiligen Helferinnen ähnlich. Bei den Weihnachtsfeiern, zu denen sie später in die Schmilinskystraße eingeladen hatte, war das nicht anders. Hier konnte es zusätzlich Getränke und Kuchen geben, was die Wirkung der Feier noch erhöhte. Sinti waren gastfreundliche Leute, und sie liebten es, Gäste zu sein.

Alle Beteiligten waren sich nach diesem besonderen Fest einig, dass Gott die außergewöhnlichen Gelegenheiten in seiner Weise nutzen und segnen würde. –

*Schwester Gertrud mit glücklichen Sinti-Kindern*

In den nächsten Jahren verliefen die Adventswochen ähnlich wie im ersten Jahr. Bald aber ließ Weihnachten sich auf diese Weise nicht mehr feiern. Die Zahl der Kinder aller Plätze und Einzelwohnungen wuchs auf über 400. Hier mussten die Feiern an zentraleren Orten konzentriert werden. Sie fanden sich zunächst in der Möglichkeit, die nach und nach aufgestellten Missionswagen und -hütten zu nutzen. Später erklärte sich die Gemeinde am Holstenwall oder die Kirche in Billstedt bereit, Weihnachtsfeiern in ihren Häusern und Sälen auszurichten. Das hatte den Vorteil, dass zur Seelsorge des Wortes eine andere Form der Liebe hinzukommen konnte: Es gab jeweils Berge von Kuchen und kannenweise Kakao.

Ehe aber dieser Teil des Festes jeweils begann, gab es jetzt abwechslungsreiche Programme mit Liedern und Chorussen, mit Gedichten der Kinder und Zeugnissen der Erwachsenen und mit weihnachtlichen Anspielen, in die die Zigeunerkinder zunehmend mit einbezogen wurden. Das alles im Glanz der strahlenden Kerzen eines großen und bunt geschmückten Christbaumes. Die Botschaft »Euch ist heute der Heiland geboren«, verkündet aus

Kindermund, hatte eine ganz andere Wirkung, als wenn sie von einem Erwachsenen gesprochen wurde. Dennoch: Die Mitte der Weihnachtsfeiern bildete jetzt immer eine kurze, einprägsame Predigt von einem der vielen Freunde der Arbeit. Das wurde auch gerne angenommen.

Die Gemeinde »Geborgenheit« musste später mit ihren Weihnachtsfeiern in eine große Schulaula umziehen. Sie brauchte Platz für mehr als 250 große und kleine Leute, die sich gemeinsam an dem freuen wollten, was die meisten von ihnen inzwischen begriffen hatten: »Christ, der Retter, ist da!« »Balu« Wiedner und Tante Edith Ennulat wurden treue, langjährige Mitarbeiter. Hanna Meesen kochte ungezählte Kannen Kakao, und Kuchen gab es immer genug.

## Wenn Sinti reisen

Christen brauchen Horizonterweiterung. Sie dürfen sich nie kleinkariert auf ihre eigenen geistlichen vier Wände beschränken und sich nie mit dem begnügen, was sie bei sich selbst finden. Scheuklappen eigener Glaubensprägung sind für das innere Wachstum des Einzelnen und einer Gemeinde hinderlich und können auf die Dauer tödlich sein. Ein Blick über den Tellerrand ist deshalb eine notwendige Folge der Hinwendung zu Jesus Christus und der Neuorientierung des Lebens.

Diesen Grundsatz hatte Schwester Gertrud für sich selbst immer gelebt. Und sie übertrug ihn von Anfang an auch auf die Sinti. Schon deshalb hatte sie Jung und Alt immer wieder in ihre Wohnung in die Schmilinskystraße eingeladen, damit sie sich besser kennen lernten und Gemeinschaft untereinander hätten. Sie behielt dies auch nach dem späteren Umzug der Hamburger Missionszentrale in die Steinfeldtstraße bei. Schon deshalb nahm sie auch immer wieder einzelne Gläubige bald nach ihrer Bekehrung mit auf ihre Reisen ins Land und griff Einladungen auf, mit kleinen und größeren Gruppen Gemeinden und Freizeitheime zu besuchen, wo immer sie konnte. Die Liste der Gemeinden, die sie im Laufe der Jahre besuchte, wurde lang und länger. Und die Heime und Häuser in allen deutschen Regionen, in denen sie mit den Sinti immer wieder Freizeiten durchführte, lassen sich ebenso wenig alle aufzählen.

Eine der ersten Einladungen an die jungen Zigeunerchristen kam aus Norwegen. Warum sollte Schwester Gertrud also nicht mit einer Schar junger Sinti zur dortigen Inneren Mission an den Oslofjord reisen? Sie waren eingeladen, um im »Strandheim« bei Spiel, Sport und Wandern, beim Hören, Musizieren, Singen und Beten den Segen Gottes in seiner Schöpfung und in froher Gemeinschaft mit heimatlosen Kindern aus 14 Nationen zu erleben. Herrliche, beeindruckende Tage für die jungen Leute! Besonders beeindruckend war das Zeugnis der Hamburger Sintijungen. Sie sangen auf die Bitte von norwegischen Botschaftsvertretern bei einem Besuch im »Strandheim« als »Nationalhymne« ihres Heimatlandes:

»Der Kluge baut sein Haus auf Felsengrund,
und der Regen strömt herab, und die Flut steigt hoch,
doch das Haus auf dem Fels bleibt stehn.

Ein Narr aber hat's auf Sand gebaut,
und der Regen strömt herab und die Flut steigt hoch,
und das Haus auf dem Sand fiel um.

Drum bau dein Haus auf den Herrn Jesus Christ,
und der Segen strömt herab, und Gebet steigt hoch,
drum bau dein Haus auf den Herrn.«

»Einigkeit und Recht und Freiheit ...«, das hatte ihnen niemand beigebracht. Aber das Lied vom richtigen Fundament des Lebens hatten sie bei ihrer Tante Gertrud gelernt. Welch ein Zeugnis der jungen, wilden, erweckten Kerle vor den Politikern in ihrem Gastland und vor den anderen Zuhörern aus vielen anderen Ländern Europas und der Welt!

Warum sollte Schwester Gertrud nicht die Einladung von Major Ian Thomas, dem Begründer der »Fackelträger«-Bewegung, annehmen, mit zwei Fahrzeugen voller Leute per Fähre über den Kanal nach England übersetzen und die Millionenstadt London und die Britischen Inseln erleben?

»Schwester Gertrud, wir können nicht nach England. Wir müssen zurück.« Ganz betrübt stand Lolo kurz vor der Grenze vor ihr, drehte verlegen seinen Pass in den Händen und wagte kaum aufzuschauen.

»Was ist los?«, fragte sie besorgt.

»Schwester Gertrud, er ist abgelaufen.«

»Na, da ist guter Rat teuer«, seufzte die Missionarin für einen Moment auf. Ordnung war nicht seine Stärke, ging es ihr durch den Kopf. Aber warum hatte sie die Pässe auch nicht selbst vorher kontrolliert! Also nicht Lolo die Schuld geben!

»Was machen wir jetzt?«, fragte sie ihr Reisevölkchen, das einigermaßen betreten neben den beiden Fahrzeugen stand.

»Nur nicht zurückfahren, Schwester Gertrud, das kommt nicht infrage«, protestierten einige sofort.

»Beten, Tante Gertrud. Du sagst doch immer, das hilft«, schlug ein anderer vor.

»Ihr habt Recht. Das hilft. Das hilft zwar nicht automatisch und immer; zumal nicht, wenn wir die Fehler selbst gemacht haben und verantworten müssen. Dennoch, unser treuer Gott kann Gnade schenken. Also kommt in den Kreis.«

Das hatten die Grenzer sicher noch nicht oft erlebt, dass da eine Gruppe Menschen im Kreis stand und miteinander darum betete, dass den Beamten die Augen gehalten würden und ihnen das falsche Datum nicht auffiel.

»So, ihr Leute, und jetzt mutig voran«, löste Schwester Gertrud den Kreis auf. Die nächsten Minuten wurden spannend.

Ein Grenzbeamter ließ sich die Pässe geben, hielt sie aufgestapelt in der einen Hand und blätterte sie nacheinander mit der anderen durch. Die erledigten steckte er nach unten. Lolos Pass lag auf dem Stapel ziemlich tief, rückte bei dieser Technik also nach und nach höher. Die Spannung in der Reisegesellschaft stieg mit jedem kontrollierten Pass. Die zwölf Einreisewilligen wagten kaum zu atmen und starrten gebannt abwechselnd auf die Hände des Mannes und auf sein Gesicht.

Da passierte es: Dem Zollbeamten fiel durch eine Ungeschicklichkeit der Stapel Pässe aus der Hand. Alle lagen sie auf dem Boden verteilt. Der Mann hob sie umständlich auf, stapelte sie neu, überlegte offenbar für einen Moment, ob er sie alle noch einmal durchsehen sollte. Dann gab er sie einfach zurück. »It's okay. You may go on.«

Die Sinti blickten ihre Reiseführerin mit großen Augen an. Es verstand ja niemand seine Sprache. Was hatte er gesagt? »Kinder, wir können weiter«, verkündete Schwester Gertrud fröhlich.

Hätte er richtig hingehört, dann hätte der Mann eine große Menge Steine von den Herzen auf den Boden fallen hören, und er hätte so manches schnelle Dankgebet vernommen. Gott hatte sie erhört und geholfen! Wunderbar!

Dann folgte die Überfahrt bei heftigem Sturm auf dem wilden Wasser des Kanals. Die Seekrankheit erfasste sie alle, zumal die Tabletten gegen Übelkeit offenbar nicht anschlugen. Kesa traf es am schlimmsten. Er musste unter Deck gebracht werden. Dem armen Kerl ging es entsetzlich elend.

Schließlich hatten doch alle die Überfahrt überlebt, und auf festem Boden in Dover kamen auch die Lebensgeister wieder zurück. Die Einzige, die den Fischen nicht hatte opfern müssen, war Schwester Gertrud gewesen. Sie hatte sich auch keine Pille geben lassen. Wie gut, es stellte sich nämlich heraus, dass Herma Müller, die Missionsfreundin und Begleiterin der Gruppe, aus Versehen Schlaftabletten verteilt hatte!

Schwester Gertrud war zehn Jahre vorher zwar schon einmal in London gewesen, aber abends bei Dunkelheit fand sie sich dann doch nicht mehr zurecht. Sie telefonierte mit den Marburger Schwestern, in deren Gästehaus die Gruppe ihr Quartier haben sollte. Schwester Maria beschrieb zwar den Weg in allen Einzelheiten, aber sie konnten mit der Beschreibung in der Dunkelheit nichts anfangen. Was tun? Natürlich um einen Engel beten, der ihnen den Weg zeigte!

Und Gott erhörte sie wieder prompt. Der Engel kam in Person eines jungen Mannes auf einem Motorrad. Er stoppte seine Maschine und fragte: »Can I help you?« Ein großes, dankbares Aufatmen ging durch die Gruppe.

»You can, of course«, antwortete Schwester Gertrud erfreut und beschrieb dem jungen Mann ihr Fahrtziel Holland Road.

»O dear, I know. But that's difficult for you to find. Please, follow me. I will show you the way.« Sprach's, trat seine Maschine wieder an und fuhr den beiden deutschen Autos voran. Am Ziel angekommen winkte er nur mit der Hand und verschwand im Verkehrsgewühl. Nicht einmal mehr bedanken konnten sich Schwester Gertrud und ihre Leute.

Dass Engel Motorrad fahren, war eine ganz neue Erfahrung für die Reisegruppe und machte auf die Sinti großen Eindruck.

Es wurden wunderschöne Tage auf der Insel. Sie kamen alle aus dem Staunen nicht heraus über die stille und liebevolle Gastfreundschaft der Schwestern Maria und Babette, über die beeindruckenden Sehenswürdigkeiten der englischen Hauptstadt, die sie in den nächsten Tagen gründlich erkundeten, über die weite abwechslungsreiche Landschaft später auf dem Weg nach Schottland zu Major Thomas in Capernwray Hall.

Hier im Fackelträger-Freizeitzentrum lag der Schwerpunkt des Aufenthalts auf der geistlichen Gemeinschaft und dem besinnlichen Miteinander. Die Worte des Freundes, der seine Bibelarbeiten auf Deutsch hielt, hinterließen tiefe Spuren in den Herzen der jungen Leute.

Große Dankbarkeit für eine bewahrte und gesegnete Reise erfüllte ihre Herzen. Sie trugen sie nach der Heimkehr in ihre Familien und in die Gemeinde.

Einige Tage nach der Einweihung der umgesetzten und erweiterten Hütte »Geborgenheit« auf der Kornweide machte sich eine große Gruppe Männer und Frauen, Jungen und Mädchen mit acht PKW auf eine weite Reise gen Süden in die Schweiz. Ihnen winkten verschiedene Einsätze auf dem Weg und einige Tage Freizeit auf der Meielisalp im Berner Oberland. Sicher würde das eine wunderbare Abwechslung zum tristen Leben in der Enge der Kornweide werden.

Die erste Station war Siegen, übrigens nicht zum ersten Mal – die erste Reise nach den Ereignissen der Sturmflut war wie selbstverständlich eine Fahrt nach Siegen zum Sitz der Mission für Süd-Ost-Europa gewesen, wo die ganze Truppe in der bekannten »Hammerhütte« einen Missionstag mit ihren Beiträgen bereicherte.

Über Mainz, wo es eine gute Begegnung mit dem Mathematikprofessor und Seelsorger Hans Rohrbach und seiner Frau gab, und Reutlingen, wo sie das Grab von Paul Wißwede besuchten, ging es an die Schweizer Grenze bei Kreuzlingen. Hier hieß es für die Wagenkolonne zunächst einmal: »Stopp!«

Die Reisenden hatten Anweisungen von ihrer Reiseleiterin, in den Fahrzeugen zu bleiben. Nur Schwester Gertrud selbst stieg aus und begab sich mit der Namensliste der Teilnehmer und mit dem großen Stapel Pässe ins Zollgebäude.

Der Schweizer Beamte wirkte ein wenig mürrisch, als er zunächst einen Blick nach draußen über die Wagenkolonne warf und sich dann die Namensliste und die Pässe anschaute. Welche Laus war ihm wohl über die Leber gelaufen? Dann gab er mit einer knappen Geste der Reiseleiterin die Unterlagen zurück mit dem lakonischen Kommentar: »Einreise verweigert! Kehren Sie um.«

Schwester Gertrud traute ihren Ohren nicht. »Warum das?«, konnte sie in ihrem Schreck nur fragen.

»Sie sind Zigeuner«, kam es nur knapp zurück.

»Entschuldigen Sie bitte«, bemühte sich Schwester Gertrud freundlich zu bleiben. »Wir sind Deutsche, Bürger der Stadt Hamburg. Unsere Pässe sind alle in Ordnung.«

»Bemühen Sie sich nicht, gute Frau, Sie sind Zigeuner und kommen bei uns nicht rein.«

Damit wollte sich Schwester Gertrud nun absolut nicht zufrieden geben. »Ich möchte bitte Ihren Dienststellenleiter sprechen.«

Nach längerem Warten wurde sie endlich vorgelassen.

Die Sinti hatten die Wagen inzwischen doch verlassen, standen aufgeregt in Gruppen an ihren Fahrzeugen und diskutierten, versuchten wohl auch, mit den Schweizer Grenzern zu reden, die zur Kontrolle und Bewachung herumstanden. Vielleicht betete auch der eine oder andere um eine Lösung des Problems.

Als Schwester Gertrud endlich dem Leiter der Grenzstation gegenübersaß, bekam sie auch von diesem Herrn freundlich, aber bestimmt die Auskunft: »Wir dürfen Sie hier nicht ins Land lassen. Allen Grenzstationen liegt ein entsprechender Erlass unserer Bundesregierung vor. Es tut mir aufrichtig Leid für Sie und für Ihre Leute.«

»Darf ich denn wenigstens die Begründung dafür erfahren?«, wollte die Missionarin nicht locker lassen.

»Die Begründung sind Zigeuner«, bekam sie zur Antwort.

»Wie muss ich das bitte verstehen?«

Der Beamte atmete einmal tief ein: »Sehen Sie, gute Frau, da kam vor kurzem eine Gruppe Zigeuner aus Frankreich. Die haben in der Schweiz nur Unruhe gestiftet und Ärger gemacht und Schäden angerichtet.«

»Und wir müssen jetzt darunter leiden?«

»So ist es. Sie kennen die Rede: Einmal Zigeuner, immer Zigeuner. Mitgegangen, mitgefangen, mitgehangen.«

»Aber meine Leute sind Christen, auf die kann ich mich verlassen. Und Sie könnten es auch«, machte Schwester Gertrud einen letzten Versuch.

»Das mag ja so sein«, gestand der Beamte zu. »Aber ich bin an meine Weisungen gebunden. Und jetzt entschuldigen Sie mich bitte.« Er hatte wohl Schwester Gertruds Gedanken gelesen. Beim Hinausgehen gab er ihr noch den Hinweis: »Versuchen Sie es erst gar nicht, an einem anderen Grenzübergang ins Land zu kommen. Die Kennzeichen Ihrer Fahrzeuge sind notiert und die Grenzposten wissen bereits Bescheid.«

Das waren ja gute Aussichten!

Die Sinti ahnten den Misserfolg ihrer Bemühungen, als sie Schwester Gertrud mit enttäuschter Miene zurückkommen sahen. Schwester Gertrud vermochte nicht, sich auf irgendeine Diskussion mit ihren enttäuschten und auch erbosten Leuten einzulassen: »Wir müssen zurückfahren.« Sie dirigierte die Kolonne auf den nächsten Parkplatz. Der lag schattig in einem lichten Hain und wäre im Normalfall ein richtig schöner Lagerplatz gewesen. Aber jetzt unter diesen Umständen?

Niemand hatte einen Blick für die Idylle. Jeder wollte nur wissen, was denn eigentlich los war und wie es denn jetzt weitergehen sollte. »Kinder, wir müssen beten. Ich weiß auch keine Lösung.«

»Aber Jesus weiß eine!«, meinte Papo Rudolf Weiß, der die Situation mit stoischer Ruhe zu ertragen schien.

Bald saßen 43 Zigeuner im großen Kreis, und einer nach dem anderen, vom Ältesten bis zum Jüngsten, klagte Gott das Leid der Stunde. »Lieber Heiland, du hast doch gesagt, dass du helfen kannst, so hilf uns doch jetzt.« »Herr, du bist ein Gott, der Wunder tut! Wir vertrauen dir.«

Die unruhigen Geister wurden allmählich ruhig, obwohl auch nach dem Gebet niemand die Lösung kannte. »Wir fahren ins nächste Dorf hinter Konstanz und suchen eine Telefonzelle. Ich muss telefonieren«, gab Schwester Gertrud bekannt.

In der Enge der schönen deutschen Grenzstadt hätte die Reisegruppe auch keinen gemeinsamen Parkplatz gefunden. Aber auf dem nächsten Dorfanger war dann genug Platz, und es gab auch eine Telefonzelle. Schwester Gertrud begab sich mit ihrem Adressbuch und Kleingeld in das gelbe Häuschen, um ihr Glück zu versuchen, an irgendeinem Ort in erreichbarer Nähe Unterkunft für ihre Gruppe zu bekommen.

Während dessen packten die Sinti-Musikanten ihre mitgeführten Instrumente aus und veranstalteten eine spontane Freiversammlung. Die Missionarin musste bei sich über diese Szene lächeln, und es ging wie ein Licht durch ihre angespannte Seele. So waren sie halt, diese erneuerten Menschen; brave, zeugnisbereite Christen!

Doch die Spannung vermochte zunächst nicht von ihrer Seele zu weichen. Wohin immer sie Verbindung bekam – die Verbindungen mussten hier noch über eine Handvermittlung hergestellt werden –, bekam sie negativen Bescheid. Wer konnte denn schon von jetzt auf gleich 44 Männer, Frauen, Jugendliche und Kinder, von denen einige noch ganz klein waren, unterbringen?!

Schwester Gertrud befürchtete schon, sie müsse mit den Sinti die Nacht in den Fahrzeugen oder im Freien verbringen, da schaltete sich plötzlich die Telefonistin des Telegrafenamtes ein: »Verzeihen Sie, Schwester, ich habe Ihre Gespräche mitgehört. Sie scheinen da in großer Not zu sein. Vielleicht kann ich Ihnen helfen?«

Erfreut und erstaunt zugleich über diesen Eingriff in ihre Bemühungen fragte die Missionarin ihr unbekanntes telefonisches Gegenüber: »Wie könnten Sie das tun?«

»Ich werde Sie mit dem Hausvater der Jugendherberge Konstanz verbinden. Ich kenne den Mann. Er weiß sicherlich Rat. Bleiben Sie dran.« Eine solche Lösung hatte Schwester Gertrud nicht in ihren Überlegungen gehabt. Sie konnte sich nicht einmal mehr bei der angenehmen Stimme bedanken, schon war sie mit einem freundlichen Herrn verbunden, der sofort anbot, die gestrandete Gruppe aufzunehmen.

Schwester Gertruds Herz jubelte, und ihre Nachricht löste kurz darauf große Freude und den spontanen Gesang aus: »Welch ein Freund ist unser Jesus …« und »O lasst uns mit Jauchzen erheben den Schöpfer und Herrscher der Welt … Gelobt sei Gott, gelobt sei der Herr, unser Heil, wir traun auf ihn. Er ist unser Gut, unser Teil.«

Die großen und kleinen Dörfler, die sich inzwischen als Zuhörer eingefunden hatten, staunten nicht schlecht über das, was sie da erlebten. Ein merkwürdiger Zigeunerhaufen! –

So blieb denn diese besondere Reiseschar im schönen Konstanz, während Schwester Gertrud mit Gonno, der als ihr Fahrer ohne Schwierigkeit einreisen konnte, und mit dem Schweizer Prediger Studer, der die Gruppe auf der Meielisalp geistlich betreuen sollte, nach Bern fuhr, um dort an höchster Stelle die Einreisegenehmigung für ihre Leute zu erwirken.

Ein befreundeter Pfarrer half am Schweizer Regierungssitz mit, die Eidgenössische Fremdenpolizei davon zu überzeugen, dass die Hamburger Gruppe aus anderen Zigeunern bestand, als sie den Leuten gemeinhin vor Augen standen – mit allen Vorurteilen, die damit verbunden waren. Nach vielen Gesprächen mit unterschiedlichen Leuten hatte das Bemühen schließlich den erbetenen Erfolg. Die Behörden stellten eine Sondergenehmigung aus, die später die erstaunten Grenzer dazu bewegte, die Schlagbäume zu heben. – Gott, wie bist du so groß!

Herrlich war die Zeit in der Bergwelt des Berner Oberlandes. Sie präsentierte sich in einer solch überwältigenden Schönheit, als wollte sie sich für die Mühsale entschuldigen, die die Schweizer Einreisebeschränkungen den Zigeunern verursacht hatten. Das war ja alles noch viel schöner, als es die Bilder von Johannes Lichtenberg damals bei der Einweihung des »Heilandsbusses« gezeigt hatten.

»Du großer Gott, wenn ich die Welt betrachte,
die du geschaffen durch dein Allmachtswort,
wenn ich auf alle jene Wesen achte,
die du regierst und nährest fort und fort,
dann jauchzt mein Herz dir, großer Herrscher, zu:
Wie groß bist du, wie groß bist du!«

Dieses Lied aus Schweden wurde der Freizeitschlager von der Meielisalp. Niemand hat gezählt, wie oft es in der leider verkürzten Zeit gesungen wurde. Und auch die andere Strophe gewann ihre besondere Bedeutung:

»Wenn mir der Herr in seinem Wort begegnet,
wenn ich die großen Gnadentaten seh,
wie er das Volk des Eigentums gesegnet,
wie er's geliebt, begnadigt je und je,

dann jauchzt mein Herz dir, großer Herrscher, zu:
Wie groß bist du, wie groß bist du!«

Die leider unvermeidliche Rückreise ins norddeutsche Tiefland hatte noch eine bedeutsame Station im theologischen Seminar in St. Chrischona bei Direktor Schmid: »Zigeuner hat es auf Chrischona noch nie gegeben.« Dozenten, Studierende und viele Gäste der Umgebung erlebten tief ergriffen eine begeisternde Zeugnisveranstaltung der Hamburger Sinti.

Sehr beeindruckend war auch noch der Dienst in der Strafanstalt Butzbach in Hessen. Es war schon ein besonderes Erlebnis für die Zigeuner, durch Eisentore und Schleusen in den Gottesdienstraum geführt zu werden, dort einer großen Schar von Schwerverbrechern gegenüberzusitzen und ihnen als begnadigte Sünder das befreiende Evangelium zu singen und zu sagen.

»Ja, da ist Gnade für dich,
ja, da ist Gnade für mich:
Jesus allein kann erretten.
O ja, da ist Gnade für mich!«

Dieses Lied von ehemaligen Knackis oder solchen, die wussten, dass sie es eigentlich hätten sein müssen, anderen Knackis gesungen, hatte schon eine besondere Wirkung.

Die Sommerreisen mit ihren Zigeunern plante Schwester Gertrud immer mit großer Begeisterung und mit großer Weitsicht und Sorgfalt. Sie kannte ihre Leute und wusste, was sie an Anleitung brauchten, wenn sie unter völlig veränderten Bedingungen und in ganz neuem Auftrag unterwegs waren:

»Wir sind alle in Privatquartieren untergebracht. Wir wollen durch eine gute, saubere Haltung unserem Herrn Ehre machen ... Ich möchte sehr dringend darum bitten, dass alle Autos vor neun Uhr morgens bereits getankt haben. In den vergangenen Jahren haben wir uns gerade dadurch verloren, weil sich der eine oder andere aus der Kolonne löste, um noch zu tanken ... Badezeug mitbringen ... Für unsere Kinder haben wir wieder die Freude, Tante Margarete unter uns zu haben, die die Kinder während unserer Bibelarbeit beschäf-

> tigt … Mit unserem Gelde wollen wir sehr sparsam umgehen, weil wir mancherlei in der Schweiz und in Italien brauchen werden … Bis jetzt haben wir von der Schweiz bis Italien noch keine Unterkunft gefunden … Evtl. müssen wir eine Nacht am Waldesrand im Wiesengrund ausruhen (Altromantik am Lagerfeuer!). Warme Decken und eventuell Kissen mitbringen … Wir bitten, in Friolsheim selbst nicht ›auf Geschäft‹ zu gehen; damit würden wir vielleicht Misstrauen hervorrufen … Bei den Missionseinsätzen wollen wir Blusen *mit Ärmel* tragen … Schwester Erna Dreyszas aus Kiel, die mit uns fährt, nimmt sich der Kinder an … So möchte ich mich besonders für alle Hilfe und Handreichung bedanken, die ich von einigen Geschwistern wohltuend erfahren durfte … Wenn wir uns unter die Zucht des Heiligen Geistes stellen lassen, dann werden organisatorische Fragen in den Hintergrund und helfende Bruderschaft und Dienst für den Herrn in den Vordergrund treten …«

Es gab wohl keine größere oder kleinere Reise oder irgendeine Freizeit, in der es zu nennenswerten Schwierigkeiten untereinander und mit den Menschen drum herum gegeben hätte. Sobald sich so etwas andeutete, wurde es in feiner geistlicher Weise in Ordnung gebracht. Es gab aber nicht zuletzt auch dadurch kaum eine Aktion, die nicht vom Segen Gottes begleitet gewesen wäre. So hatte Gott Menschen verändert und geformt, denen in ihren »weltlichen« Zeiten doch manche Lebensweise der Zivilisation abgegangen war. »Ist jemand in Christus, so ist er eine neue Kreatur …« Bei den meisten gläubigen Zigeunern bewahrheitete sich diese Paulus-Erkenntnis in ganz besonderer Weise.

Eine Reise wurde übrigens nach den Ereignissen vom Februar 1962 bald zu einer regelmäßigen jährlichen Einrichtung der neuen Gemeinde. Schwester Gertrud war Pastor Heinz Stoßberg begegnet, der in Braunfels an der Lahn gerade die Leitung des neuen Freizeit- und Erholungsheims »Höhenblick« übernommen hatte. Diesem Mann wurde die Zigeunermission sofort zum großen eigenen Anliegen.

Seitdem gibt es in jedem Frühjahr eine Freizeit in Braunfels, »Höhenblicke« für alle Sinti, die daran teilnehmen. Pastor

*Bei einer Freizeit 1990: junge Sinti beim Küchendienst*

Stoßbergs Nachfolger Kemper, Liese und Kraft setzten diese gute Tradition gerne fort. Und so heißt es in jedem Frühjahr neu: Auf nach Braunfels!

# Beistand an vielen Stellen

Auf die Zigeunerplätze hatte die Missionarin in der Anfangszeit ihrer Arbeit immer nur am Tag gehen können. An den Abenden allein in ihrem Zimmerchen zu sitzen, um ihr Arbeitsmaterial vorzubereiten, wenn sie nicht in irgendeinem Gemeindekreis sein konnte, gefiel ihr überhaupt nicht. Das füllte sie nicht aus. In ihrer stillen Zeit hatte sie Gott immer wieder daran erinnert, dass er sie doch mit seinen Augen leiten wollte, und das doch wohl nicht nur im Bereich der direkten Zigeunerarbeit. Da gebe es vielleicht noch anderes zu tun.

Bald nach ihrer Ankunft in Hamburg hatte sie von der Mitternachtsmission erfahren, von der mühevollen Arbeit, die deren Mitarbeiter abends und nachts vor allem auf dem Kiez von St. Pauli taten. Warum sollte sie nicht ab und an dort mit unterwegs sein, um den gestrandeten Menschen auf der Reeperbahn und ihren Nebenstraßen die Liebe Gottes im Heiland Jesus Christus zu bezeugen.

Was sie aber in dieser gleißenden und glitzernden Scheinwelt vor ihre Augen bekam, traf die Missionarin bis in die Tiefen ihrer empfindsamen Seele. Sie war entsetzt von dieser Fleischbeschau auf den Straßen, in den Schaufenstern und in den Etablissements. Entsetzt von den Menschen, die an diesem schlimmen Ort ihr Vergnügen suchten.

»O Herr, welches Sündenbabel musst du dir hier anschauen; dass du das aushältst«, ging es ihr durch den Sinn. Am liebsten hätte sie den Stadtteil mit geschlossenen Augen wieder verlassen. Ihr war eine solche Welt bisher nie vor Augen gekommen. Sie war auch in einer ganz anderen Welt erzogen, in einer Welt, die von Reinheit und Keuschheit geprägt war, in der diese Tugenden gepredigt und gelebt wurden. Den Ausspruch »Rein bleiben und reif werden ist schwerste und schönste Lebenskunst« von Walter Flex hatte sie zu Hause in Stolp über ihrem Bett hängen gehabt. Und die Zeitschrift »Reinheit« der Frau von Dobbeler aus Berlin war ihr eine liebe und regelmäßige Lektüre gewesen. Das hier auf St. Pauli beleidigte und verletzte zutiefst ihr Schamgefühl. Nein, das war nicht ihr Platz. Hier konnte sie nicht häufig hinkommen. Hier wollte sie nur noch hinkommen, wenn es unbedingt erforderlich war.

Schwester Gertrud stieg aus dieser Arbeit aus, ehe sie richtig eingestiegen war. Ihr dritter Einsatz war zugleich ihr letzter. Sie hätte auch nicht weiterarbeiten können, denn die Zigeuner, die ja ihr eigentliches Arbeitsfeld waren, lebten in einer ausgesprochenen Schamkultur. Öffentliche Nacktheit und Zur-Schau-Stellung war auf ihren Plätzen nicht denkbar. Das gehörte zu ihren Tabus, die man nicht brach und die ein Zigeuner achtete. Zumindest dort, wo er lebte, und erst recht im Verband seiner Sippe.

Und doch blieb der Kurzeinsatz auf der Reeperbahn nicht vergeblich. Hier begann die Geschichte mit der Ägypterin Jasmin, die Schwester Gertrud fortan eine Reihe von Jahren begleitete. Schwester Getrud half ihr, aus der Nacht der Sünde ins Licht der Freiheit eines Gotteskindes zu treten.

Jasmin, ein Mädchen aus vornehmer ägyptischer Familie, hatte vor Jahren in ihrer Heimatstadt Kairo einen deutschen Mann kennen und lieben gelernt. Die beiden hatten geheiratet und später eine kleine Tochter bekommen. Dann hatte der Mann unter Vorspiegelung falscher Tatsachen Frau und Tochter mit nach Deutschland genommen. Hier hatte er die beiden dann ohne Versorgung einfach sitzen lassen und sich selbst aus dem Staub gemacht. Jasmin hatte eine Bleibe in einem Wohnwagen auf dem Zigeunerplatz Rothenburgsort gefunden, wo sie Schwester Gertrud bei einem ihrer Besuche schon einmal begegnet war. Weil sie Geld verdienen musste, hatte Jasmin ihr Kind dann in einen Hort gegeben. Sie selbst ging unter der Obhut einer »Mutter« in deren Etablissement auf St. Pauli »anschaffen«.

Dort stand sie Schwester Gertrud bei deren letztem Einsatz völlig unerwartet gegenüber. Sie stieß einen schrillen Schrei des Schreckens aus: »Nein, Schwester, nicht du! Rühr mich nicht an! Ich bin unrein!«

Schwester Gertrud erfasste augenblicklich, was zu tun war. »Jasmin, Mädchen, sei ganz ruhig. Ich bin hier, um dich abzuholen. Das ist hier kein Ort für dich. Gott hat dich lieb, und er hat Besseres mit dir vor.«

Wenn Schwester Gertrud gehofft hatte, die Frau würde jetzt ihr Bündel packen und mitkommen, sah sie sich zunächst getäuscht. Sie musste ohne sie das Haus verlassen. Die »Mutter« setzte die »fromme Spinnerin« postwendend vor die Tür.

Einige Tage später begegneten Jasmin und die Missionarin sich dann wieder auf dem Platz. Jetzt konnten sie miteinander reden. Die Frau weinte bitterlich über ihre elende, verlorene und verzweifelte Situation. Schwester Gertrud gelang es, sie zu beruhigen, und sie sagte ihr die Botschaft vom möglichen Neuanfang mit Jesus, der allen Schmutz der Sünde durch sein heiliges Blut abwäscht, wenn der Mensch bereit ist, sich reinwaschen zu lassen.

»Wenn eure Sünde gleich blutrot ist, soll sie doch schneeweiß werden; und wenn sie rot ist wie Scharlach, soll sie doch wie Wolle werden.« Sie gab der verzweifelten Frau eine Karte mit diesem Wort aus dem Propheten Jesaja, damit sie es sich immer wieder vor Augen halten konnte. Dann betete sie mit ihr um Befreiung von Sünde und Schuld, um Hoffnung und Perspektive. Jasmin sprach zwar das »Amen« nach, vermochte auch ihre Tränen zu trocknen. Aber ob die Botschaft ihr Herz erreicht hatte, blieb zunächst offen.

Als Schwester Gertrud das nächste Mal auf den Platz kam, war Jasmin nicht mehr da. Niemand wusste, wohin sie gegangen war. Schade, ich werde umso mehr für sie beten, nahm sich Schwester Gertrud vor. Sie hatte das Empfinden, dass die Frau sich melden würde, wann und von woher auch immer.

Monate später meldete sich Jasmin tatsächlich per Telefon. Sie hatte Platz und Stadt einfach fluchtartig verlassen und war ins Ruhrgebiet gezogen. Dort hatte sie mit ihrem Kind Aufnahme in einem Lager gefunden. Nie wieder ins Milieu zurück, das war ihr fester Wille. Deshalb freute sie sich auch darüber, eine ordentliche Arbeit gefunden zu haben.

Ob sie sie gelegentlich besuchen dürfe, fragte Schwester Gertrud. Gerne dürfe sie das tun, freute sich Jasmin und gab ihre Anschrift an, wohl wissend, dass sie bei der Missionarin gut aufgehoben war.

Wochen später war Schwester Gertrud in Gemeinden im Ruhrgebiet unterwegs zu Berichten von ihrer Arbeit. Da nutzte sie die Gelegenheit und suchte Jasmin auf. Die beiden Frauen fielen sich in die Arme. Jasmin war kaum wiederzuerkennen. Ein wenig von ihrer alten orientalischen Würde war zurückgekehrt. Die Spuren, die der Kiez verursacht hatte, waren verblasst. Und sie zeigte sich im Gespräch offen für das Evangelium.

»Hast du die Karte noch?«, fragte Schwester Gertrud.

»Ich habe sie noch«, antwortete Jasmin freudig, »und ich glaube, sie hat die ganze Zeit zu mir gesprochen.«

»Dann kannst du dein Leben bei Jesus abgeben?«

»Schwester Gertrud, ich glaube, ich kann es. Bitte, bete mit mir.«

Nichts lieber als das, jubelte die in ihrem Herzen. Gott, wie bist du so groß! Du gehst den Leuten nach, holst sie ein und ziehst sie zu dir!

Als die beiden nach einer Weile des gemeinsamen Betens von den Knien aufstanden, konnten zwei Menschen Wiedergeburt feiern. Dem Herrn sei Dank, ein Mensch war den Klauen des Teufels und der Sünde endgültig entrissen!

Die beiden Frauen sprachen dann noch eine Weile über den notwendigen Anschluss der jungen Christin an eine örtliche Gemeinde, über die mögliche Zukunft für Jasmin und ihr Kind, sich endgültig von ihrem Mann zu trennen, mit dem sie formal immer noch verheiratet war, über eine neue Arbeit und noch über dies und jenes. Schließlich versprachen sie sich, künftig im engeren Kontakt zu bleiben. Schwester Gertrud wollte doch informiert sein über den weiteren Weg, den Gott Jasmin führen würde.

Es wurde ein schwieriger Weg über Höhen und durch Tiefen, mit Rückschlägen und Neuanfängen. Aber es wurde ein guter Weg, der zuletzt in eine neue und glückliche Ehe führte und in eine neue Heimat in Nordhessen. Nicht zuletzt auch durch die beständige Begleitung durch die Hamburger Missionarin und Seelsorgerin.

Auf einem Platz außerhalb der Stadt Buxtehude wohnte der Zigeuner Tießchen mit seiner Großfamilie. Irgendjemand hatte Schwester Gertrud auf die Leute aufmerksam gemacht, die dort am Rande einer Müllkippe ziemlich einsam in elendesten Verhältnissen lebten. Außerdem sei der alte Sinto sehr krank.

Schwester Gertrud machte sich auf den Weg, um die Familie zu suchen und zu besuchen. Sie fand sie nach einem langen Fußweg durch Morast und Schlamm und stinkendes Gerümpel. Dass das möglich war, dass an einem solchen Platz Menschen leben mussten! Dabei war das Wort »leben« hier wohl überhaupt nicht angebracht.

Vielleicht deshalb, weil sich ein Mensch in diesen vergessenen Winkel verlaufen hatte, wurde die Missionarin nicht gleich wieder vor die Tür gestellt, wie das vorher bei vielen Zigeunern noch der Fall gewesen war. Sie wurde hereingelassen, einigermaßen freundlich begrüßt und auch nach Zigeunersitte bewirtet, wenngleich nur sehr bescheiden.

An der Ausstattung der ärmlichen Behausung sah sie sofort, dass diese Leute tief ins Netz dunkler Bindungen und Machenschaften verstrickt sein mussten, verbunden mit einem tiefen Marienglauben. Ob sie in diese Dunkelheit das Licht der frohen Botschaft bringen konnte? Ob sie hier mit der Bibel kommen konnte? Ob hier einmal die Freude der Erlösten einziehen würde? Solche Fragen gingen Schwester Gertrud durch den Sinn, als der alte Tießchen ihr vorwurfsvoll entgegenhielt: »Hat man endlich entdeckt, dass wir Zigeuner auch Menschen sind und eine Seele haben?«

Was sollte sie darauf antworten? Der Mann hatte ja so Recht. Sie versuchte einfach eine Entschuldigung für alle, die der Sinto meinen konnte. Und das waren ja wahrhaftig viele. Aber dann durfte sie erzählen, warum sie überhaupt gekommen war. Sie durfte erzählen von Jesus, dem Retter, der sich auch um den gekümmert hatte, der von sich sagen musste: »Ich habe keinen Menschen.«

Und die Leute im Wagen hörten begierig zu, während der Hund unter dem Tisch im Schlaf vor sich hin knurrte und die Katze leise schnurrte, wobei eine Ratte über den Fußboden huschte, ohne dass ihre Erzfeindin sich darum kümmerte. Für einen Moment lief der Missionarin eine Gänsehaut über den Rücken. Dann hatte sie sich wieder in der Gewalt und erzählte weiter, sang auch einen Chorus von der Liebe Gottes und verabschiedete sich. Sie musste ja zum Zug.

Dass sie aber ja wiederkäme, wurde ihr sehr nachdrücklich ans Herz gelegt. Ja, sie würde sicher wiederkommen, versicherte sie beim Gehen. Und sie kam häufig wieder. Hier in dieser Elendsbehausung schien ihr besondere Zuwendung notwendig, die nicht auf den geistlichen Zuspruch beschränkt werden durfte. Hier war auch ganz praktische und materielle Hilfe nötig.

Dann saß sie eines Abends wieder einmal in dem Wagen. Nachdem sie ein paar Lebensmittel und verschiedene gebrauchte, aber noch gute Kleidungsstücke ausgepackt hatte, erzählte sie Tießchen, seiner Frau und seinen Kindern von Jesus und davon, wozu er in diese verdorbene Welt gekommen war und dass er bald wiederkäme, um die seinen zu sich zu nehmen. Schwester Gertruds Zuhörern standen die Münder offen. So etwas hatte ihnen bisher niemand erzählt. Das war spannend und wichtig zu hören. Dem kranken Mann schien diese Botschaft direkt gut zu tun.

Plötzlich entdeckte Schwester Gertrud mit leichtem Erschrecken, wie spät es schon war. Hoffentlich erreichte sie den letzten Zug noch. Nach hastigem Aufbruch brachten Tießchens Söhne sie mit dem Wagen von der Müllhalde zum Bahnhof. Doch, o Schreck, der Zug war weg. Die Bahnhofsuhr zeigte eine ganz andere Zeit als die Uhr im Wohnwagen. Warum hatte sie denn nicht auf die eigene Armbanduhr geschaut, um zu wissen, wie spät es war? Was nun?

»Wir nehmen dich wieder mit zu uns, Schwester Gertrud. Wo willst du denn sonst hin? Morgen Früh tun auch wieder Züge fahren.«

»Ihr seid mir ja lustige Leute«, versuchte sie der Situation etwas Gutes abzugewinnen. Aber was blieb ihr jetzt anderes übrig, als gute Miene zum merkwürdigen Spiel zu machen. Irgendwie kam ihr die Sache schon seltsam vor. Dass die Männer sie nach Hause brachten, wollte sie von ihnen nicht verlangen.

Die Missionarin fuhr also wieder mit zurück auf den Müllplatz zu Hund, Katze und Ratten und zu Tießchen und seiner Familie. Beim Betreten des Wagens grinsten die Töchter sie ein wenig verlegen an. »Habt ihr etwa …?«, setzte sie ihre Frage an. Die Antwort kam, ehe die Frage gestellt war.

»Entschuldige, Schwester Gertrud, du hast so spannend erzählt und so tolle und interessante Sachen, da taten wir einfach die Uhr verstellen, damit du noch nicht gehst. War das jetzt schlimm?«

»Na, nicht gerade gut, aber auch nicht schlimm. Jetzt bin ich wieder hier und muss wohl auch für die Nacht hier bleiben.«

»Wo so viele wie bei uns leben, tut noch einer mehr reinpassen, Schwester Gertrud«, lud die Mama ein, die Nacht tatsächlich mit ihnen im Wagen zu teilen. An Schlaf war allerdings nicht zu denken; zu viele Fragen hatten sich inzwischen angesammelt, die die beiden Erwachsenen und ihre Kinder beantwortet haben wollten.

Sie waren alle nicht mehr fern vom Reich Gottes. Und es kam der Tag, an dem sie es annahmen. Gott sei Dank!

Tießchen musste seine Krankheit noch ein paar Jahre tragen, bis sein Herr ihn erlöste und er den schauen konnte, dem er sein Leben noch rechtzeitig anvertraut hatte. Die geistliche Gemeinschaft, die Schwester Gertrud und Johannes Lichtenberg mit dem befreiten Wahrsager-Sinto später noch haben konnten, war für alle eine erquickende Sache.

Eine andere Geschichte war die von Dieter G., einem Deutschen, den Schwester Gertrud auch über einige Jahre hinweg begleitete und betreute.

Die Missionarin hatte wieder einmal eine Begegnung mit Dr. Dwight Wadsworth von der Organisation der Fackelträger gehabt, deren deutsches Zentrum in Klostermühle bei Limburg an der Lahn lag. »Um Dieter sollten Sie sich ein bisschen kümmern, Schwester Gertrud«, hatte der Bruder ihr gesagt und ihr dabei dessen Hamburger Adresse gegeben.

Da hatte sich Schwester Gertrud nun auf eine Sache eingelassen! Sie rief Dieter G. an, und seitdem rief er immer zurück, an manchen Tagen bis zu fünfmal. Der Mensch steckte voller Probleme. Er selbst war ein Problem, für sich selbst und für seine Umgebung. Seine Ehe funktionierte mehr schlecht als recht. Die Arbeit hatte er auch nicht erfunden. Manchmal kam er tagelang nicht nach Hause, sondern blieb im Suff irgendwo liegen, übernachtete im Freien, an einem der Hamburger Pennerplätze oder in irgendeinem leer stehenden Gebäude. Irgendwann lief ihm seine Frau weg. Mit diesem »Alki« und »Assi« konnte sie nicht länger zusammenleben.

Das brachte den Mann nur noch tiefer in den Sumpf. Alles Mahnen und Zureden half nichts. Sein Lotterleben schien ihn aufzufressen, und es hätte ihn beinahe umgebracht. Für Schwester Gertrud war er eines Tages einfach verschwunden. Alle Versuche, wieder Kontakt zu ihm zu bekommen, scheiterten. Dieter G. war nicht zu finden. Schwester Gertrud hoffte nur, dass das Evangelium, das sie ihm immer wieder hatte sagen können, in ihm nicht verloren ging.

Eines Tages bekam die Missionarin einen Anruf aus der Klinik St. Georg in der Hamburger Innenstadt. Ein Dieter G. sei bei ihnen in stationärer Behandlung und wünsche ihren Besuch. Sie möge möglichst bald kommen.

Sobald sie frei hatte, machte sie sich auf den Weg, um den Patienten zu besuchen. Der Weg aus der Schmilinskystraße zur Klinik war nicht weit. Als sie dem Mann schließlich gegenüberstand, erschrak sie heftig. Er lag in einem Einzelzimmer auf seinem Bett. Welch ein Wrack, welch ein Häufchen Elend, an beiden Beinen amputiert und zusätzlich eine Hand in einem dicken Verband, ein Mann, der offensichtlich nach außen und innen völlig am Ende war.

»Dieter, was ist nur passiert?«

»Weißt du, Schwester Gertrud. Irgendwann musste das wohl so komm. Ich war völlig versumpft und verkommen. Ich war wohl immer auf der Flucht.«

»Auf der Flucht? Vor wem?«

»Schwester Gertrud, du hast mir erzählt, dass Gott scharf ist auf mein Leben, dass er es haben will, dass ich raus muss aus mein Sumpf, dass Jesus mich frei macht von Alkohol un so. Aber ich wollte und konnte nich raus aus mein Sumpf. Bier un Schnaps schmeckten zu gut. Un krumme Dinger drehn war lustig un intressant. Un ich musste ja von irgendwas leben.« Dieter machte eine Pause. Tief atmete er durch. Er schien Schmerzen zu haben.

»Erzähl weiter«, ermunterte ihn seine Besucherin.

»Weißt du, Schwester Gertrud, ich tat einfach vor Gott wechlaufen; einfach wech, wie Jona. Ich wollte nich, dass er mich kricht. Das wollt ich nich. Nur mich tat kein Fisch verschlucken, wie du siehst.« Dieter lächelte dünn und gequält.

»Und jetzt hat er dich doch eingeholt?«

»Jetz hat er mich eingeholt, Schwester Gertrud. In der Ruine im Frost tat er mich einholen. Ich kann ihm jetz nich mehr wechlaufen. Ich hätt gar keine Beine mehr dafür.«

»Das ist schlimm, Dieter, was du dir da angetan hast.«

»Is schlimm, Schwester Gertrud, wirklich schlimm. Aber musste wohl so sein. Gott hat mich eingeholt. Mit einer Hand kann ich jetz auch nich mehr klauen und auch keine Flasche mehr richtig halten.«

»Und hat er dich jetzt?«, hakte die Besucherin nach, ohne auf die letzten beiden Bemerkungen einzugehen.

»Ich glaube, jetz er hat mich, Schwester Gertrud. Ich will jetz nich mehr ohne. Ich geb auf, Schwester Gertrud, ich tu ihm mein Leben geben. Soll er mit machen, was er mit einem Krüppel noch hinkricht. Oder will er mich jetz nich mehr, Schwester Gertrud?« Dieters Stimme klang ängstlich.

»O doch, mein Lieber, Gott will dich noch«, bestätigte Schwester Gertrud dem kranken Mann in seiner Seelennot. »Gott freut sich auch, wenn ein Krüppel zu ihm kommt und sein Leben bei ihm abliefert.«

»Schwester Gertrud, tu mit mir beten.«

Gerne wollte sie das tun. Vorher erklärte sie dem Patienten noch einmal mit ein paar Sätzen, was es mit Bekehrung und Wiedergeburt auf sich hat. Dann betete sie für Dieter und mit ihm. Beim Übergabegebet sprach der so schwer geschlagene Mann Satz für Satz nach und schloss mit einem kräftigen Amen.

»Schwester Gertrud, wenn ich jetzt sterbe, dann bin ich im Himmel, oder?«, fragte Dieter G. mit feuchten Augen.

»Du bist, mein Lieber, du bist es sicher. Jesus hat einen Platz für dich reserviert«, bestätigte die Seelsorgerin. »Aber noch stirbst du nicht, Dieter. Gott will dich bestimmt noch gebrauchen.«

»Mich Krüppel gebrauchen?«, fragte er und verwies auf seine dick verbundenen Beinstümpfe und die schwer verletzte Hand.

»Zum Beten muss man nicht laufen können, Dieter. Dazu muss man auch nicht unbedingt die Hände falten können. Also kannst du für mich beten und für meine Arbeit. Ich brauche Leute, die meine Arbeit auf diese Weise unterstützen.«

»Das tu ich mir merken, Schwester Gertrud, kanns dich in Zukunft auf mich verlassen. Ich tu für dich beten. Un die Bibel kann ich auch mit einer Hand halten. Brings du mir eine, Schwester Gertrud?«

»Muss ich gar nicht mehr, ich habe eine mit. Die lasse ich dir hier.«

»Fein, Schwester Gertrud, un danke. Ich versprech, drin zu lesen.«

Um Dieter G., den Gott in einer scharfen Frostnacht auf seinem Lager in einer Ruine in Wandsbeck eingeholt hatte, kümmerte sich Schwester Gertrud und ihre Mitarbeiter weiter. Auch als er nach seiner Entlassung aus St. Georg einen Platz in einer betreuten Wohnung in einer Stadt südlich von Hamburg erhielt.

Als er ein paar Jahre später an einem Weihnachtstag in den Himmel aufgenommen wurde, standen nur eine Hand voll Leute an seinem Grab, trauerten um Dieter G. und freuten sich zugleich, dass ein Mensch am Ende eines über lange Zeit völlig verpfuschten Lebens doch am Ende noch das Ziel seines Glaubens erreicht hatte und nach Hause gekommen war.

Einzelseelsorge von Schwester Gertrud brauchten auch immer wieder Menschen unter den Sinti. Die Fantasie ihrer Liebe zu ihren Leuten war dabei schier unerschöpflich.

Im Herbst 1964 baute ein vierzehnjähriger Sintijunge einen Unfall. Er hatte sich unberechtigterweise ans Steuer des Wagens gesetzt, während sein Vater sich in einem Haus aufhielt. Beim Zurücksetzen war es dann passiert. Ein parkendes fremdes Auto bekam einen erheblichen Schaden ab. Ein Fall für die Versicherung, wenn die denn in diesem besonderen Fall bereit war, die Reparaturkosten zu übernehmen.

Der Angestellte hatte da schon seinen Vorschlag: »Wissen Sie, Herr Weiß, so wie Sie den Fall beschreiben, sind wir nicht zuständig. Ihr Sohn hat keinen Führerschein und ist zudem noch minderjährig. Da müssen Sie schon selbst ran. Wir könnten Ihnen aber vielleicht entgegenkommen.«

Damit reichte er seinem Gegenüber ein Formular über den Schreibtisch.

Der Sinto wurde neugierig, zögerte aber noch zuzugreifen.

»Ich zerreiße Ihre Anzeige. Sie schreiben eine neue und tragen sich selbst als Fahrer ein. Dann geht das in Ordnung.«

»Ne, mein Herr, das is zwar gut gemeint von Ihn«, gab der Betroffene entschieden zurück. »Aber das is nich redlich. Ich bin Christ. Und das is Betrug. Das tu ich nich machen. Ne, niemals!«

Die Weigerung, den gut gemeinten Vorschlag anzunehmen, hätte den Angestellten eigentlich in Verlegenheit bringen müssen. Aber der nahm nur sein Formular wieder zurück und meinte: »Dann eben nicht. Dann müssen Sie die Kosten schon selber zahlen.«

Da war nun guter Rat teuer. Woher sollte der Sinto das Geld nehmen? Er hatte es nicht. Die Reparatur sollte 1300 Mark kosten. Eine riesige Summe. Die Rechnung hatte zwar lange auf sich warten lassen. Aber jetzt lag sie im Wohnwagen auf dem

Tisch. Den Sohn zum wiederholten Male zu maßregeln, wenn er aus der Schule kam, brachte das Geld nicht herbei, sorgte nur für neuen Ärger und neuen Unfrieden. Was also tun?

In seiner Not besuchte der Mann seine Missionarin in der Schmilinskystraße.

Schwester Gertrud sah sofort, dass irgendetwas passiert sein musste, was den Mann in große Erregung versetzt hatte. »Was ist los«, machte sie ihm Mut, offen zu reden.

»Ich hab Ärger, Schwester Gertrud, großen Ärger.«

»Dann sag mir, was los ist.«

»Heute kam die Rechnung von dem Unfall im Herbst. Ich kann das Geld nich bezahlen. Ich hab kein Konto und nur ein bisschen Reserve für Krankheit. Da darf ich nich ran. Was soll ich machen, Schwester Gertrud?«

Die dachte einen Moment nach, blickte dann den Sinto liebevoll und aufmunternd an und sagte: »Wir haben doch einen Herrn. Du hast doch seine Hilfe früher schon oft erfahren. Oder nicht? Jesus kümmert sich sicher auch um diese Angelegenheit. Unsere Verlegenheiten sind seine Gelegenheiten.«

»Gott tut nur bei Lasten helfen, die er auflegt. Aber diese Last haben wir uns selber aufgelegt, Schwester Gertrud«, meldete der Sinto seinen Zweifel an.

»Da ist sicher was dran. Trotzdem beten wir jetzt für die Sache, und dann lassen wir Gott handeln.«

Irgendwie schien der geplagte Vater erleichtert, als die beiden ihre Angelegenheit im Gebet bei Gott abgeliefert hatten. »Tu mir nur den Gefallen und straf den Jungen nicht noch mal. Der leidet unter der Sache. Ich weiß es. Er hat vor ein paar Tagen sein Leben neu mit Jesus geordnet.«

»Ich tu mir Mühe geben, Schwester Gertrud«, versprach der Sinto. »Auch wenn es mir schwer fällt«, ergänzte er beim Hinausgehen.

Am Nachmittag desselben Tages noch fuhr die Seelsorgerin an die Kornweide, um die leidende Familie zu besuchen. Sie fand eine düstere und traurige Stimmung vor. Der Vater lag wie in einer Depression in seinem Bett, die Mutter hatte ein völlig verweintes Gesicht, die Töchter drängten sich verängstigt in eine Ecke des Wagens, der Sohn ließ den Kopf hängen.

*Sinti-Kinderchor, 1991*

Nach ein paar Sätzen freundlicher Zuwendung fragte Schwester Gertrud: »Darf ich euren Jungen mitnehmen, Mama Weiß? Ich möchte ein bisschen allein mit ihm reden.«

»Nimm ihn mit und bring ihn wieder«, bekam sie nur knapp zur Antwort.

»Wo fahren wir hin?«, fragte der verschüchterte Junge.

»Mal sehen, wo wir landen«, gab Schwester Gertrud fröhlich zurück. »Lass dich überraschen.«

Der Junge fügte sich gerne und ließ sich tatsächlich überraschen. Nach einer kurzen Fahrt in die Stadt fand er sich in der Ecke eines netten kleinen Cafés wieder, ein Stück Eistorte und eine Tasse mit dampfendem Kaffee vor sich. Aber sein Gesicht wollte sich trotzdem nicht aufhellen. Zu sehr belastete ihn die Zahl, die ihm sein Vater vorhin noch unter die Augen gehalten hatte. »1300 Mark, Schwester Gertrud. Das ist sehr viel Geld. Und die Versicherung ist auch noch nicht bereit, einen Teil zu übernehmen. Vater hat es versucht. Warum habe ich das auch nur gemacht?«

»Nun verfall mal nicht gleich in Verzweiflung, Junge. Unser Herr Jesus ist immer noch größer als alle unsere Probleme. Und die Verheißungen der Bibel gelten doch, oder?«

»Ja, sie gelten, Schwester Gertrud. Ich will es ja glauben. Aber in der Sache fällt mir das sehr schwer. Ich hab das schließlich alles selber verbockt.«

»Kann ich verstehen. Und dennoch. Schau, was hier steht.« Die Seelsorgerin hatte ihre Bibel auf dem Tisch aufgeschlagen und zeigte auf eine Stelle im ersten Samuelbuch.

Der Junge las: »Es ist dem Herrn nicht schwer, durch viel oder wenig zu helfen.«

»Und jetzt lies hier«, zeigte sie auf eine Stelle aus dem Markusevangelium.

»Alle Dinge sind möglich dem, der da glaubt«, las der Junge.

Und noch ein Prophetenwort stellte Schwester Gertrud ihm vor Augen: »Mein ist beides, Silber und Gold, spricht der Herr.«

»Ein Wort sage ich dir noch dazu, mein Junge.« Der schien schon begriffen zu haben, aber er schaute Schwester Gertrud doch mit großen, fragenden Augen an.

»Der Apostel Jakobus sagt etwas ganz Wichtiges: ›Wer da zweifelt, der ist gleich wie die Meereswoge, die vom Winde getrieben und bewegt wird. Solcher Mensch denke nicht, dass er etwas von dem Herrn empfangen werde.‹« Nach einer Atempause fragte sie sehr direkt: »Willst du nun empfangen oder nicht?«

»Natürlich will ich, Schwester Gertrud«, bestätigte der junge Sinto.

»Dann glaube!«, sagte sie ihm beinahe im Befehlston. »Und jetzt beten wir zwei hier in unserer Ecke, und dann bring ich dich wieder nach Hause. Und dann warten wir ab, was Gott tut.«

Sie mussten nur wenige Tage warten, bis Gott antwortete. Und er antwortete wieder in denkwürdiger Weise. Als Erstes bekam der Vater Bescheid, dass die Versicherung bereit sei, einen Teilbetrag von 600 Mark zur Schadensregulierung zu übernehmen. Als Zweites bekam Schwester Gertrud den Brief einer gläubigen Frau mit vier Fünfzigern darin und der Bemerkung: »Das Geld ist schon lange für die Geschwister unter den Zigeunern bestimmt. Heute habe ich den Auftrag erhalten, es abzuschicken.« Das Datum des Briefes bezeichnete den Tag, an dem das Gespräch mit dem Jungen im Café gewesen war.

Schwester Gertrud brachte das Geld noch am selben Tag auf die Kornweide. Die Eltern Weiß kamen aus dem Staunen nicht heraus.

Dem Jungen, den die Missionarin anschließend von der Schule abholte, ging es nicht anders. Nach einem spontanen Dankgebet im Auto meinte er allerdings: »Noch fehlen 500 Mark. Ob die auch noch kommen, Schwester Gertrud?«

»Ich bin überzeugt davon, mein Junge. Wir müssen weiter glauben.«

Am nächsten Tag kam eine Christin in die Schmilinskystraße und brachte Schwester Gertrud 250 Mark. »Sie werden es sicher brauchen«, meinte sie nur. Und ob sie es gebrauchen konnte! Jetzt fehlten nur noch einmal 250 Mark. Die kamen am nächsten Tag in zwei Beträgen. Die Erkenntnis des Psalmbeters hatte sich wieder einmal bewahrheitet: »Der Herr hat Wohlgefallen an seinem Volk, er hilft den Elenden herrlich.«

Welch ein Zeugnis der fürsorglichen Liebe Gottes! Lob und Anbetung waren die Antwort in der Sinti-Familie.

Darf der Mensch lügen? Er tut es. Er hat es schon immer getan, seit er sich damals im Paradies gegen Gottes Weisung entschieden hatte. Viele Zigeuner lebten von der Lüge, solange sie in ihren alten Beziehungen blieben. Davon waren ihre Geschäfte bestimmt. Sonst wären die Leute häufig auch kaum durchgekommen. Zu lügen war für sie ganz normal und wenig anrüchig. Wenngleich niemand einen Zigeuner Lügner nennen durfte. Das ließ sich ein Zigeuner nicht sagen, selbst wenn es der Wahrheit entsprach. Das hätte böse Folgen gehabt.

Die Sinti mussten lernen, dass Gottes Wort von Menschen, die sich bekehrt hatten, etwas anderes erwartete. »Leget die Lüge ab und redet die Wahrheit, ein jeglicher mit seinem Nächsten, weil wir untereinander Glieder sind«, hatte schon Paulus der Gemeinde in Ephesus geschrieben. Für manche Sintiza und für manchen Sinto wurde das eine schwierige Lektion.

Einer kam zu Schwester Gertrud mit einem besonderen Anliegen.

»Schwester Gertrud, ich brauche deine Hilfe.«

»Wenn ich kann, will ich dir gerne helfen«, antwortete sie selbstverständlich.

Der Mann druckste ein wenig herum. Dann kam er mit der Sprache heraus: »Ich muss meinen Antrag auf KZ-Entschädigung abgeben. Da brauche ich eine halbe Lüge von dir.«

»Diese Hilfe kann ich dir nicht geben«, sagte die Missionarin sehr deutlich.

»Schwester Gertrud, warum nicht? Du kannst mich doch nicht im Stich lassen.«

»Das ist ganz einfach, lieber Bruder«, sagte sie mit deutlichem Nachdruck. »Halbe Lügen sind auch Lügen. Das Wort Gottes verbietet aber die Lüge. Das kannst du zum Beispiel im Kolosserbrief nachlesen.«

Der Sinto hatte wohl mit dieser ernsten Reaktion nicht gerechnet. Sein Gesicht verfinsterte sich, und er funkelte die Frau böse an. Durch seine zusammengepressten Zähne zischte er ihr zu: »Das wirst du spüren!« Und weg war er.

Na, was würde das jetzt werden?

Am kommenden Sonntagabend herrschte im Gottesdienst spürbar dicke Luft. Schwester Gertrud fühlte das schon beim Hereinkommen. Irgendetwas braute sich da zusammen. Ob das etwas mit ihrer Weigerung gegenüber dem Sinto zu tun hatte, mit der »halben Lüge« und mit seiner Drohung? Sie hatte ihn zwar nicht direkt Lügner genannt, aber sich geweigert, ihm mit einer halben Lüge zu helfen.

Pastor Johannes Lichtenberg hielt an diesem Abend die Predigt. Nicht dass die Missionarin Angst vor irgendetwas empfunden hätte, aber richtig zuhören konnte sie doch nicht. Sie betete immer wieder zwischen dem Hören für den Sinto und die Situation, wie immer sie sich entwickeln würde. Und sie nahm sich vor, nachher besonders wachsam zu sein.

Der Gottesdienst ging zu Ende. Der Raum leerte sich. Zwei Frauen blieben vor der Tür stehen und tuschelten miteinander. Ein paar Männer blieben auf ihren Stühlen sitzen. Schwester Gertrud sprach noch mit Bruder Johannes. Das Gespräch zog sich eine Weile hin. Die Männer saßen immer noch auf ihren Plätzen, während die Frauen nicht mehr zu sehen waren. Sie waren wohl gegangen.

Als Schwester Gertrud ihr Gespräch schließlich beendet hatte, kam einer der Männer auf sie zu. »Schwester Gertrud, lass bitte dein Auto an der Hütte stehen. Heute fahren wir dich nach Hause.«

»Aber warum denn, ihr Brüder?«, fragte die Missionarin erstaunt.

»Weißt du, Schwester Gertrud, du hast einen Sinto der Lüge bezichtigt. Seine Verwandten lauern dir auf. Sie wollen dich schlagen.«

Jetzt überkam die Frau doch ein leichter Schrecken. Wenn Sintifrauen die Beherrschung verloren, konnte das recht heftig werden. Die verstanden es zuzuschlagen. Diese beiden Frauen, die jetzt also irgendwo am Weg auf sie warteten, kamen zwar in die Gottesdienste, aber bekehrt hatten sie sich noch nicht. In ihnen steckte noch voll das alte Wesen. Was also tun? Ihnen aus dem Weg gehen? Ihnen dennoch begegnen?

Die Männer schienen Schwester Gertruds Gedanken zu erraten. »Bitte, lass dich nicht mit den beiden ein. Da bist du uns zu schade zu. Wir fahren dich nach Hause.«

»Aber ich könnte doch mit Bruder Johannes fahren«, schlug sie vor.

»Das könntest du tun, Schwester Gertrud. Aber der soll den normalen Weg fahren. Wir schalten alle Lichter aus und fahren dich einen anderen Weg.«

»Gut, wenn ihr meint, ihr Brüder, machen wir es so.«

In der Dunkelheit der Nacht stieg Schwester Gertrud also zu den Sinti ins Auto und ließ sich von ihnen auf Umwegen nach Hause bringen. Ihr war doch leichter ums Herz, sich von den Brüdern beschützt zu wissen. Ihr Auto wurde ihr am folgenden Tag in die Schmilinskystraße gebracht.

Zwei Wochen später begegnete sie den Frauen, und Schwester Gertrud sprach die beiden einer spontanen Eingebung folgend auf die Sache von neulich an. Die beiden Zigeunerinnen fühlten sich ertappt und gaben ihre Absicht sofort zu. Die Missionarin konnte mit ihnen ein gutes Gespräch führen über Wahrheit und Lüge und über den Umgang miteinander.

Bei einer spannungsgeladenen Begegnung konnte Johannes Lichtenberg den beleidigten Sinto, der noch immer voller Rachegedanken war, zur Ruhe führen. Es kam auch zu einer Entschuldigung, aber war da wirklich Einsicht in die Falschheit des Denkens und Handelns? Hier hatte Gott noch eine Menge Arbeit mit harten Herzen, die um des eigenen Vorteils willen die Dinge nicht so genau nahmen. Die Männer, die sie vor der nächtlichen Konfrontation bewahrt hatten, waren da wohl schon viel weiter. Wenn doch Gottes Geist auch die anderen zur Umkehr führen würde!

## »Geborgenheit« am neuen Ort

1965 waren die ersten Familien aus der bedrängenden Enge der Kornweide in die frei gewordenen Plattenhäuschen am Georgswerder Bogen umgesiedelt. Ein Jahr später war die neue Hütte »Geborgenheit« eingeweiht worden. Nach und nach waren andere Sinti-Familien herübergekommen und hatten zum ersten Mal in ihrer Geschichte feste Wohnungen beziehen können, mit eigenen Sanitärräumen und mit viel Platz um ihr Häuschen. Das war ja richtiger Luxus, wenngleich schon ein wenig alt.

Hier waren die »Straßen« zwischen den Häusern einigermaßen fest und versanken nicht gleich bei jedem Regen im Schlamm. Es gab genügend Standplätze für die Autos. Hier konnten auch die Männer ihre Geschäfte viel einfacher tätigen, und es gab Lagerplatz für Schrott und Gartenartikel, mit denen einige handelten. Die Frauen konnten die Wäsche ordentlich waschen und im Wind trocknen lassen. Und für die Kinder gab es viel Raum zum Spielen.

Die auseinander gerissene Gemeinde fand sich zu großen Teilen allmählich wieder zusammen. Es hatte sich als großer Nachteil für die Betreuung der Leute erwiesen, dass sie durch die getrennten Wohnplätze weniger Gemeinschaft miteinander haben konnten.

Dennoch, Schwierigkeiten blieben. Es gab sie immer wieder zwischen den gläubigen und den ungläubigen Familien. Es gab sie immer wieder zwischen Sinti und Deutschen, die auch noch hier wohnten. Und es gab sie mit Menschen aus der Nachbarschaft. Jugendliche machten immer wieder den Platz und seine Umgebung unsicher. Schlägereien, Diebstähle, Einbrüche mehrten sich. Die Polizei war häufiger Gast auf dem Gelände.

Wann würde das endlich aufhören?, seufzte die Missionarin immer wieder bei sich selbst, im Gespräch mit ihren Freunden und vor allem im Gespräch mit ihrem Gott. Herr, erbarme dich!

Langfristig war die Plattensiedlung sowieso keine Lösung. Die städtischen Behörden hatten mit diesem Gelände auch längst andere Pläne, als Zigeuner hier leben zu lassen. Die wussten nur noch nichts davon.

*Auf einer Verkündigungsreise*

Je länger die etwa 180 Leute hier wohnten, handelten, sich vertrugen und immer wieder stritten, desto unsauberer wurde der Platz. Die Zigeuner lebten halt anders als die deutschen Vorbewohner. Sie ramponierten die unbefestigten Straßen, schonten das Gelände nicht und verwohnten ihre Häuser wesentlich schneller, als das bei den früheren Arbeiterfamilien der Fall gewesen war.

Mit der Zeit wurde die Siedlung zum Ärgernis für manche Leute, die hier lebten, aber noch mehr für die Menschen in der Nachbarschaft. Die Klagen über die Verhältnisse am Georgswerder Bogen häuften sich. Immer wieder mussten Vertreter der Behörden nach dem Rechten sehen, und das Sozialamt bekam mehr und mehr Arbeit.

Dazu kam eine ganz natürliche Sache: Die kleinen Plattenhäuschen aus Beton, 1943 als Behelfsheime gebaut, also während des Zweiten Weltkriegs, wurden nicht jünger. Ihre Bausubstanz wurde allmählich morsch und ihre Technik marode. Die Dächer wurden undicht und Fenster und Türen windschief. Viele Sinti wurden durch die Feuchtigkeit in den Wohnungen krank, einige von ihnen, die ohnehin schon Asthmatiker waren, sogar ernsthaft.

Der Begriff »seuchengefährdet« tauchte in offiziellen Verlautbarungen auf.

Für Schwester Gertrud ergab sich dadurch eine neue Belastung und Herausforderung. Manche Not wurde ihr aufs Herz gelegt und vergrößerte die, die sie ohnehin wegen mancher desolaten Zustände litt. Sie hatte es aber auch nie vermocht, vor der Not anderer die Augen zu verschließen und sich aus den Dingen herauszuhalten.

So war sie immer wieder – mal allein und mal mit anderen – als Bittstellerin unterwegs auf den unterschiedlichen Behörden, um Verständnis für zuweilen überzogenes Verhalten zu erbitten und wenigstens ein Minimum an würdiger Existenz für ihre Leute zu erreichen. Das zehrte an ihren körperlichen und seelischen Kräften.

Im Spätsommer 1972 fiel dann die Wasserversorgung der Siedlung aus. Welches zusätzliche Elend! Und welche Sturheit auf den Ämtern! Der Platz solle doch sowieso demnächst aufgegeben werden und einem Straßen- und Brückenprojekt weichen. Da lohne es einfach nicht mehr, 95.000 Mark für ein neues Wasserleitungsnetz zu investieren, lautete die lakonische Mitteilung.

Eine böse Nachricht, die in der Lage war, weiteres böses Blut zu verursachen. Und zugleich ein Skandal! Wurden denn die Zigeuner schon wieder als Menschen dritter Klasse angesehen, als Ungeziefer, das man am besten ...? Ein einziger Hydrant wurde ihnen zugestanden, von dem 180 Menschen das Wasser für ihren täglichen Bedarf zapfen durften. Nein, nein, nein! So nicht! So konnte es nicht gehen!

Schwester Gertrud, tief traurig und erbost zugleich und zusätzlich gepeinigt von Kieferproblemen, alarmierte ihre Freunde im Land und die Behörden. Die einen sollten Gott in den Ohren liegen, die anderen sollten endlich etwas tun.

Sie taten etwas. Aber erst, nachdem das Gesundheitsamt eingeschaltet war und das Fernsehen auf dem Platz Aufnahmen gemacht und über die katastrophalen Lebensbedingungen berichtet hatte.

Innerhalb von drei Tagen waren die alten Wasserleitungen wenigstens grob repariert, so dass die meisten Hähne wieder Wasser gaben.

Warum nicht gleich so?

Aber eine Dauerlösung war das dennoch nicht. Den Platzbewohnern wurde geraten, sich irgendwo in der Stadt neue Wohnungen zu suchen. Man wolle ihnen dabei sogar behilflich sein. Die eine oder andere Sinti-Familie machte sich auch auf Suche, und wenn sie fündig geworden war, siedelte sie um.

Die gläubigen Sinti lehnten den Vorschlag grundsätzlich ab. Sie wollten zusammenbleiben und möglichst an einem neuen Ort eine neue Siedlung in angemessener und menschenwürdiger Art errichtet wissen.

Die Sitzungen zu dieser Thematik häuften sich. Einen Tiefpunkt erlebte die Gemeinde zwei Wochen vor Pfingsten 1972. Die zuständigen Ämter hatten Vertreter der Mission und der Sinti, Architekten, Vertreter der Wohnungsbaugesellschaft SAGA, Leute vom Holstenwall und andere zu einer gemeinsamen Sitzung in die Hütte eingeladen. Die Sitzung verlief äußerst stürmisch und endete im Chaos.

Mit der Aussage, es sei kein Geld vorhanden, eine neue Siedlung zu bauen, wollten sich die Sinti nicht zufrieden geben. Andere Vorschläge aber lehnten sie kategorisch ab. Sie verließen lärmend und unter lautstarken Protesten den Saal. Sie waren doch kein Vieh, das man von einer Koppel in die Nächste treiben konnte, auf der dann auch wieder keine Weide war und kein Futter wuchs, vom Wasser ganz abgesehen!

In der Folge wurden Vorwürfe gegen die Mission laut, sie kümmere sich nicht genügend um das Schicksal ihrer Leute. Dieser Vorwurf traf Schwester Gertrud besonders hart. Sie geriet wieder einmal an die Grenzen ihrer Belastbarkeit. So viel geweint wie in diesen Tagen hatte sie lange nicht. Die treue Missionarin – sie war inzwischen in den Fünfzigern und seit mehr als zwanzig Jahre in Hamburg – wurde müde und verzagt. Wie hatte sie sich die Füße wund gelaufen und den Mund fusselig geredet, um ihren geliebten Zigeunern zu helfen. Und dann dies. Wenn Gott hier kein Wunder tat …

Und das alles wenige Tage vor dem Pfingstfest. Wie würde das gehen? Der Besuch im Pfingstgottesdienst würde wohl ein Zeichen dafür sein, ob die Gemeinde weiter Bestand hatte oder ob sie durch die ungeklärte Lage vor dem Zerbruch stand.

Vor diesem Tag fürchtete die Missionarin sich wie vor nichts anderem.

In ihrer Not nahm sich Schwester Gertrud den jungen Daniel zum Vorbild, der dreimal am Tag seine »offenen Fenster nach Jerusalem« nutzte. Und sie durfte es doch wieder erleben, dass Gott die Herzen zum Frieden lenkte und die Sache Jesu nicht verloren war.

Welch ein dankbares Aufatmen: 120 Zigeuner füllten den Raum und hörten die Botschaft vom Wirken des Heiligen Geistes damals und heute. Der heutige Gottesdienst war selbst ein sichtbares Zeichen von der Wahrheit dieser Botschaft.

Nach vielen Gesprächen mit Brüdern und Schwestern war die Harmonie auch wieder hergestellt. Die Missionarin konnte erneut dankbar aufatmen. Es würde doch letztlich alles gut werden.

In der Folgezeit gab es weitere Sitzungen, die zwar alle einen besseren Verlauf nahmen, aber immer noch keine Lösungen brachten. Dann fand im November, einige Tage, bevor sich Schwester Gertrud einer nicht länger vermeidbaren Kieferoperation unterziehen musste, eine weitere Ausschusssitzung in der Hütte »Geborgenheit« statt. An der Wand leuchtete die Zeile des Liedes, das in jeder Gebetsstunde gesungen wurde: »Beter sind Wundervollbringer«. Ob das nicht ein besonderer Hinweis auf den einzigen Weg war, die anstehenden Probleme zu lösen? »Beter tun Siegesgeschäfte, beten den Tag herbei.«

Die Sache zog sich dennoch hin. Auf dem Platz wurde es aber schon dadurch ruhiger, dass einige der schlimmen Familien wegzogen. Auch dadurch, dass nun doch noch dringend notwendige Reparaturen an den Häuschen ausgeführt wurden.

Während der Zeit reiften auch in den Köpfen der Verantwortlichen und auf den Reißbrettern des Architekten Carl Groth von der SAGA die Pläne, am Niedergeorgswerder Deich eine ganz neue Wohnanlage zu bauen mit Häusern, die der Wohnkultur der Zigeuner entgegenkamen und den notwendigen Freiraum boten, den sie für ihre Geschäfte brauchten. Das neue Gelände wurde dadurch frei, dass es den Baubehörden gelang, dem dort ansässigen Sportverein ein anderes Terrain zuzuweisen.

Zurück blieben Sportanlagen und ein aus Holz gebautes Clubhaus. Der Platz war gut. Gegen den konnte niemand ernsthafte Einwände haben. Ob sich aber das Clubhaus auch als neue Hütte »Geborgenheit« eignete? Da gab es zudem andere Interessenten. Die mussten erst aus dem Wettbewerb »gedrängt« werden. Die evangelische Kirche hatte Interesse angemeldet, die katholische ebenso. Weil die meisten Zigeuner von Haus aus katholisch waren, wurde eine gemeinsame Nutzung diskutiert.

Dann meldete sich auch noch das Sozialamt an, das Gebäude für die Betreuung der Zigeuner nutzen zu wollen. Wer also sollte es schließlich bekommen?

Irgendjemand in der Verwaltung von Wilhelmsburg kam dann auf die glorreiche Idee, die künftigen Bewohner des Geländes selbst zu fragen. Das war ein sehr mutiges Unterfangen, dessen Ausgang völlig offen schien. Jede befragte Familie sollte ihren Wunsch in einer Liste kennzeichnen. Das Ergebnis war verblüffend. Am Ende hatten alle 43 Familien dafür gestimmt, dass das Clubhaus für die Gemeinde »Geborgenheit« genutzt werden sollte. Das bedeutete, dass auch alle Familien, die sich nicht zur Gemeinde hielten, für diese Lösung gestimmt hatten.

Welch ein Wirken Gottes, von dem Schwester Gertrud völlig überrascht wurde! Sie hatte von dieser Befragung vorher gar nichts gewusst. Sie konnte also den leisen Vorwurf deutlich zurückweisen, sie habe durch entsprechende Beeinflussung der Leute das Ergebnis herbeigeführt. Nein, auch hier war nur Gott die Ehre zu geben.

»250 Zigeuner erhalten ›neue Heimat‹« – »Nach 30 Jahren endlich ein Heim für Zigeuner!«

Diese Mitteilungen in der Hamburger Presse machten es auch der breiten Öffentlichkeit bekannt: Am Niedergeorgswerder Deich war Richtfest gefeiert worden. Im Sommer 1981 war auf großzügigem Gelände nach den Plänen der Wohnungsbaugesellschaft SAGA mit dem Bau von 21 zweigeschossigen Reihenhäusern begonnen worden.

Die Gebäude standen beidseitig entlang einer breiten Ringstraße, dem Georgswerder Ring. Sie waren teilweise durch geräumige Garagen miteinander verbunden, wobei immer noch viel Platz zwischen den Einheiten blieb zum Anlegen kleiner Vorgärten, zum Abstellen von Autos und Wohnwagen, zum Lagern von Handelsgütern …

Der Bau war der Hamburger Beitrag eines bundesweiten Versuchs für »zigeunergerechtes Wohnen«. Zum anderen war es auch ein Akt der Wiedergutmachung für die in der NS-Zeit verfolgte Minderheit, gegenüber der die Stadt ja nun doch einiges gutzumachen hatte. 13 Millionen Mark waren insgesamt für das Projekt veranschlagt.

Die Angehörigen der Sippe Weiß wohnten ja nun auch seit einigen Jahrhunderten in Hamburg und Umgebung. Von Hamburg aus waren sehr viele von ihnen in die Hände der NS-Schergen ausgeliefert worden.

So war die Baumaßnahme endlich auch einmal ein sichtbares Signal dafür, die Zigeuner als gleichwertige Menschen anzuerkennen, wenngleich manche von ihnen jahrelang um ihre Anerkennung als Verfolgte des Nationalsozialismus hatten kämpfen müssen, Einzelne leider am Ende vergeblich.

Im Herbst 1982 war das Bauen am Niedergeorgswerder Deich so weit fortgeschritten, dass 43 Familien aus der Plattensiedlung hierher umziehen konnten. Ob das neue Gotteshaus dann auch schon fertig war? Es wäre schon wichtig gewesen, auch für die Gemeindearbeit einen fließenden Übergang zu haben. Vom neuen Ort aus noch die alte Hütte für die Gottesdienste zu benutzen, das würde nicht lange gehen. Die SAGA hatte signalisiert, die Plattenhäuschen sofort nach Freiwerden abzureißen, damit nicht andere zuvor von ihnen Besitz ergreifen konnten und für die Stadt neue Probleme entstünden. Zusätzlich sollte das Gelände am Georgswerder Bogen durch künstliche Barrieren unzugänglich gemacht werden.

Schon im Juni 1982 begab sich Schwester Gertrud ins Wilhelmsburger Rathaus, um dem neuen Amtsleiter ihre Sorge vorzutragen und mit ihm die Angelegenheit zu erörtern. Herr Dey nahm das Anliegen freundlich auf. Er sei selbst an einem guten Fortgang der Sache interessiert und werde sich gerne darum kümmern.

Vier Wochen später bekam die Missionarin dann eine Antwort, die sie nicht ganz befriedigte. Das Clubhaus werde nicht vor Ende Oktober frei. So lange sei es durch die Bauleitung belegt. Danach seien sicher Renovierungs- und Umbauarbeiten erforderlich. Andererseits müsse das alte Gelände konsequent geschlossen werden. Alle Beteiligten müssten einfach für die Situation Verständnis aufbringen und sicher auch eine Portion Geduld.

Um die musste Schwester Gertrud für sich selbst und auch bei ihren Sinti kämpfen. Aber das Ende war ja glücklicherweise abzusehen, und so sollte es doch im geistlichen Umgang mit der Sache möglich sein, die erneute gemeindliche Durststrecke gemeinsam zu bestehen.

Am Sonntag, 26. September 1982, wurde die bisherige gemeinsame Geschichte der Sinti-Christen zunächst einmal in »einer besonderen festlichen Dankes- und Abschiedsstunde an lieb gewordener Stätte« abgeschlossen. Welche Zeit der Not, der Anfechtungen, des Bangens und Betens, aber auch des Segens, der Freude, des Lobens und Dankens ging hier und heute zu Ende!

Was würde die neue Zeit am hoffentlich endgültigen Ziel eines unruhigen und qualvollen Wanderweges bringen? Das Wort über dem Tag machte Mut und gab Zuversicht: »Und siehe, ich bin mit dir und will dich behüten, wo du hinziehst ... Denn ich will dich nicht verlassen, bis ich alles tue, was ich dir zugesagt habe.« Gottes Zusage an Jakob hatte nichts von ihrer Verbindlichkeit verloren. Sie galt auch heute!

Und Gott war dabei, als doch bereits am 24. Oktober der erste Gottesdienst im Clubhaus gefeiert werden konnte. Mit den Besuchern bei der Einweihung der nunmehr vierten Hütte »Geborgenheit« war Schwester Gertrud voller Dank und Freude. In die mischten sich allerdings auch wieder die leisen Befürchtungen und Sorgen, ob denn das Steinewerfen wieder losginge, wie umzugehen sei mit den feindlichen Attacken, die von einem Irrlehrer ausgingen, der in letzter Zeit die Sinti auf den Plätzen Hamburgs und selbst bei Hausbesuchen verunsicherte, wie die umfangreiche Seelsorge an einzelnen Frauen, Männern und Familien geleistet werden konnte, wie die Arbeiten zur bereits absehbaren notwendigen Erweiterung der Hütte zu finanzieren und zu bewerkstelligen waren. Gut, dass die Missionsleitung mit der jungen Dorothea Lambertus eine neue Mitarbeiterin zur Entlastung in die Hamburger Arbeit geschickt hatte.

Wenn doch einmal Ruhe einkehren könnte, die länger anhielte als die Dauer eines dankbar und fröhlich gefeierten Gottesdienstes!

In Hamburg gab es damals einen Verein »Aktion Gitano«, den die Studienrätin Kästner gegründet hatte. Dieser Verein sammelte Zigeunerkinder aus verschiedenen Stadtteilen, um sie regelmäßig schulisch zu fördern und um mit ihnen zu musizieren. Die Arbeit von Frau Kästner und ihren Helfern geschah ehrenamtlich. Kosten wurden weitgehend selbst getragen. Es war eine gute Sache, die hohe Anerkennung verdiente.

1980 startete zusätzlich eine Initiative von Hamburger Sinti und Roma, die bei ihren Leuten besondere Autorität genossen, um ein kulturelles Zigeunerzentrum zu gründen. Es sollte von Sinti selbst verwaltet werden und Schulung und Beratung anbieten. Die Überlebenden der NS-Verfolgung suchten nach Wegen, mehr Anerkennung in der Öffentlichkeit zu erhalten. Das geplante Zentrum sollte eine Hilfe dazu sein. Sicher kein schlechter Weg.

Der Hamburger Senat versuchte nun, den bestehenden Verein »Aktion Gitano« und die Kultur-Zentrums-Initiative irgendwie zusammenzuführen. Das missionarische Werk der Zigeuner-Mission, das ja zugleich auch ein soziales war, sollte nach den Vorstellungen des Senats möglichst mit eingebunden werden. Es wurde sogar eine staatliche finanzielle Hilfe zur Finanzierung der Arbeit angeboten.

Schwester Gertrud hatte an entsprechenden Gesprächen teilgenommen. Später las sie dann in einem Protokoll: »Die Maßnahmen der Betreuungsverbände sind personalintensiv. Es werden in verstärktem Umfang ehrenamtliche Helfer benötigt, um die Betreuung der Familien, insbesondere die Schularbeitshilfen, zu intensivieren. Für die Betreuung von rund 150 Familien werden die beiden Organisationen Aufwandsentschädigungen von DM 150.000,– pro Jahr benötigen.«

Das hörte sich nicht schlecht an. Aber so ein umfangreiches Unternehmen würden die Möglichkeiten der Missionsmitarbeiter weit übersteigen, und den Erwartungen des Trägerkreises konnten sie nicht entsprechen. Dem Sintivolk war die Förderung ja sehr zu gönnen. Aber was nicht zu leisten war, musste leider anderen überlassen werden. Eigentlich schade, fand Schwester Gertrud.

Nach diesen grundsätzlichen Entscheidungen der Missionsleute gegen so eine starke Erweiterung der Arbeit wurde es zunächst ruhig um die Sache. Dann aber bemerkte Schwester Gertrud eine wachsende Unruhe in der Gemeinde. Das Gerücht kursierte, die Mission habe 150.000 Mark vom Staat erhalten und nicht an die Sinti weitergeleitet. Dabei war das Geld nie gezahlt worden, weil die Initiative erfolglos geblieben war und das Kulturzentrum nie zustande kam. Wer das Gerücht in die Welt gesetzt hatte, wurde nie geklärt. Aber es hatte Folgen.

Der Missionarin schlug plötzlich kalte Ablehnung entgegen. Der Gottesdienstbesuch nahm von Sonntag zu Sonntag ab. Immer mehr Plätze blieben leer, bis an einem Abend nur noch acht Leute anwesend waren.

Als ihre Sinti dann sogar noch einen Juristen in die Sache einschalteten, zerriss es Schwester Gertrud schier das Herz. Woher kam nur dieser Verlust an Vertrauen? Wer hatte das angezettelt? Es musste der Teufel persönlich gewesen sein, ging es ihr immer wieder durch den Kopf, wenn sie grübelnd, zweifelnd, beinahe verzweifelnd, weinend und immer wieder betend versuchte zu erfahren, was diese Geschichte zu bedeuten hatte.

Aufhören? Sollte sie tatsächlich aufhören? Aufgeben? Das Handtuch werfen? Nach Hause gehen und für die wenigen Jahre bis zu ihrer Pensionierung noch etwas ganz anderes beginnen? Nein, nein und nochmals nein! Sie würde dem Teufel und seinen Attacken nicht nachgeben. Der Böse würde sie nicht aus Hamburg und von ihren Zigeunern vertreiben!

Da konnte sie auch der vielleicht gut gemeinte Rat einer jungen Sintiza nicht überzeugen, die zu ihr gesagt hatte: »Gib auf, Tante Gertrud, aus deiner Arbeit wird nichts mehr. Das Vertrauen zu dir ist zerbrochen.«

»Nein«, hatte die leidende Missionarin geantwortet, »niemals gebe ich auf. Ich bin mir keiner Schuld bewusst. Wir haben nie Geld vom Staat bekommen. Es wird sich alles aufklären. Du wirst es erleben. Jesus ist Sieger!«

Nein, sie würde nicht aufgeben. Gott hatte sie hierher gestellt und ihre Arbeit bisher vielfältig bestätigt. Sie würde dem Teufel keinen Triumph gewähren. Der Sieg gehörte Christus! Und so blieb es! Viele Missionsfreunde im Land bestätigten sie in ihrer Meinung und Absicht.

In ihrer Not bat sie aber dann doch die Behörden, ihr eine Bescheinigung auszustellen mit der eindeutigen Aussage, dass nie Gelder gezahlt worden seien. Diese Bescheinigung heftete Schwester Gertrud an eine Fensterscheibe der Hütte »Geborgenheit«, so dass sie weithin sichtbar war. Wer wohl diese behördliche Rechtfertigung zuerst gelesen hatte? Sie musste sich rasch in der Siedlung herumgesprochen haben. Der Gottesdienstraum füllte sich allmählich wieder. Die Leute hatten wohl endlich eingesehen, dass sie sich hatten lieblos beeinflussen lassen.

Die Überraschung kam am nächsten Weihnachtsfest. Ein Sinto-Bruder bat um Verzeihung für das Verhalten der Geschwister und überreichte der Missionarin einen großen Blumenstrauß. Das war eine feine Art der Wiedergutmachung und ein schönes Zeichen neu geschenkten Vertrauens und neuer Liebe. Dankbar nahm Schwester Gertrud diese Geste an. Dabei konnte sie ein paar Tränen der Freude und Erleichterung nicht zurückhalten. Ihre Sinti, solch prachtvolle Menschen, aber so anfällig gegenüber Verführungen und bösen Einflüssen.

Die neue Hütte »Geborgenheit« erwies sich sehr bald als zu klein. Die Gottesdienstbesucher fanden nicht alle Platz. Sich gegenseitig auf dem halben Schoß sitzen oder immer stehen – das konnte nicht lange so bleiben. Es sollte doch niemand aus Platzmangel draußen bleiben müssen.

Wieder waren Vorstellungen bei den zuständigen Behörden angesagt, um möglichst bald die Genehmigung zum Anbau zu erhalten. Wieder war die Bitte an die nahen und fernen Missionsfreunde ins Land unterwegs, dieses neue Projekt betend und gebend zu unterstützen. Und wieder mussten Helfer gesucht werden, die die Arbeiten kostengünstig ausführten. »Glaube, glaube und vertraue …« Die Missionarin brauchte sich im dreißigsten Jahr ihrer Arbeit nicht über Langeweile zu beklagen. Sie war mehr als ausgelastet.

Wie gut, dass sie bei allem immer wieder Augenblicke der besonderen Freude genießen konnte wie den, als sie Ende März in Coesfeld, der Nachkriegsheimat ihrer Eltern, die Autoschlüssel eines neuen Fahrzeuges in die Hand nehmen konnte, das weitgehend von einem Detmolder Missionsfreund finanziert worden war. Schade, dass der Vater diesen Augenblick nicht miterleben konnte. Er fehlte seiner Tochter schon länger als Berater, Beter und Unterstützer ihrer Arbeit. Bereits ein paar Jahre zuvor war er im hohen Alter heimgegangen zu seinem Herrn. Auch die Mutter lebte seit ein paar Jahren nicht mehr.

Die Baugenehmigung für die Hüttenerweiterung kam, das Geld wurde gespendet, die Baumannschaft gefunden.

Aber da gab es ein Problem in Gestalt einiger großer Pappeln hinter der Hütte. Diese Bäume mussten weg. Sie standen dem

Anbau im Weg. Die Ausnahmegenehmigung zum Fällen der Bäume vom zuständigen Naturschutzreferat in Hamburg-Harburg war erteilt.

Der Rotenburger Missionsfreund Wolfgang Schmidt war nicht nur ein guter Evangelist und Seelsorger, der der Zigeunergemeinde immer wieder zu geistlichen Diensten zur Verfügung stand. Er war auch ein geschickter Handwerker, der mit einer Motorsäge umgehen konnte. Er war bereit, sich der Pappeln fachgerecht anzunehmen und den notwendigen Platz für den Hüttenanbau zu schaffen.

An einem Freitagnachmittag sollte es soweit sein. Der Tag machte die Mitarbeiter im Voraus nervös, weil niemand wusste, wie denn die Nachbarn außerhalb des Geländes und einige ungläubige Sinti reagieren würden. Die hatten sich im Vorfeld vehement gegen das Fällen der Bäume ausgesprochen. Die dürfe man nicht so einfach umlegen. Von ihnen käme schließlich der Sauerstoff, den ihre vielen Asthmakranken so dringend benötigten, und außerdem ... Der Widerstand dieser Leute war zu erwarten. Es war nur die Frage, wie heftig er ausfallen würde.

Schwester Gertrud organisierte Gebetsgruppen in den Häusern der Gläubigen. An der bei Theo und Henna nahm sie selbst teil, während Wolfgang Schmidt und seine Helfer sich an die Arbeit machten.

Dann geschah es wie befürchtet: Die erste Pappel war genau in die richtige Richtung gefallen, lag kaum auf dem Boden und war noch nicht entastet, als die Polizei mit Blaulicht und Signalhorn auf das Gelände kam. Aufgebrachte Nachbarn hatten sie alarmiert.

Schwester Gertrud, die sofort herbeigerufen wurde, konnte den Beamten natürlich die Fäll-Genehmigung vorlegen und sie damit von der Rechtmäßigkeit der Aktion überzeugen. Die Männer waren zufrieden und fuhren wieder ab. Dafür lief eine große Schar ungläubiger Zigeuner zusammen und machte ein schier teuflisches Geschrei. »Die Bäume, die Bäume! Wer hat euch das erlaubt? Aufhören! Sofort aufhören! Ihr könnt nach vorne bauen. Lasst die Bäume stehen!« Sie waren offensichtlich von irgendwem aufgehetzt worden.

So und ähnlich ging es eine ganze Weile hin und her. Dann kamen Frauen dazu und vergrößerten das Geschrei. Die Szene drohte zur Schlägerei auszuarten. Gott bewahre! Einige Besonnene hatten alle Mühe, eine handgreifliche Auseinandersetzung zu verhindern.

Zuletzt ließen sich auch noch die Kinder anstecken. Mit geballten Fäusten sprangen sie dazwischen und schrien: »Wir werden die ganze Hütte anzünden!« Voller Verachtung spuckten sie vor Wolfgang Schmidt, vor den Helfern und selbst vor Schwester Gertrud auf den Boden.

Die stand äußerlich ruhig wie ein Fels in der Brandung. Innerlich wechselten ihre Empfindungen zwischen großem Frieden, tiefer Traurigkeit und panischer Angst, die Situation sei nicht in den Griff zu bekommen. Ihre ruhigen Worte der Erklärung wurden im Geschrei der Meute kaum gehört, geschweige denn verstanden. Wie gut, dass sich das Chaos nicht auch noch auf die gläubigen Sinti übertrug, die in mehreren Gruppen angespannt und betroffen herumstanden.

Da erklang plötzlich, alles andere übertönend, der Choral »Nun danket alle Gott« über die Szene. Wolfgang Schmidt und ein paar seiner Leute hatten die Werkzeuge aus der Hand gelegt und ihre Trompeten aus den Koffern genommen. Mutig und fröhlich bliesen sie das Gotteslob dem Angriff der Finsternis entgegen.

Erstaunlich, wie das wirkte! Die wie entfesselt lärmenden Männer und Frauen wurden ruhig und zogen sich tatsächlich zurück. Nur eine Gruppe Jungen blieb. Die Kerle sprangen plötzlich in die Fundamente und zertrampelten den noch frischen Beton. »Wir machen alles kaputt! Ihr baut hier nicht!«, tönten sie.

Einer von ihnen war Schawo Hamlo, ein Kinderstundenjunge von Schwester Gertrud. Sie erschrak richtig, als sie den Neunjährigen da wie einen Wilden herumtoben sah. Sie machte ein paar schnelle Schritte auf ihn zu und griff ihn am Arm. »Und du bist auch dabei?«, sprach sie ihn an. »Weißt du denn nicht, dass die Hütte das Haus Gottes ist?«

Der Junge erschrak heftig, wohl auch vor sich selbst. Schwester Gertrud führte ihn ein paar Schritte zur Seite. »Warum machst du das hier mit? Sag mir's bitte, warum?«

»Was soll ich denn machen, Tante Gertrud? Ich kann mich doch nicht gegen die anderen stellen«, gab er betroffen zurück.

»Doch, du kannst es!«, bekam er deutlich zur Antwort.

»Dann tun sie mich alle verachten und keiner spielt mehr mit mir«, trotzte der Junge.

*Die neue Hütte »Geborgenheit«*

»Das mag sein«, gestand Schwester Gertrud zu. »Aber bedenk, mein Lieber, der Herr Jesus stellte sich auch oft allein gegen die anderen. Der war auch oft allein und einsam. Und du hast ihm doch in der Kinderwoche dein Herz geschenkt.«

Der Junge seufzte auf: »Ja, das habe ich. Komm.« Er zog die Frau an der Hand in die Hütte, während draußen das Geschrei der anderen Kinder noch im Gange war und die Bläser dagegen anspielten: »Du meine Seele singe«. »Tu mit mir beten, Tante Gertrud.«

Das war wohl im Augenblick wirklich die einzige Möglichkeit, das Chaos draußen zu beenden. Der Junge betete selbst auch, bat seinen Heiland um Vergebung und um Hilfe, die Sache wieder gutzumachen.

Nach dem Gebet verließ er als ein anderer die Hütte. Er lief sofort an die Baugrube und schrie seine Altersgenossen an: »Hört auf! Hört sofort auf! Es ist falsch, was ihr macht! Ihr tut Jesus beschimpfen. Das dürft ihr nicht! Hört sofort auf!«

Das kleine Wunder geschah. Die Meute ließ sich von Schawo Hamlo beruhigen, wurde still und verzog sich nach und nach verschämt von der Baustelle. Da war ein kleiner, zuvor verführter Christ zum Friedensboten geworden.

Gott sei Dank! Die Baumfällarbeiten konnten ungestört zu Ende gebracht werden. Auch alle weiteren Bauarbeiten blieben in der nächsten Zeit unbehindert. Im Gegenteil, es gab ein paar Männer und Frauen, die durch den Verlauf der Dinge fragend wurden, ihre Gegnerschaft aufgaben, die Nähe der Christen suchten und sich sogar für ihr Verhalten bei Schwester Gertrud und der Gemeinde entschuldigten. Das Licht erwies sich wieder einmal stärker als die Finsternis!

Die erweiterte Hütte »Geborgenheit« stand bald im neuen Gewand und wurde nach einigen Jahren schon wieder zu klein. Und der wiederum fällige Anbau sollte nicht der Letzte sein …

Auch in den nächsten Jahren weitete sich die Arbeit ständig aus. Die alten und neuen Mitarbeiterinnen und Mitarbeiter hatten alle Hände voll zu tun, den einzelnen Zigeunerfamilien im Stadtgebiet nachzugehen und die Gemeinde am Georgswerder Ring zu betreuen. 1986 kam Rudi Pieper mit seiner Familie in die Hamburger Arbeit. Er war als zukünftiger Leiter der Hamburger Zigeunermission berufen worden. Aber auch die Gruppen in Billstedt und in Buxtehude brauchten Betreuung und Fürsorge. Auch hier und an anderen Orten wuchs die Arbeit weiter unter der geistlichen Betreuung von Schwester Gertrud, von der ein Sinto bei einem ihrer Dienstjubiläen sagte: »Du bist nicht nur unsere Schwester, du bist unsere Mutter.« Recht hatte er! Sie hatte tatsächlich viele von ihnen unter bisweilen schwerem Ringen zum neuen Leben gebracht.

Irgendwann in den achtziger Jahren wurde Gertrud Wehl, die Hamburger Zigeuner-Pioniermissionarin, auch einmal formell pensioniert, und es war bezeichnend für sie: Sie hatte es gar nicht bemerkt. Die Arbeit ging für sie weiter, als gäbe es so etwas wie eine Altersgrenze überhaupt nicht. Zu viel war zu tun, damit die vierte und fünfte Zigeunergeneration genauso betreut wurden wie die vorigen, damit Zigeunerseelen für Christus gewonnen, bereits gewonnene gepflegt und versorgt, Kranke und Leidende besucht, schwachwerdende wieder aufgerichtet und Sterbende getröstet und gestärkt wurden. Auch damit die jungen, geistlich heranwachsenden Sinti-Brüder in die Lage versetzt wurden, sich selbst mit dem biblischen Wort zu versorgen und ihrem eigenen Volk an anderen Orten das Evangelium zu predigen, was die Brüder Kako, Jani, Sohni, Maset – der sogar als Angestellter der Mission – und eine ganze Reihe weiterer Männer mehr und mehr und mit wachsender Vollmacht taten. Auch damit junge und ältere Frauen sich einübten, die Arbeit unter den Kindern, den Mädchen und jungen Frauen eines Tages in eigener Verantwortung weiterzuführen ...

Schwester Gertrud würde wohl erst arbeitslos werden, wenn sie die Arbeit los wurde, weil Gott selbst sie ihr aus der Hand nahm.

Aber da gab es für die Missionarin inzwischen ja noch einen ganz anderen Arbeitsbereich, eine neue Passion, deren Anfänge auch schon weit zurücklagen, deren Umsetzung aber erst möglich wurde, als Gott eine einschneidende politische Veränderung in die Wege leitete.

## Bibeln für Russland

Das Elternhaus von Schwester Gertrud war ein frommes Haus gewesen. Vater Paul hatte selbst gläubige Eltern, in deren offener Wohnung regelmäßig Versammlungen abgehalten wurden. Als Achzehnjähriger machte er für sein Leben Ernst mit dem, was ihm sein Elternhaus vorlebte. Nachdem er später als Kaufmann seine eigene Familie hatte und eine große Mitarbeiterschar seines Großhandels dazu, praktizierte er das, was er von zu Hause gewohnt war: Er engagierte sich in der Landeskirchlichen Gemeinschaft seiner Stadt und hielt im eigenen Haus täglich Familienandachten, in die er seine Angestellten, die unter seinem Dach wohnten, einbezog.

Unter denen war während des Krieges eine russische Fremdarbeiterin, die dem Geschäft als Hilfe zugewiesen worden war. Als sie zum ersten Mal im abendlichen Familienkreis den Hausvater und Chef aus einer Bibel vorlesen sah und hörte, fing sie an zu weinen. Die Tränen rollten ihr nur so über die Wangen. Auf die Frage nach dem Grund antwortete sie traurig in gebrochenem Deutsch: »Ihr hier Bibel, wir keine.« Das war es also. Da war in ihrer Mitte ein Mensch aus einem Land ohne Bibeln, der dieses wertvolle Buch offenbar vermisst hatte und unter diesem Mangel litt.

Dem war natürlich schnell abzuhelfen. Wenige Tage später konnte Paul Wehl seiner Mitarbeiterin eine russische Bibel überreichen. Die Frau war glücklich und las in jeder freien Minute in dem kostbaren Buch.

Der jungen Gertrud Wehl, die gerade aus dem umkämpften Berlin nach Hause zurückgekehrt war, hatte diese Geschichte großen Eindruck gemacht. Das Erlebnis hatte sich ihr tief eingeprägt, wenngleich es zunächst wieder von anderen Themen und Ereignissen ihres Lebens und von ihrer Berufung in die Zigeunerarbeit überlagert wurde.

Bis in einer Veranstaltung in der Gemeinde am Holstenwall im Frühjahr 1965 Dr. Dwight Wadsworth die bereits im Verborgenen angelegte Liebe zu Russland für die Zukunft weckte. Ob sie nicht einmal mit in dieses ferne, weite, bibellose Land reisen mochte, fragte er sie. Da seien viele Christen, die Ermutigung brauchten.

Hatten ihr diese Frage ein Jahr zuvor nicht schon einmal Mitarbeiter des Bibelchristenbundes gestellt? Sie war damals noch nicht auf die Einladung eingegangen.

Aber jetzt war die Frage plötzlich wieder da und beschäftigte ihre Gedanken.

»Ich habe das Geld nicht, Bruder Wadsworth«, antwortete Schwester Gertrud. »Meine Mission kann mir die Reise nicht finanzieren.«

»Das will ich gerne glauben, Schwester, aber Sie haben Freunde«, bekam sie zur Antwort, und er fügte an: »Und wenn Gott will, dass Sie reisen, werden Sie es können und tun.«

Na, der war ja gut, ging es der Missionarin durch den Kopf. Sie konnte ihren Freunden doch wohl nicht sagen: »Hört mal, ich will nach Russland. Gebt mir bitte das Geld für die Reise.« Nein, das ging nicht. Aber das andere war ja doch auch richtig: »Wenn Gott will, dass Sie reisen …«

Schwester Gertrud gab die Frage an Gott ab. Der himmlische Vater würde es schon richtig machen. Einige Zeit später meldete sie sich für die Reise nach Moskau und in andere Gebiete Russlands an. Die Reisekosten waren dank ihrer Freunde gedeckt, ohne dass sie jemanden hätte bitten müssen.

Aber in das kommunistische, bibellose Land reisen, nur um bedrängten Glaubensgeschwistern zu begegnen und die Schönheiten des Landes zu sehen, das konnte es auch nicht sein. Irgendwie musste sie den Hinweis der Reiseinformationen umgehen, keine verbotenen Gegenstände im Gepäck mitzuführen. Waren Bibeln und Neue Testamente verbotene Gegenstände? Das konnte doch wohl nicht sein! Wer wollte es verbieten, solche kostbaren Dinge, nach denen sich die Menschen sehnten und die sie in ihrem Land nicht oder nur äußerst schwer bekamen, als Gastgeschenke mitzubringen? Man musste sie ja nicht im Koffer transportieren. Der würde sicher bei den Zollkontrollen geöffnet. Aber es würde sicher keine Leibesvisitationen geben.

Schwester Gertrud setzte sich hin und nähte, heimlich, versteht sich, eine raffiniert gestaltete Schmugglerschürze, die sie unter Kleid und Mantel zu tragen gedachte. In die vielen Taschen dieser Spezialschürze sollten 25 wertvolle Bücher passen. Dass sie dadurch wohl entgegen ihrer natürlichen Figur ein wenig pummelig aussehen würde – wen störte das schon? Wer sie nicht kannte, wusste ja nicht, dass sie eigentlich eher schlank war. Schwester Gertrud zählte nicht, wie oft sie beim Nähen und wiederholten Anprobieren ihr gefährliches Unterfangen in Gottes gute Hände befahl. Eine entsprechende Strichliste wäre sehr lang geworden. Mit seiner Hilfe und unter seinem Schutz würde die Sache gut gehen, und mancher Mensch würde große Freude erleben.

Die Reise wurde ein voller Erfolg. Bis irgendjemand aus der Reisegruppe um Dwight Wadsworth gemerkt hatte, was die Hamburger Missionarin unter Rock und Mantel mit sich trug und dass sie eigentlich gar nicht so pummelig war, wie das den Anschein hatte, hatten die meisten Bibeln schon ihre Empfänger gefunden, meistens verborgen und im Stillen.

Wie freute sich die Babuschka in der Empfangshalle des Moskauer Flugplatzes, als sie als erste Beschenkte das kostbare Buch in die Hand bekam und es blitzschnell in ihrer Tasche verschwinden ließ. Die Tränen liefen ihr über das Gesicht wie damals der russischen Fremdarbeiterin in Stolp. Da mochte sich mancher wundern, warum diese Alte plötzlich zu weinen anfing.

Eine kritische Situation während einer Besichtigung ließ Schwester Gertrud für Sekunden das Blut in den Adern stocken. Sie spürte plötzlich, dass an ihrer Schmugglerschürze ein Knopf abgerissen sein musste. Wenn sich das Kleidungsstück jetzt nur nicht selbstständig machte! Hatte die russische Reisebegleiterin etwas gemerkt? Warum schaute sie so merkwürdig herüber? Oder täuschte sie sich?

»Herr, halt die Schürze fest!«, schrie es in ihr auf, und sie schaute sich nach einem Platz um, an dem sie die Sache regulieren konnte. Sie fand eine Toilette, wo sie den Schaden mit einer Sicherheitsnadel notdürftig beheben konnte. Gott sei Dank! Das war noch einmal gut gegangen.

Es ging insgesamt gut. Die meisten Mitreisenden bekamen von der mutigen Aktion überhaupt nichts mit. Der leitende Bruder erfuhr schließlich davon und konnte sich ein paar leise Vorwürfe wegen des gefährlichen Alleingangs der Missionarin nicht verkneifen.

»Lieber Bruder Wadsworth, haben Sie mir nicht selbst gesagt: Wenn Gott will, dass Sie reisen …«

»Das habe ich gesagt. Und so ist es ja auch wohl geworden«, gab er zu.

»Sehen Sie«, rechtfertigte Schwester Gertrud ihr Handeln, »Gott wollte es, dass ich mitkam. Und ich konnte unmöglich ohne Gastgeschenke hierher fliegen.«

Dem wusste der Bruder dann doch nichts mehr entgegenzusetzen.

Im Jahr darauf reiste Schwester Gertrud ein zweites Mal mit einer Gruppe Christen nach Russland. Diesmal war sie noch mutiger, fand allerdings auch andere mit gleichem Mut. 80 russische Neue Testamente, Konkordanzen und diesmal auch Medikamente für kranke Geschwister waren in der bewährten Schürze und anderswo versteckt. Sie blieben den Kontrolleuren verborgen und fanden an vielen Orten dankbare und beglückte Abnehmer, zu denen dieses Mal auch die hübsche, freundliche russische Reisebegleiterin gehörte, die trotz ihrer kommunistischen Überzeugung offen war, sich mit dem Glauben ihrer Gäste auseinander zu setzen.

Nach dieser zweiten Russlandreise mit ihren vielfältigen weltlichen und geistlichen Erlebnissen wurde die besondere Liebe zu dem weiten, verschlossenen Land im Osten und seinen bedrängten und doch so fröhlichen Christen zunächst wieder überlagert von der Hamburger Arbeit und den Ereignissen um die Erweckung unter den Zigeunern. –

*Schwester Gertrud heute*

Etwa zwanzig Jahre später – sie war bereits im offiziellen Ruhestand – begegnete Schwester Gertrud mehrmals auf verschiedene Weise ein Wort aus dem 5. Buch Mose: »Ihr seid lange genug an diesem Berge gewesen … Wendet euch und zieht in das Land, das vor euch liegt. Geht hinein und nehmt es ein!«

Dieses Wort Gottes an seinen Knecht Mose begann sie zu bedrängen. Was hatte es ihr zu sagen? Irgendetwas Neues sollte sie tun. Aber was?

Ihr Eindruck wurde durch einen anderen Vers desselben Kapitels verstärkt: »Siehe, das Land, das vor dir liegt, hat der Herr, dein Gott, dir gegeben. Zieh hinauf und nimm's ein! Fürchte dich nicht und lass dir nicht grauen.«

Schwester Gertrud wartete und betete, suchte und fragte, immer in Erwartung eines deutlichen Hinweises auf die richtige Richtung.

Gottes Stunde kam aber erst 1989. Im November öffneten sich die Grenzen ins östliche Deutschland. Russland lag plötzlich beinahe vor den Toren Hamburgs. Wie viele russische Soldaten mit ihren Familien wohnten wohl in der DDR? Sie waren alle ohne Evangelium. Sie hatten mit Sicherheit keine Bibeln. Sie waren aber jetzt erreichbar. Man musste nicht mehr nach Moskau, Leningrad oder sonst wohin fliegen, um russischen Menschen die biblische Botschaft zu bringen.

Dennoch, langsam, langsam. Nichts überstürzen, sondern weiter abwarten, Schwester Gertrud, welche Türen Gott öffnen würde, sagte sie sich immer wieder selbst und wartete dabei auf irgendein Signal, dem sie dann gerne folgen wollte.

Das Signal kam in der Person eines Bekannten, der sie fragte, ob sie nicht Lust habe, am kommenden Sonntag mit nach Mecklenburg zu fahren, um christliche Literatur in Russisch zu verteilen. Nichts lieber als das! Diese Frage war die Antwort darauf, was die Worte aus dem Mosebuch für sie bedeuten sollten.

Mit Freuden fuhr die »Missionarin mit erweitertem Auftrag« ab jetzt an ungezählten Wochenenden mit anderen an Orte, wo es sowjetische Einrichtungen in der DDR gab. Bald fuhr sie auch mit neuen Freunden, die sie für diese besondere Aufgabe zur Mitarbeit, zur Finanzierung und zur betenden Begleitung gewinnen konnte. Die Zeit würde sicher nicht lange währen, bis die Armee aus der DDR abgezogen würde. Diese Zeit musste unbedingt genutzt werden. Die Russen wurden ihre zweite Liebe.

Dabei erkannte sie bald, dass Gott die Situation längst vorbereitet hatte. Es war einfach wunderbar, welche Türen sich für Schwester Gertrud und ihre Helfer öffneten.

Kasernen, Krankenstationen, Schulen, Kasinos. Bis in die höchsten militärischen Chargen hinein konnte sie Verbindungen knüpfen. In voll besetzten Sälen vor Hunderten von Soldaten und in Schulklassen vor ungezählten Jungen und Mädchen konnten die Missionsleute von der Liebe Gottes in seinem Sohn Jesus Christus erzählen. Viele hunderte Bibeln und Testamente wechselten die Besitzer. Am liebsten wurden Kinderbibeln angenommen.

Sie waren auch für die Erwachsenen einfacher zu lesen und zu verstehen.

Das Literaturlager der Mission in Siegen war bald geräumt. Aber es gab ja noch andere Quellen für russische Literatur. Und das Geld dafür kam zu aller Erstaunen und Freude immer wieder zusammen. Der 100.000-DM-Betrag einer Freundin des Frauen-Missions-Gebetsbundes, dem Schwester Gertrud seit 1970 als Mitglied angehörte, war die weitaus größte Summe und kam schon einem Wunder gleich.

Das größte Wunder bei der ganzen Sache war aber wohl, dass sich der Schlagbaum des Oberkommandos der Roten Armee in der DDR öffnete. Auf diesem Gelände in Wünsdorf bei Berlin gab es wohl kein einziges christliches Buch, geschweige denn eine Bibel. In die Räume der Armeeführung war wohl nie zuvor ein Christ geraten. In die zugehörigen Wohnblocks der hohen und niederen Ränge und der einfachen Soldaten, in ihre Gruppenräume und Schulklassen war wohl selten ein deutscher Fuß getreten. Und jetzt konnte sogar durch eine deutsche Frau aus dem feindlichen Westen das Evangelium dorthin getragen werden. Welche Führung Gottes!

Der für die Schulbildung der sowjetischen Kinder in der DDR zuständige Minister folgte sogar einer Einladung nach Hamburg, wo Schwester Gertrud ihm und seinen Begleitern einige schöne Tage bereitete. Nie zuvor war der Mann in einer westlichen Stadt gewesen. Und nie zuvor hatte er so intensiv christliche Nächstenliebe erlebt wie hier. Er war tief beeindruckt.

Welche Segensspuren von hier aus nach Russland gingen – wer vermochte das zu ahnen? Einzelne Spuren konnten freilich in den folgenden Jahren verfolgt werden, weil sich Menschen bekehrten und auch von Russland aus nach ihrer Rückkehr die Verbindung nach Hamburg aufrechterhielten.

Für den Spätherbst 1992 hatte Schwester Gertrud wieder einmal einen Einsatz in einer russischen Kaserne geplant. Diesmal ergab sich allerdings die Schwierigkeit, dass sich niemand fand, der Zeugnisse und Predigt hätte übersetzen können. Harry Bergen, der russland-deutsche Freund und bisherige Übersetzer, hatte keine Zeit.

Das Problem wurde zum Gebet gemacht, das Gott doch bitte

möglichst bald erhören möge. Er hatte es bereits erhört, ehe es so recht verklungen war.

Am Sonntagabend saß unter den Zuhörern im Gottesdienst in der Hütte ein Fremder. Schwester Gertrud ging nach dem letzten Lied auf den jungen Mann zu und begrüßte ihn. »Sie sind das erste Mal bei uns?«

»Ja, ich freue mich, dass ich hier dabei war. Aber ich suche eigentlich Schwester Gertrud Wehl. Ich soll ihr von einem Bruder Grüße ausrichten«, antwortete er mit einem starken Akzent.

»Das ist ja interessant«, freute sich die Missionarin, »ich bin Schwester Gertrud. Von wem sollen Sie mich grüßen?«

»Von Bruder Kriega«, antwortete der Fremde.

»Dem Jugendleiter aus Moskau?«, staunte sie.

»Ja, von dem. Aber er wohnt zurzeit nicht in Moskau.«

»Lebt er an einem neuen Ort?«

»Nein«, lüftete der Mann sein Geheimnis. »Bruder Kriega ist irgendwo in Deutschland. Er hat bis vor kurzem hier in Hamburg das Theologische Seminar besucht und lässt Sie herzlich grüßen.«

Die Missionarin kam aus dem Staunen nicht heraus und blickte den jungen Mann erwartungsvoll an. Was kam wohl noch?

»Auch von Bruder Koslow soll ich grüßen.«

»Dem Mitarbeiter von ›Licht im Osten‹?«

»Er ist inzwischen pensioniert, aber immer noch aktiv.«

»Jetzt sagen Sie mir aber doch bitte, wer Sie denn sind und was Sie hier in Hamburg machen, dass Sie uns hier in der Hütte aufsuchen«, bat Schwester Gertrud um weitere Auskunft.

»Mein Name ist Wladimir Rjagusow, ich komme aus Moskau. Ich studiere Theologie am baptistischen Seminar in Hamburg-Horn und Psychologie an der Universität.«

»Sie sind ein Russe! Und Sie sprechen so ausgezeichnet Deutsch!« Die Feststellung klang wie ein freudiger Ausruf. Bei Schwester Gertrud klingelte es. Dieser Mann musste ihre Gebetserhörung sein.

»Das hört man wohl vom Namen und an meiner harten Aussprache«, lachte der junge Mann.

»Darf ich Sie etwas fragen?«

»Bitte.« Neugierig erwartete der junge Mann, was wohl jetzt kam.

»Am kommenden Samstag möchten wir nach Wünsdorf bei Berlin ins russische Hauptquartier fahren. Wir wollen den Soldaten und ihren Familien christliche Literatur bringen. Wir sind ein kleines Team, aber uns fehlt der Übersetzer.«

»Dann fehlt er ihnen jetzt nicht mehr, Schwester Gertrud«, verstand Wladimir Rjagusow die versteckte Bitte sofort. »Ich begleite Sie gerne zu meinen Landsleuten und übersetze gerne Ihre Botschaft. Ich fahre mit, keine Frage.«

»Gelobt sei Gott!«, entfuhr es Schwester Gertrud spontan. »Sie sind mir und uns eine lebendige Gebetserhörung.«

Diese überraschende Begegnung in der Hütte »Geborgenheit« hatte Folgen, die weit in die nächsten Jahre reichten. Von jetzt an gab es den Übersetzer für die Dienste in den russischen Versammlungen an den verschiedenen Orten. Dazu hatte die Gemeinde einen neuen, ständigen Gast, der bald auch manchen Sinti-Geschwistern zu einem guten Freund wurde.

Leider ging die gemeinsame Zeit zu Ende, als Wladimir Rjagusow sein Examen bestanden und sein Studium abgeschlossen hatte. Er kehrte nach Russland zurück, um in Moskau die Leitung des Bibelinstituts zu übernehmen und als Pastor Gemeindedienst zu tun.

Die Zigeunergemeinde gestaltete dem neuen Freund einen feierlichen und bewegten Abschied. Ein richtiges Fest wurde das mit Gedichten und Liedern, vielen Segensworten und mit einer fröhlichen Kaffeetafel. Dies alles als Dank für viel Offenheit und Hilfe.

Dem russischen Freund fiel der Abschied offenkundig schwer. Er drückte seine Hoffnung aus, seine deutschen Freunde und Geschwister würden ihn bald in Moskau besuchen.

Diese Einladung nahmen Schwester Gertrud, einige Sinti-Brüder und andere Mitarbeiterinnen und Mitarbeiter sehr ernst. Russlandreisen in unterschiedlichen Besetzungen gehören seitdem zum jährlichen Dienstprogramm. Willi Buchwald vom Missionswerk »Neues Leben« wurde zum ständigen Begleiter, der die Verkündigungsdienste und Seelsorge an besonders belasteten Menschen in den Gemeinden übernahm. Harry Bergen fuhr öfters als Übersetzer mit. Vereinzelt auch einmal einer der Sinti-Brüder. Für andere Evangelisten, zum Beispiel Ulrich Bombosch von der Neukirchener Mission, wurden die Wege bereitet und die Türen geöffnet, um den Mangel der russischen Geschwister an manchen Stellen zu vermindern.

Kontaktadressen zu gläubigen Russen hatten sie ja seit den Begegnungen mit dem russischen Militär ohnehin schon. Hier konnten sie viele gute Dinge der Seelsorge und der Sorge um das leibliche Wohl miteinander verbinden. Reisen für Evangelisationen, Bibelstunden, Besuche bei Gemeinden und einzelnen Mitarbeitern verbanden sie mit praktischer Hilfe in Form von Fachliteratur und speziellen Arzneimitteln. Mal konnten sie einem Pastor ein Fahrzeug mitbringen, um ihm die Besuche in seiner weitläufigen Gemeinde zu erleichtern, mal einem Gelähmten einen Rollstuhl. Vieles wurde so möglich. Neben der geistlichen sollte immer auch ein wenig die materielle Not in den Gemeinden gelindert werden, soweit das eben ging. Die Mittel für solche Hilfeleistungen kamen immer zusammen. Gott gab und ließ geben. Durch Schwester Gertruds Initiativen wurde fortan vieles möglich. Unter den Freunden ihrer Arbeit wuchs nach und nach eine Verantwortung auch für ihre zweite Liebe und für die betende Begleitung der Russlandreisen. Auch bei den Zigeunergeschwistern wuchs mehr und mehr eine solche Verantwortung.

Bei einer der vielen Reisen kam Schwester Gertrud mit ihren deutschen und russischen Begleitern in die Großstadt Samara an der Wolga. In dieser Stadt trafen sie auf russische Zigeuner. Diese Leute gehörten entweder der orthodoxen Kirche an oder sie waren Moslems. Sie hatten im Laufe der Zeit die Religion des jeweiligen Landes übernommen und sich den Glaubensrichtungen ihrer Umgebung angepasst.

Die meisten von ihnen waren Händler. Das war offenbar in Russland auch nicht anders als in den anderen Staaten, in denen Sinti und Roma auf ihrer Wanderung von Indien nach Westen vor Jahrhunderten hängen geblieben waren und sich niedergelassen hatten. Die russischen Roma verdienten mit Teppichen, Waffen, Drogen und wer weiß was noch offenbar viel mehr Geld als die Zigeuner an anderen Orten der Welt und auch als ihre russischen Mitbürger. Ihre Häuser hoben sich deutlich von denen der anderen Bevölkerung ab. Sie schienen wie Paläste, pompös, großflächig mit Ausstattungen, die ihresgleichen suchten. Die schicken Häuser am Georgswerder Ring machten sich dagegen recht mickrig aus.

Schwester Gertrud äußerte vor ihren Freunden den Wunsch, den Präsidenten der russischen Zigeuner zu besuchen, der auch in Samara lebte. Sie hoffte, ihren missionarischen russischen Freunden hier vielleicht Türen öffnen zu können oder auch grenzüberschreitende Verbindungen zu knüpfen.

Ihr Wunsch konnte erfüllt werden. Der Roma-Führer war mit einer Begegnung einverstanden. Und so saß Schwester Gertrud ein paar Tage später tatsächlich mit Willi Buchwald, Dr. Wladimir Rjagusow, Rudi Pieper, dem Sinti-Bruder Kako und weiteren russischen Freunden dem »Baron«, wie er offenbar genannt wurde, in seinem Palast gegenüber. Einige Älteste der russischen Zigeuner waren auch anwesend. Na, das konnte interessant werden.

Nach ein paar Höflichkeiten wurden die Gäste zunächst einmal nach guter Zigeunersitte zum Essen eingeladen. Was da alles aufgefahren wurde! Das war ja nicht zu fassen! Die gewöhnlichen russischen Menschen wussten oft nicht, woher sie das tägliche Brot nehmen sollten, und hier kam eine Fülle an Speisen und Getränken auf den Tisch, die schon ans Sündhafte grenzte. Es fehlte nahezu nichts, was in einem guten deutschen Delikatessengeschäft auch zu bekommen gewesen wäre. Zu horrenden Preisen wahrscheinlich. Aber das entsprach nur dem Erscheinungsbild des Hauses, nein des Palastes, in dem die Begegnung stattfand.

Nach dem Essen, besser nach dem opulenten Mahl, kam der Zigeunerbaron zur Sache. Der kleine, rundliche, dunkelhäutige Mann hatte sich inzwischen ein buntes Hemd übergezogen. Bisher hatte er lediglich in einer Art Unterhemd am Tisch gesessen. Schuhe trug er übrigens auch nicht. Seine bloßen Füße steckten lediglich in ein paar flachen Pantoffeln. Seine Roma-Freunde machten ebenfalls nicht den gepflegtesten Eindruck. Ein deutlicher Kontrast zum Aussehen und Erscheinungsbild der Gäste.

»Warum seid ihr hier?«, wollte der Baron endlich wissen.

»Wir sind Christen, die an Gott glauben«, bekam er zur Antwort. Wladimir Rjagusow übersetzte auch jetzt wieder das Gespräch.

»Und wir suchen als deutsche Zigeuner den Kontakt zu russischen Roma, die wie wir Christen sind«, fügte Kako freundlich hinzu. Der Baron hatte ihn an einigen Wörtern vorher bereits als Zigeuner erkannt und deshalb noch einmal besonders freundlich begrüßt.

»Das ist gut, da seid ihr richtig, wir glauben auch an Gott«, schien sich der Russe über die Absicht seiner Gäste zu freuen.

Mit dieser Antwort gab sich der deutsche Sinto aber nicht zufrieden. »Wir sind Christen, die eine persönliche Beziehung zu Gott haben. Wir lieben Jesus Christus, den Sohn Gottes«, beschrieb er die Position der Besucher etwas genauer.

»Persönliche Beziehung zu Gott? Davon habe ich nie gehört. Erklärt mir das«, forderte der Mann sie auf.

Das war die Gelegenheit für Kako, ein deutliches Zeugnis seines Lebens mit Gott und Jesus Christus zu geben. Den russischen Zigeunern standen vor Staunen Augen, Ohren und Mund offen über die Möglichkeit einer solchen Lebensweise, wie dieser Sinto sie beschrieb. Er fragte erstaunt: »Wie lebt ihr?«

Gerne gab Kako noch weitere Auskunft: »Wir lügen nicht mehr. Wir betrügen nicht mehr. Wir treiben ehrlichen Handel. Unsere Frauen wahrsagen nicht mehr. Wir leben mit Gott und mit Jesus und erbitten von ihm, was wir zum täglichen Leben brauchen.«

»Wenn ich so leben wollte wie ihr, müsste ich dann auf meinen ganzen Besitz verzichten? Ich bin reich, sehr reich sogar«, wurde der Mann bei Kakos Aussage offenbar unruhig. »Müsste ich das alles abgeben?«

Auf den letzten Teil der Frage antwortete der deutsche Sinto nicht. Er versicherte nur schlicht, aber bestimmt: »Wer mit Gott lebt, bekommt viel mehr, als er mit seinem Handel jemals verdienen kann. Er wird viel reicher.«

Darüber wollte der Baron nun heute doch nicht mehr weiter nachdenken. Gerne gelegentlich später. Der mächtige Mann der russischen Roma wollte jetzt lieber etwas hören über Kultur, Sprache und Sitten der deutschen Zigeuner. Das andere hatte Zeit, oder es interessierte in Wirklichkeit gar nicht.

Wie damals dem römischen Statthalter Felix im Gespräch mit Paulus, ging es Schwester Gertrud durch den Kopf. Sie freute sich sehr über das Zeugnis ihres Zigeunerbruders. Ob Gott wirklich eines Tages unter Kakos russischen Volksgenossen eine Tür für das Evangelium öffnen würde? –

Einen Spalt breit stand die Tür aber wohl sogar schon offen. Das wurde bei einer anderen Reise deutlich, als die deutsch-russische Christengruppe in Lipetzk, etwa 400 Kilometer südöstlich von Moskau, den ehemaligen Major Sergej und seine Frau Nadja besuchte und mit ihnen an der Einweihung eines Gemeindehauses teilnahm.

Das Haus stand in weiten Teilen noch im Rohbau. Der Regen tropfte während des mehr als dreistündigen Gottesdienstes den Leuten aus vielen Löchern auf die Köpfe. Niemand störte sich daran. Vielmehr waren alle mit großer Aufmerksamkeit bei den Predigten und freuten sich auch an den Gesängen eines Chores junger Leute aus einem Ort in der Nähe der Stadt. Sie trugen in schicker, sauberer Kleidung sehr diszipliniert und doch mit großem Temperament ihre Lieder vor. Dieser Chor bestand doch tatsächlich aus lauter jungen Zigeunern!

Der Tatsache musste Schwester Gertrud nachgehen. Ob sich hier Kontaktmöglichkeiten ergaben? Die Missionarin erkundigte sich natürlich sofort nach dem Gottesdienst bei einem der verantwortlichen Brüder nach der Herkunft der jungen Leute. Dadurch ergab sich für sie zunächst die Möglichkeit, in der Festversammlung am Nachmittag Grüße aus dem fernen Deutschland auszurichten und von ihrer Arbeit unter den deutschen Sinti zu erzählen.

Wie freute sie sich, dass sich dadurch die Kontakte zu diesen fröhlichen jungen Roma ergaben. Die Missionarin und ihre Freunde erfuhren bei den Gesprächen von der Entstehung der Gemeinde, zu der der Chor gehörte. Es handelte sich um bettelarme Zigeuner.

Diese Roma-Gemeinde war auch durch den Dienst einer einzelnen Frau entstanden, einer russischen Schwester aus der Lipetzker Gemeinde. Sie war auf Bitten eines Zigeunerjungen ins Lager gekommen. Dort war sie von Zelt zu Zelt, von Behausung zu Behausung gegangen und hatte von der Liebe Jesu erzählt.

Nach kurzer Zeit war unter den Leuten ein Kreis entstanden, der die Hände zum Gebet faltete und in dem die Bibel gelesen wurde. Zunächst musste das die Russin aus der Lipetzker Gemeinde noch tun. Später konnten es die Leute selbst, denn diese Frau hatte sie das Lesen und Verstehen des Evangeliums gelehrt.

Wie sich die Bilder glichen, stand es Schwester Gertrud beim Zuhören vor Augen. Hatte in Hamburg ihre Arbeit nicht ähnlich begonnen? Sie war gespannt, was die jungen Leute noch alles erzählten.

Zurzeit bewegte die junge Roma-Gemeinde das Problem, ein leer stehendes Haus für ihre Gottesdienste und ihre sonstigen Treffen zu erwerben und zum Missionshaus zu machen. Es fehlte ihnen nur das Geld für den Kauf. Umgerechnet 740 Mark sollte das Haus kosten.

Schwester Gertrud fragte vorsichtshalber nach: »Wie teuer soll das Haus sein?« Sie hatte richtig gehört 740 Mark. 800 Mark hatte sie in US-Dollar in der Tasche. Dieses Geld hatten die Hamburger Geschwister ihr mitgegeben, damit sie es bei passender Gelegenheit ausgebe. Das war doch kein Zufall! Das war hier offenbar die von Gott gegebene passende Gelegenheit.

Rasch besprach sie sich mit ihren Begleitern, und alle waren sich sofort einig: Diese Situation hatte Gott für sie vorbereitet. Das Wort des Jakobus stand ihnen bei ihrer kurzen Überlegung vor Augen: »Was hilft's, liebe Brüder, wenn jemand sagt, er habe Glauben und hat doch keine Werke.« Den Glauben hatten sie durch ihre Zeugnisse bekannt, jetzt musste das Werk folgen. So überreichte denn die deutsche Sinti-Missionarin einer russischen Roma-Schwester das Geld zum Kauf ihres neuen Hauses. Wie sich die jungen Männer und Frauen freuten! Tränen der Ergriffenheit rollten auf beiden Seiten. Das Händedrücken und Umarmen wollte schier nicht aufhören. Schade, dass von den Hamburger Sinti-Geschwistern hier niemand dabei sein und erleben konnte, was ihre Gabe bewirkte.

Was bedeuteten 800 Mark für eine deutsche Gemeinde? Sicher auch viel Geld, wenn es mühsam erarbeitet und gespart werden musste, wie es bei den Sinti der Fall war. Aber hier war der Betrag wohl ein Vermögen. Das auszugeben für ein Gotteshaus, was konnte es Schöneres geben?

Ob die Roma-Geschwister es vielleicht auch »Geborgenheit« nennen würden?

Mit diesem überraschenden Ereignis nahm eine neue Verantwortung der Christen einer deutschen Zigeunergemeinde gegenüber den Christen einer russischen Zigeunergemeinde ihren Anfang.

Mochten von diesem Haus ähnliche Wirkungen und ähnlicher Segen ausgehen, wie sie ausgingen und noch ausgehen von der Gemeinde »Geborgenheit« am Georgswerder Ring im fernen Hamburg.

Wer war wohl glücklicher und dankbarer über diese wunderbare Begegnung im fernen Lipetzk als Schwester Gertrud? Schloss sich für sie hier nicht so etwas wie ein Kreis? War diese Zigeunerbegegnung nicht so etwas wie ein Zeichen dafür, dass sie die Arbeit mehr und mehr aus den Händen legen konnte, um sie ihren Sinti-Geschwistern anzuvertrauen? Gott würde sicher weitere Signale setzen, wann der Zeitpunkt für sie gekommen war.

Seine Welt war und ist so groß und doch so klein. Und sie bleibt voller Wunder, von denen das Größte die Liebe Gottes zu den Menschen ist, auch die zu den Zigeunern. Gerne wollte Schwester Gertrud diese reiche Erfahrung noch an viele Menschen in ihrer Umgebung weitergeben, solange Gott ihr die Zeit dazu gab. Die Kraft dafür hatte er ihr immer gegeben. Er würde es auch in der verbleibenden Zeit tun. Und immer und überall würde er die freudige Erkenntnis schenken: »Erkennt doch, dass der Herr seine Heiligen wunderbar führt!«

# Verzeichnis der zitierten Bibelstellen

(nach der Lutherbibel, revidierte Ausgabe 1956/64)

*1. Mose 12,1:* Und der Herr sprach zu Abram: Geh aus deinem Vaterland und von deiner Verwandtschaft und aus deines Vaters Hause in ein Land, das ich dir zeigen will.

*1. Mose 28,15:* Und siehe, ich bin mit dir und will dich behüten, wo du hinziehst, und will dich wieder herbringen in dies Land ... bis ich alles tue, was ich dir zugesagt habe.

*2. Mose 14:* – Der Durchzug des Volkes Israel durch das Schilfmeer.

*2. Mose 32:* – Die Geschichte vom »Goldenen Kalb«.

*5. Mose 1,6-8+21:* Der Herr, unser Gott, redete mit uns am Berge Horeb und sprach: Ihr seid lange genug an diesem Berge gewesen; wendet euch und zieht hin, dass ihr zu dem Gebirge der Amoriter kommt und zu allen ihren Nachbarn ... Siehe, ich habe das Land vor euren Augen dahingegeben. Zieht hinein und nehmt das Land ein, von dem der Herr euren Vätern Abraham, Isaak und Jakob geschworen hat, dass er's ihnen und ihren Nachkommen geben wolle ... Sieh her, der Herr, dein Gott, hat dir das Land hinge-geben; zieh hinauf und nimm's ein, wie der Herr, der Gott deiner Väter, dir zugesagt hat. Fürchte dich nicht und lass dir nicht grauen.

*1. Samuel 14,6:* Und Jonathan sprach zu seinem Waffenträger: Komm, lass uns hinübergehen zu der Wache dieser Unbeschnittenen! Vielleicht wird der Herr etwas für uns tun, denn es ist dem Herrn nicht schwer, durch viel oder wenig zu helfen.

*Hiob 1,20-21:* Da stand Hiob auf und zerriss sein Kleid und schor sein Haupt und fiel auf die Erde und neigte sich tief und sprach: Ich bin nackt von meiner Mutter Leibe gekommen, nackt werde ich wieder dahinfahren. Der Herr hat's gegeben, der Herr hat's genommen; der Name des Herrn sei gelobt!

*Psalm 32,8:* Ich will dich unterweisen und dir den Weg zeigen, den du gehen sollst; ich will dich mit meinen Augen leiten.

*Psalm 40,4+14:* Er hat mir ein neues Lied in meinen Mund gegeben, zu loben unsern Gott. Das werden viele sehen und sich fürchten und auf den

Herrn hoffen … Lass dir's gefallen, Herr, mich zu erretten; eile, Herr, mir zu helfen!

*Psalm 50,15:* Rufe mich an in der Not, so will ich dich erretten, und du sollst mich preisen.

*Psalm 98,1+4-6:* Singet dem Herrn ein neues Lied, denn er tut Wunder … Jauchzet dem Herrn alle Welt, singet, rühmet und lobet! Lobet den Herrn mit Harfen, mit Harfen und mit Saitenspiel! Mit Trompeten und Posaunen jauchzet vor dem Herrn, dem König! (Siehe auch Psalm 150)

*Psalm 103,2:* Lobe den Herrn, meine Seele, und vergiss nicht, was er dir Gutes getan hat.

*Psalm 127,1:* Wenn der Herr nicht das Haus baut, so arbeiten umsonst, die daran bauen.

*Psalm 149,4:* Denn der Herr hat Wohlgefallen an seinem Volk, er hilft den Elenden herrlich.

*Sprüche 3,3:* Gnade und Treue sollen dich nicht verlassen. Hänge meine Gebote an deinen Hals und schreibe sie auf die Tafeln deines Herzens.

*Jesaja 1,18:* Wenn eure Sünde auch blutrot ist, soll sie doch schneeweiß werden, und wenn sie rot ist wie Scharlach, soll sie doch wie Wolle werden.

*Jesaja 43,16:* So spricht der Herr, der im Meer einen Weg und in starken Wassern Bahn macht …

*Jesaja 54,10:* Denn es sollen wohl Berge weichen und Hügel hinfallen, aber meine Gnade soll nicht von dir weichen, und der Bund meines Friedens soll nicht hinfallen, spricht der Herr, dein Erbarmer.

*Jesaja 55,11:* Das Wort, das aus meinem Munde geht, soll nicht leer zurückkommen, sondern wird tun, was mir gefällt, und ihm wird gelingen, wozu ich es sende.

*Hesekiel 37,4-6:* Und er sprach zu mir: Weissage über diese Gebeine und sprich zu ihnen: Ihr verdorrten Gebeine, höret des Herrn Wort! So spricht Gott der Herr zu diesen Gebeinen: Siehe, ich will Odem in euch bringen, dass ihr wieder lebendig werdet. Ich will euch Sehnen geben und lasse Fleisch über euch wachsen und überziehe euch mit Haut und will euch

Odem geben, dass ihr wieder lebendig werdet; und ihr sollt erfahren, dass ich der Herr bin.

*Daniel 6,11:* Als nun Daniel erfuhr, dass ein solches Gebot ergangen war, ging er hinein in sein Haus. Er hatte aber an seinem Obergemach offene Fenster nach Jerusalem und er fiel dreimal am Tag auf seine Knie, betete, lobte und dankte seinem Gott, wie er auch vorher zu tun pflegte.

*Jona:* Das Buch Jona erzählt die Geschichte von der Flucht des Propheten vor Gottes Auftrag, von seiner »Rettung« durch einen großen Fisch und von seinem folgenden Gehorsam.

*Haggai 2,8:* Denn mein ist das Silber und mein ist das Gold, spricht der Herr Zebaoth.

*Matthäus 10,32:* Wer nun mich bekennet vor den Menschen, den will ich auch bekennen vor meinem himmlischen Vater. Wer mich aber verleugnet vor den Menschen, den will ich auch verleugnen vor meinem himmlischen Vater.

*Matthäus 16,18:* Und ich sage dir auch: Du bist Petrus, und auf diesen Felsen will ich bauen meine Gemeinde, und die Pforten der Hölle sollen sie nicht überwältigen.

*Markus 9,23:* Jesus aber sprach zu ihm: Wie sprichst du: Kannst du was? Alle Dinge sind möglich dem, der da glaubt.

*Markus 10,13-14:* Und sie brachten Kinder zu ihm, dass er sie anrührte. Die Jünger aber fuhren die an, die sie trugen. Da es aber Jesus sah, ward er unwillig und sprach zu ihnen: Lasset die Kinder zu mir kommen und wehret ihnen nicht; denn solcher ist das Reich Gottes.

*Lukas 15,7:* Ich sage euch: So wird auch Freude im Himmel sein über einen Sünder, der Buße tut, mehr als über neunundneunzig Gerechte, die der Buße nicht bedürfen.

*Johannes 5,7:* Der Kranke antwortete ihm: Herr, ich habe keinen Menschen, wenn das Wasser sich bewegt, der mich in den Teich bringe; wenn ich aber komme, so steigt ein anderer vor mir hinein.

*Johannes 8,36:* Wenn euch nun der Sohn frei macht, so seid ihr recht frei.

*Apostelgeschichte 16,31:* Sie sprachen (zu dem Kerkermeister von Philippi): Glaube an den Herrn Jesus, so wirst du und dein Haus selig!

*Apostelgeschichte 24,25:* Als aber Paulus redete von Gerechtigkeit und Enthaltsamkeit und von dem zukünftigen Gericht, erschrak Felix und antwortete: Gehe hin für diesmal; wenn ich gelegene Zeit habe, will ich dich wieder rufen lassen.

*Römer 8,31:* Was wollen wir nun hierzu sagen? Ist Gott für uns, wer mag wider uns sein?

*2. Korinther 1,20:* Denn auf alle Gottesverheißungen ist in ihm das Ja; darum sprechen wir auch durch ihn das Amen, Gott zu Lobe.

*2. Korinther 5,17:* Darum, ist jemand in Christus, so ist er eine neue Kreatur; das Alte ist vergangen, siehe, Neues ist geworden.
(So die Lutherbibel 1984. Die Lutherbibel 1956/64 schreibt: »siehe, es ist alles neu geworden!«)

*2. Korinther 12,9:* Und er hat zu mir gesagt: Lass dir an meiner Gnade genügen; denn meine Kraft ist in den Schwachen mächtig.

*Galater 3,1:* O ihr unverständigen Galater! Wer hat euch bezaubert, denen doch Jesus Christus vor die Augen gemalt war als der Gekreuzigte?

*Galater 6,2:* Einer trage des anderen Last, so werdet ihr das Gesetz Christi erfüllen.

*Epheser 4,25:* Darum leget die Lüge ab und redet die Wahrheit, ein jeglicher mit seinem Nächsten, weil wir untereinander Glieder sind.

*Kolosser 3,9-10:* Belüget einander nicht; denn ihr habt ja ausgezogen den alten Menschen mit seinen Werken und angezogen den neuen, der da erneuert wird zur Erkenntnis nach dem Ebenbilde des, der ihn geschaffen hat.

*1. Petrus 1,8-9:* Jesus Christus habt ihr nicht gesehen und habt ihn doch lieb; und nun glaubt ihr an ihn, wiewohl ihr ihn nicht sehet; und freut euch mit unaussprechlicher und herrlicher Freude, die ihr das Ziel eures Glaubens davonbringt (erlangt), nämlich der Seelen Seligkeit.

*1. Petrus 5,8-9:* Seid nüchtern und wachet; denn euer Widersacher, der Teufel, geht umher wie ein brüllender Löwe und sucht, welchen er verschlinge. Dem widerstehet, fest im Glauben.

*1. Johannes 1,8-9:* Wenn wir sagen, wir haben keine Sünde, so verführen (betrügen) wir uns selbst, und die Wahrheit ist nicht in uns. Wenn wir aber unsre Sünden bekennen, so ist er treu und gerecht, dass er uns die Sünden vergibt und reinigt uns von aller Untugend (Ungerechtigkeit).

*Hebräer 13,13-14:* So lasset uns nun zu ihm hinausgehen aus dem Lager und seine Schmach tragen. Denn wir haben hier keine bleibende Stadt, sondern die zukünftige suchen wir.

*Jakobus 2,14:* Was hilft's, liebe Brüder, so jemand sagt, er habe Glauben, und hat doch keine Werke? Kann denn der Glaube ihn selig machen? Wenn aber ein Bruder oder eine Schwester Mangel hätte an der täglichen Nahrung und jemand unter euch spräche zu ihnen: Gehet hin in Frieden! Wärmet euch und sättiget euch!, ihr gäbet ihnen aber nicht, was dem Leibe Not ist: – was hülfe ihnen das? So auch der Glaube, wenn er nicht Werke hat, ist er tot in sich selber.

Ebenfalls von *Lothar von Seltmann:*

# Miluscha

Im Herzen die Heimat

272 Seiten, gebunden, Geschenkband, Bestell-Nr. 224 688

Zwischen Obst- und Gemüsegärten liegen die Häuser des idyllischen deutschen Dorfes in der Ukraine, wo Miluscha zusammen mit sechs Geschwistern aufwächst. – Der Vater ist der von allen geliebte Lehrer des Dorfes. Trotz Bedrohung durch das kommunistische Regime, trotz Deportation und Zwangsarbeit hält die Familie zusammen. Doch der Vater ist den Strapazen auf die Dauer nicht gewachsen. Es sind seine letzten Worte, als Segen gesprochen, die Miluscha dann all die Jahre hindurch begleiten und tragen.

# Du bist nicht allein, Miluscha

Endlich eine neue Heimat

192 Seiten, gebunden, Geschenkband, Bestell-Nr. 224 703

Januar 1946. Miluschas Blick sucht den englischen Militärposten jenseits des grünen Grenzstreifens. Werden die Soldaten den Weg freigeben? Wird sie im Westen ein neues Leben beginnen können? Noch ahnt sie nicht, wo sie eine neue Heimat finden wird. Doch sie sieht erwartungsvoll in die Zukunft. – Die kommenden Jahre werden nicht immer leicht für die junge Frau. Aber das Vermächtnis ihres Vaters bewahrheitet sich auch jetzt. »Für euch wird gesorgt«, hatte er seiner Familie gesagt. Auch in der Fremde erfährt Miluscha Geborgenheit und Liebe bei Menschen, die ihr eine neue Heimat geben. Vor allem bei dem, der ihr Herz gewinnt ...

Wahre Geschichten, die der Autor auf fesselnde und bewegende Weise erzählt.

Ebenfalls vom *Lothar von Seltmann:*

# Vergiss die Rose nicht!

Ein langer Weg zum Glück

192 Seiten, gebunden, Geschenkband, Bestell-Nr. 111 678

1942 im hessischen Lahntal. Es ist Krieg und viele Männer sind fern der Heimat.

Auf einem großen Bauernhof wird die uneheliche Marie geboren. Das ist eine Schande, denn der Mann ihrer Mutter ist nicht ihr eigentlicher Vater. Eine dramatische Lebensgeschichte beginnt.

Um die Ehre der Familie zu retten, muss die Mutter Marie zu fremden Menschen geben.

Erst Jahre später findet das Mädchen in einer anderen Bauernfamilie eine neue Geborgenheit. Hier lernt Marie, ihr Leben selbst in die Hand zu nehmen und eine mutige Entscheidung zu treffen.

Vor einigen Jahren begegnete der Autor Marie. Ihre Geschichte bewegte ihn so sehr, dass er sie aufschrieb.